Gregor Auenhammer

Die Entdeckung Österreichs in 100 Objekten

Gregor Auenhammer

Die Entdeckung Österreichs

in 100 Objekten

Metroverlag

Inhalt

Über die Mysterien unseres alltäglichen Universums

Anstelle eines Vorwortes …

Was ist typisch österreichisch? Was untypisch? Was wird als typisch österreichisch empfunden? Was macht Österreich aus? Was stellt es dar, dieses zwischen Weltkulturerbe und Zukunftsperspektiven, zwischen Tradition und Moderne, zwischen imperialer Pracht, verklärendem Charme Désolée und ständiger Restauration pendelnde Land? Aus der introspektiven Perspektive der Österreicher selbst sowie – selbstverständlich – aus der Sicht ausländischer Beobachter. Introspektiv und retrospektiv. Welche Dinge haben historischen Wert? Welche Relevanz? Kulturell, sozial, gesellschaftlich, politisch, intellektuell, wissenschaftlich.

Intention war es, Österreich anhand 100 symbolischer Objekte darzustellen und zu hinterfragen, ohne das austriakische Phänomen des zwischen Überschätzung und Minderwertigkeit oszillierenden Selbstverständnisses erklären oder gar verklären zu wollen. Abseits enzyklopädischen Anspruchs erfolgte die Auswahl der Objekte und deren Interpretation naturgemäß in Form eines subjektiven Auswahlverfahrens des Inkludierens und des Ausschließens. Hintergründig, tiefgründig, abgründig. Assoziativ, pointiert, zynisch, ironisch, humoristisch, auch ernsthaft. Ein virtueller Reiseführer, eine „Tour d'Horizon" quer durch Österreichs Seele, Geschichte, Geografie, Tradition und Mentalität. Manches Objekt versteht sich von selbst, manches erschließt sich in Form einer Allegorie. Zweifelsfrei gibt es zahlreiche Objekte, die es wert wären Erwähnung zu finden. Viele Symbole, die die Seele, Geschichte und Tradition Österreichs widerspiegeln. Naturgemäß wird man das eine oder andere Objekt der persönlichen Begierde vermissen. Es ist zuzugeben, dass die Auswahl keine leichte war. So manches Ding, so manches Objekt war sogar schon beschrieben, hat im Endeffekt aber die Qualifikation ins Finale nicht geschafft. Analog österreichischen Sportlerschicksalen. Mitnichten – auch derer wird exzerptionell gedacht.

Der Reihenfolge der Objekte liegt weder eine chronologische noch irgendeine wertende Rangordnung zugrunde, sondern entspricht einer rein subjektiven Assoziationskette, von der ich hoffe, dass sie sich auch Ihnen erschließen möge. Jedes Objekt aber steht auch für sich alleine. Die beschriebenen Kunst-, Kult- und Designobjekte sowie sicherlich teilweise überraschende Objekte – symbolbehaftet austriakische Mentalität und Charakter dekuvrierend – stellen sich als Exponate einer virtuellen Ausstellung vor. Deren Accrochage, deren Zusammenstellung erfolgte gemäß einer kombinierten Inventarisierung aus dem Darkroom der persönlichen Erinnerung und den Kathedralen des kollektiven, kognitiven Bewusstseins.

Ich lade Sie ein zu einer „Tour de Force", einer feuilletonistischen „Tour d'Autriche", einer Reise in das Innere der Dinge sowie das Äußerliche der Objekte, die wiederum das Seelenleben Österreichs preisgeben. Basierend auf Daten und Fakten erlauben die Objekte Rückschlüsse auf Weitblick, Beschaulichkeit, die Dämonie der Gemütlichkeit, Beengtheit, auf große Visionen und Veränderungsresistenz, vollendete Kunstfertigkeit und Dilettantismus, imposante Leistungen, fulminante Werkserien, individuelle Ausnahmen und kollektive Wertschätzungen. Offensichtliches, Verborgenes, Okkultes, Mystisches und Spirituelles. Offenbarungen des Alltäglichen. Exzentrisch, expressiv, exzessiv, explorativ.

Überraschungen wird es besonders bei Objekten geben, die einem geläufig scheinen, deren Herkunft und Charakter man zu kennen meint. Das Urwienerische stammt oft nicht aus Wien, das typisch Österreichische kann bisweilen maximal dem kakanischen Kulturkreis der k. u. k. Monarchie zugerechnet werden. Als Perfidie und Paradoxon sind manch bizarre Objekte zu sehen. Oft erklärt gerade ein nicht aus Österreich stammendes, aber hier verortetes Objekt Charakter und Mentalität, Denk- und Handlungsweisen. Es gilt, präjudizierende Klischees nicht zu bedienen, sondern zu hinterfragen.

Alle 100 Objekte sind „Austriaca" im weiteren Sinn. Dokumente des historischen, geografischen, philosophischen, kulturellen, religiösen, politischen, gesellschaftlichen und psychologischen Gewissens. Eine virtuelle Sammlung alltäglicher oder aber auch exzentrischer Exponate, die Österreich greifbar, nie aber begreifbar macht. Sie erzählen Geschichte, Geschichten und G'schichteln, Schnurren, Wahrheiten und Weisheiten, Mutmaßungen und Anmaßungen. Oh Du mein Österreich!

Ausgehend von der These, dass Österreichs Nationaltracht die Niedertracht ist, versuchte ich eine Genesis klassisch österreichischer Kleidungen als Spiegel der Seele zu illustrieren. Von der nackten Wahrheit der Venus von Willendorf über Ötzis Pelzjacke bis zu Hansi Hinterseers Fellboots, vom Dirndl über die Badelederhose bis zum Matrosenanzug, von Sisis Korsett bis zum Monokini. Der sinnlichen Verführung kulinarischer Genüsse trage ich Rechnung wie auch zahllosen künstlerischen Ergüssen. Grundsätzlich ernsthaft, teilweise zynisch, partiell affirmativ, vielfach aber auch ironisch, humoristisch, respektlos und unkonventionell.

„Fasten seat belts!“, bringen Sie bitte Ihren Lehnstuhl in eine Ihnen angenehme Position und „Bon voyage!“ wünscht Ihnen

Gregor Auenhammer, Wien im Juni 2012

№ 1

Die Venus von Willendorf

Am Anfang war die Frau. Sie ist Mutter, Schwester, Freundin, Gemahlin und Geliebte, Göttin und Hohepriesterin in einer Person, Hure und Heilige. Sie ist Anfang und Ende. Sie repräsentiert Erfüllung, Erwartung und Untergang. Liebe und Hass, Geduld, Verve und Empathie, Passion und Obsession, Emotion und Intellekt. Sie ist Hymnus und Drama. Sie personifiziert Alpha und Omega, ist Symbol und gleichsam Synonym der Liebe und des Lebens. Seit Anbeginn menschlichen Daseins und Denkens prägen Mythen über das „Weibliche“ humane Handlungsweisen und deren Paradigmen. Abhängig von sozialen Gefügen, divergierenden Nomenklaturen und etymologisch-religiöser Indoktrinierung wurden weibliche Akte als Eva oder Venus apostrophiert.

Auch wenn sie bei Weitem nicht der Ästhetik heutiger, von Kosmetikkonzernen, Beauty- und schönheitschirurgischer Industrie, meinungsbildendenden Fashion-Magazinen und als Couturiers getarnte Size-Zero-Terroristen der Öffentlichkeit aufoktroyierten Schönheitsidealen und dem damit verbundenen androgynen Klischee entspricht, repräsentiert die Venus von Willendorf zweifelsfrei die natürliche, die anbetungswürdige Urform der Weiblichkeit.

Die aus dem Kalkstein Oolith geformte Skulptur ist 11 cm hoch und stellt eine nackte, symmetrische Frauenfigur dar, deren mittels horizontalen, konzentrischen Linien verzierter Kopf zur rechten Brust geneigt ist. Offensiv, tabulos und en detail dargestellt sind Brüste, Hüften, Gesäß sowie Schamlippen. Die für damals in höchstem Maße kunstvoll gestaltete Skulptur entstand um 25.000 vor Christi Geburt und wurde vom Archäologen Josef Szombathy am 7. August 1908 bei Arbeiten am Bau der Donauuferbahn in der Wachau gefunden. Die aus dem Jungpaläolithikum stammende, in Willendorf entdeckte Venusfigurine ist als Österreichs bekanntestes archäologisches Fundstück heute im Naturhistorischen Museum in Wien ausgestellt.

Venus war die römische Göttin der Liebe, des erotischen Verlangens und der Schönheit.

Der kunsthistorische Genrebegriff der Venus wurde 1864 beim ersten Fund einer paläolithischen Venus bei Les Eyzies-de-Tayac-Sireuil geprägt, die deren Entdecker, der Marquis de Vibraye wegen ihrer vollständigen Nacktheit verschämt als „Venus impudique", als schamlose Venus apostrophierte. Als Namenspate gelten die antike Aphrodite von Knidos, Tizians Venus von Urbino sowie die 1820 gefundene Venus von Milo. Das Gros der Venusfigurinen der griechisch-römischen Antike, mit Ausnahme der Venus vom Esquilin, hatte ihre Scham verhüllt. Sie wurden als „Venus pudica", als schamhafte Venus bezeichnet. Interpretativ symbolisieren all diese Akte Fruchtbarkeit, Göttlichkeit und Matriarchat.

Seit der Malerei der Renaissance erhielt die mythologische Venus neben Eva entscheidende Bedeutung als Vorlage für den weiblichen Akt. Dargestellt wurde Venus mit Mars, Adonis und Amor. Die kunsthistorisch relevantesten Darstellungen stammen von Sandro Botticelli – „Geburt der Venus" –, Lucas Cranach dem Älteren, Tizian, Alessandro Allori, Giorgione sowie William Adolphe Bouguereau. Johann Wolfgang von Goethe verfasste einen literarischen Hymnus an das „Ewig Weibliche".

Ein interessantes, wenngleich bizarres Paradoxon stellt der heutzutage von Österreichs Werbewirtschaft vergebene Preis dar: Trotzdem gerade das von Medien und Werbung publizierte Frauenbild sich diametral von der Venus von Willendorf unterscheidet, werden im Zuge der „CCA-Gala" – der Preisverleihung des „Creativ Club Austria" – alljährlich herausragende Leistungen der Branche mit einer Venus in Gold, Silber und Bronze prämiert. Die feierlich überreichten Statuen entsprechen in Größe, Gestaltung und Volumen genau dem historischen Vorbild.

Im Bereich der Cinematografie erinnere man sich der wollüstigen „Venusfalle" – hocherotisch personifiziert von der österreichischen Schauspielerin Sonja Kirchberger. Wobei interessant ist, dass die Venus von Willendorf mit ihrer haarlosen Vulva pikanterweise sogar die modernere Schamhaarfrisur trägt denn die im Film abgelichtete. Sharon Stones in „Basic Instinct" dekuvrierter Venushügel entspricht hingegen eher sowohl der historischen Vorlage als auch dem derzeit postulierten und zelebrierten modischen Kahlschlag.

Entgegen den zeitgenössisch auf internationalen Laufstegen, in Modemagazinen und Lifestyle-Bibeln adorierten androgynen Schönheitsidealen richtet die aktuelle Kunstszene den Fokus auf üppige und wahrlich weibliche Formen. Fernando Botero huldigt seriell voluminösen Körperwelten ebenso wie Lucian Freud in seinen barock-impressionistisch anmutenden Aktstudien. Auch im noch jungen 21. Jahrhundert ist die Faszination des formvollendeten weiblichen Körpers ungebrochen. Ein weiteres Beispiel sind die charakteristischen, erotisch-erratischen Frauenskulpturen des Kärntner Bildhauers Helmut Rome – seine aus Metall und Edelstahl gefertigten Torsi sind Synonym der Weiblichkeit, Synonym des Lebens per se – in Einheit von Fragilität, Stärke, Vergänglichkeit und Unendlichkeit.

№2

Der Kultwagen von Strettweg

Ob es sich um eine Königin, eine Prinzessin oder gar eine Göttin, eine Heilige oder vielleicht um eine Kurtisane, eine Hure handelt, die, umringt von zahlreichen ihr huldigenden Männern, im Zentrum des Kultwagens von Strettweg steht, ist ungewiss. Mit Sicherheit jedoch ist es eines der wertvollsten Objekte, die das steirische Universalmuseum Joanneum in seinen umfassenden Sammlungen beherbergt. Der „Strettweger Opferwagen", wie der bronzene Kultwagen auch genannt wird, wurde im siebenten vorchristlichen Jahrhundert gefertigt. Er stammt aus einem bronzezeitlichen Grabhügel, der als archäologische Sensation 1851 beim Planieren eines Fürstengrabs der Hallstattkultur in Strettweg bei Judenburg ans Tageslicht gekommen war. Neben dem Wagen wurden weitere Grabbeigaben wie Schmuck und Amphoren aus Bronze, sowie eiserne Waffen und Zaumzeug gefunden.

Der Strettweger Opferwagen wurde 2009 restauriert und steht im Original im Grazer Universalmuseum Joanneum. Eine Kopie ist im Museum Judenburg ausgestellt. Der Wagen besteht aus einer viereckigen, durchbrochenen Grundplatte mit vier Speichenrädern. Zentral auf dem Wagen steht eine etwa 32 cm hohe weibliche Gestalt, die mit erhobenen Händen einen schalenförmigen Gegenstand trägt. Neben ihr wird die Schale durch zwei scherenförmige Stützen gehalten. Auf der Schale ruht ein nahezu halbkugeliger Kessel, der von einem durchbrochenen Rand mit schneckenförmiger Verzierung abgeschlossen wird. Rund um die Zentralgestalt der Kesselträgerin stehen zahlreiche weitere Figuren in Form von stehenden und berittenen Menschen sowie pferde- und hirschähnlichen Tieren. Die dargestellte Szene wird gemeinhin von Historikern als Opferszene interpretiert. Der Wagen diente vermutlich als Kultobjekt, mutmaßlich zur Aufnahme von Trankopfern.

Welche spirituelle Bedeutung diese Art der Prozession als Grundlage hatte, ist reine Interpretation. Die Kelten, die während der „Hallstatt-Zeit“ Österreich besiedelten, verwendeten keinerlei Schriftzeichen. Offensichtlich aber ist, dass es sich um die Huldigung einer Frau handelt. Ob dies auf ein Matriarchat oder auf eine Naturreligion schließen lässt? Die überdimensionale, nackte weibliche Gestalt ist jedenfalls Zentrum des Geschehens. Kulthandlung? Prozession? Opferzeremonie? Kultische Verehrung? Schönheitsideal? Amazone? Kriegerin? Priesterin? Oder Fruchtbarkeitsgöttin?

Es scheint, als bliebe für uns der reale Hintergrund im Okkulten verborgen. Zweifelsfrei aber handelt es sich bei der mystischen Szene, von höchst künstlerischer Hand gefertigt, wohl um eine Darstellung von naturreligiösem, kultischem Charakter. Eine Zeremonie aus der Urzeit der menschlichen Zivilisation. Eine Hommage an die Frau per se.

№3

Eine Aluminium-Eckakroterie von Otto Wagner

Hellseherische Fähigkeiten haben Otto Wagner einst wohl veranlasst, Engel am Dach des Postsparkassen-Gebäudes zu platzieren. Die über vier Meter hohen Aluminium-Eckakroterien krönen die von diversen Ornamenten opulent geschmückte Fassade. Wie Schutzengel thronen sie über dem Georg-Coch-Platz, grüßen die von der Ringstraße Kommenden, heißen sie willkommen, bewachen das Geschehen und verabschieden freundlich Gehende. Passanten werden apodiktisch zu Verbündeten, zu Gleichgesinnten.

Otto Koloman Wagner (1841–1918), von zeitgenössischen Neidern und Bewunderern als „Gottseibeiuns", als Inbegriff des Jugendstils apostrophiert, prägte wie kaum ein anderer Architekt und Künstler die optische Erscheinung des Wiener Fin de Siècle. Abgesehen von den fantastischen, opulenten, mit reichlich bunten, pittoresken Ornamenten geschmückten Fassaden und städtebaulichen Elementen dominieren vor allem auch seine schmückenden Einfriedungen entlang der (heutigen) U-Bahn-Linien, entlang des Wien-

Flusses, der Donau bis zum krönenden Abschluss bei Nußdorf, das Stadtbild der Donaumetropole. Gleichzeitig galt er als Fortschrittlichster unter den Fortschrittlichen, als Modernster der Moderne, als Exzessivster der sezessionistischsten Sezession, als Exponent des Umbruchs und des Neuanfangs. Gleichgültig, ob die Kirche am Steinhof, die gülden in der Sonne glänzenden Wohnhäuser entlang der Linken Wienzeile, das Sanatorium in Purkersdorf, die Otto-Wagner-Villa in der Hütteldorfer Straße, die Stadtbahnhaltestellen an der Kettenbrückengasse, am Karlsplatz, die Wientalbrücke, die Stadtbahnbögen am Gürtel, die Ferdinandbrücke oder auch nicht realisierte Projekte wie das Kaiser Franz-Joseph-Stadtmuseum oder das Luftzentrum im 3. Bezirk, sie alle stellen außergewöhnliche, außerordentliche Juwelen des kunstvollen Jugendstils dar. Auch wenn Thronfolger Franz Ferdinand nicht nur einmal meinte, der Stil unter Maria Theresia wäre „viel schöner gewesen".

Die Perfektion gelang Wagner mit der k. k. Postsparkasse. Bis ins kleinste Detail repräsentieren architektonische Gestaltung und Interieur die Vollendung des avantgardistischen Anspruchs des Gesamtkunstwerkes. Als Zitat reflektieren die Engelsstatuen die Antike, symbiotisch christlich-abendländische Sichtweise vereinend. Die Tunika tragenden, lorbeerbekränzten Figuren breiten ihre mächtigen Schwingen über der Stadt aus. Mit Kränzen in den Händen stehen sie achtsam, allzeit bereit, am Sims des Dachfirsts. Ihr Blick ist gesenkt, voller Demut. In Skizzen waren die Gewänder der weiblichen Figuren eng anliegend, durchaus erotisierend. In der Ausführung fallen der Figurinen Tuniken weit, in breiten Falten zu Boden. Realiter verblieben ist einzig die Andeutung weiblicher Rundungen mittels eines knapp unter den Brüsten endenden Oberteils.

Den Himmel über Wien beschützen sie, die metallenen Engel. Mit kontemplativ-steinerner, ernsthafter Miene. Hellseherisch könnte man Otto Wagners Positionierung segensreicher Engel auf der Bank deuten. Beherrscht Gott Mammon doch unser aller Leben. Engel, egal ob abendländischer oder heidnisch-antiker Herkunft, beschützen das monetäre Gut. Angesichts der akuten Wirtschaftskrise, der offensichtlichen Überforderung, der öffentlich zur Schau gestellten Hilflosigkeit nationaler wie internationaler Experten, wie das aus den Fugen geratene globalisierte Finanz- und Weltwirtschaftssystem wieder in den Griff zu bekommen sei, ist es wahrscheinlich besser, wieder traditionellen Schutzengeln zu vertrauen. Zumindest verspekulieren diese, den Hals nicht voll bekommend, nicht in himmlisch anmutenden Luftgeschäften das Geld anderer Leute, sondern beschützen wertvolles Hab und Gut. Posthum sollte jede Bank in Österreich zumindest ein Duplikat der von Oskar Schimkowitz gefertigten Engel erhalten. Als Schutzengel. Alternativ könnte man aber auch – als Abschreckung nach innen?! – einen der imposanten, original am Nußdorfer Wehr positionierten Löwen als Wachhund engagieren.

№4

Eine römische Münze mit dem Antlitz von Marc Aurel

Dass das älteste Gewerbe der Welt eines der ertragreichsten ist, belegen nicht nur aktuelle Umsatzzahlen der globalisierten Erotik- und Pornobranche, sondern, schenkt man den Erkenntnissen der Archäologen Glauben, auch antike Fundstücke. Entdeckte man doch bei Ausgrabungen das älteste Bordell des römischen Vindobona. Bei der Freilegung des antiken Freudenhauses fand man, in einer kleinen Nische versteckt, eine erkleckliche Anzahl Gold-, Silber- und Kupfermünzen. Ein Großteil des durch fleischliche Genüsse verdienten Geldes ziert das Antlitz von Marc Aurel. Entsprechend lässt sich die Ära bestimmen.

Die feinen Züge des kaiserlichen Feldherren zieren die Vorderseite, auf der Rückseite ist Göttin Minerva abgebildet. Das im Profil dargestellte Kopfbild zeigt Marc Aurels gewelltes Haar, kurz getrimmt wie auch sein Vollbart. Als Insignie der Macht ist er von Lorbeer bekränzt, hinten zu einer Schleife gebunden. Der Cäsar selbst lebte lange Zeit in Carnuntum, das seit 10 nach Christi Geburt Zentrum des „Regnum Noricum" war. Zwischen 20.000 und 60.000

Legionäre waren zeitweise im Lager kaserniert, die Kohorten offenbar allzeit bereit.

Dass Münzen in der Antike nicht nur auf die Augen der Toten gelegt wurden, um den Fährmann in der Unterwelt zu bezahlen, sondern auch um die angenehmen Seiten des Lebens zu finanzieren, ist evident. Das älteste Bordell Wiens – al centro auf der Piazza San Michele gelegen – bestand aus kleinen Separées wie „babylonische" und „orientalische" Etablissements späterer Prägung. Analog dazu übrigens das „Kaiserbründl" in der Wiener Innenstadt, ein von erotischen Mysterien und frivolen Sagen umwobenes ehemaliges Römerbad.

Dass der schnöde Mammon den Menschen schon frühzeitig verdarb, belegt eine Unzahl von Münzen, die in keltischen und römischen Gräbern im Gebiet des heutigen Österreich gefunden worden waren. Ein Großteil stammt aus der Periode der römischen Besiedelung. Der römische Schriftsteller Gaius Plinius Secundus berichtete 70 nach Christi Geburt von einem Land, das seit über 85 Jahren römische Provinz war. Dessen Name, „Noricum", soll im vorkeltischen, alpin-illyrisch-venetischen Sprachschatz der Urbevölkerung wurzeln. „Treffpunkt befreundeter Männer" (Nor = Mann) deutete der Linguist Kranzmayer den Namen. Im Gegensatz zum Historiker Görlich, der ins Keltisch-Gälische übersetzte: Nor = Ost, Rig = Reich, Noricum = Ostreich. Was die Herkunft der Jahrhunderte später genannten Nomenklatur „Ostarrichi" erklären würde.

Die Römer jedenfalls beherrschten das Gebiet über mehrere Jahrhunderte, bauten Städte und vieles mehr. Zeugnis davon liefern Ortsnamen wie Vindobona, Brigantium und Carnuntum. Allein in Carnuntum war eines der größten Lager der römischen Legionen beheimatet, die von dort aus strategisch wertvoll die Grenzen – den Limes – Richtung Norden und Osten sicherten. Ein wesentlicher Faktor für die römische Besatzung der Alpen war das Vorkommen von Salz und Metallen. Das Gros der Waffen wurde bei den Erzabbaustätten des Salzburger Raums gefertigt.

Die Zeit der Römer in Österreich kann in drei Epochen untergliedert werden: 1.) die Zeit vor den Markomannenkriegen, von 38 v. Chr. bis 170 n. Chr., 2.) die Zeit des Umbruchs, des drohenden Niedergangs und 3.) die Zeit des Rückzugs der Römer nach Süden, ab 400 n. Chr., aufgrund des Einfalls der Germanen, Langobarden, Goten und Markomannen als Folge der Völkerwanderung.

Auf dem Terrain des heutigen Wiens existieren zahlreiche Überreste einer römischen Siedlung namens Vindobona. Quer über das Gebiet der heutigen Innenstadt finden sich Katakomben, Mauerreste und vergrabene Schätze; Münzen, Waffen und Geschirre.

In Carnuntum aber ist, weil der Landstrich über Jahrhunderte fast gänzlich unbesiedelt blieb, ein gut erhaltenes, phänomenales Areal gigantischen Ausmaßes an römischen Relikten erhalten. Darunter Vasen, Amphoren, Gewandfibeln, Speere, Schwerter und auch enorm viele Münzen. Vielleicht ist die frühe genetische Prägung (und freundschaftlich-erotische Verbindung der Legionäre mit den einheimischen Liebesdienerinnen) ein verborgener Grund für der Österreicher melancholische Verklärung des vielgeliebten wie auch hochgelobten Sehnsuchtslandes. Mehr als nur eine rein emotionale Wahlverwandtschaft zu „bella Italia“ im Sinne des „dolce far niente“?

Auf dem Pfaffenberg bei Deutsch-Altenburg hatte Marc Aurel seinerzeit Jupiter regelmäßig Opfer dargebracht. Als anno domini 172 wieder „Germani ante portas“ verkündet wurden, bedeutete dies dennoch den Anfang vom Ende, de facto Teil eins der Serie „Stirb langsam“. Marc Aurel erlag 180 nach Christi Geburt ruhmlos der Pest, und das Imperium Romanum verlor sukzessive an Terrain, bis martialische Völker wie Germanen, Awaren und Hunnen ab dem 5. Jahrhundert das Land verwüsteten und das infolge der Zerstörungen entstandene „Niemandsland“ unter einander verteilten.

PS: Wiener Legionäre heutiger Tage firmieren unter Spartacus oder Tiberius und fügen als obsessive Schmerzensdiener nur mehr sich selbst, nicht aber anderen Schmerzen zu.

№5
Die Saliera

Wäre sie im Mai 2003 nicht gestohlen worden, würde sie wahrscheinlich auch heute noch in einem finsteren Winkel stehen und wäre nur einer kleinen Gemeinde enthusiastischer Kunstliebhaber bekannt. Seit sie aber das obskure Objekt der Begierde im Zuge eines eher zufälligen, aber spektakulären und enorm öffentlichkeitswirksamen Kunstraubes geworden war, zählt sie zu den wertvollsten und meist beachteten, medial vermarkteten, ja beinahe kultisch verehrten Exponaten des Wiener Kunsthistorischen Museums: die Saliera, ein aus Goldblech getriebenes, 26 cm hohes, auf einem Ebenholz positioniertes Salz- und Pfefferfass. Ein schmuckes Designobjekt des alltäglich-imperialen Gebrauchs.

Die aus der Manufaktur Benvenuto Cellinis stammende kunstvolle Goldschmiedearbeit der Spätrenaissance ist eine allegorische Darstellung unseres Planeten: Die Figur des Neptun symbolisiert das Meer, welches das Salz hervorbringt, wohingegen Tellus die Erde symbolisiert, welche den Pfeffer darbietet. Benvenuto Cellini (1500–1571) schrieb über sein ikonografisches Exponat: „Beide hatten die Beine anmutsvoll ineinander geschoben; das eine hielten sie gestreckt, das andere gebogen; welche Stellung Berg und Ebene der Erde bedeuten sollte." Der Sockel der Skulptur illustriert die vier Jahreszeiten einerseits und Morgenröte, Tag, Dämmerung und Nacht andererseits. Das für Francois I. von Frankreich angefertigte Tafelgeschirr befand sich seit einer Schenkung an Ferdinand II. von Tirol in habsburgischem Besitz und ist seit dem 19. Jahrhundert im Wiener Kunsthistorischen Museum ausgestellt.

Er hätte zum Helden avancieren können, der Dieb der Saliera. Hätte er nämlich das wertvolle Exponat im Zuge einer Pressekonferenz ein zwei Tage nach seinem Coup zurückgegeben und öffentlich dargestellt, wie leicht es gewesen war, dieses zu entwenden. Die „eklatanten Sicherheitsmängel" hatte er als renommierter Sicherheitsexperte und Besitzer einer Alarmanlagenfirma Tage zuvor im Gespräch mit dem damaligen Museumsdirektor Wilfried Seipel und Sicherheitskräften diskutiert – und war, trotz analytisch-fundierter Expertise abgewiesen worden, diese zu beheben. In einer leicht angeheiterten „Nacht und Nebel-Aktion" war er über ein für die Renovierung der Fassade installiertes Baugerüst in das Museum eingestiegen, hatte die Saliera entwendet und war verschwunden, bevor die Wachmannschaft Alarm geschlagen hatte. Infolge des Diebstahl entstand eine Polit-Kriminal-Groteske ersten Ranges. Jahrelang wurde die Saliera nicht gefunden, verblieb unter dem Bett und dann im Garten des Gentleman-Gauners, bis er schlussendlich den großen Fehler machte, Lösegeld vonseiten der involvierten Versicherung erpressen zu wollen. Überführt wurde er dennoch nicht. Letztlich verriet ihn nur sein dabei verwendetes Werkzeug: die moderne Geisel der Menschheit – die elektronische Hundeleine alias Mobiltelefon.

1969 wurden übrigens, anlässlich eines Staatsbesuchs von Englands Königin Elizabeth, drei verkleinerte Repliken der Saliera aus Silber produziert. Ein Exemplar wurde der Queen als Gastgeschenk überreicht, eines ist im Besitz der Hersteller – der Familie Vaugoin, einem in Wien seit 1847 ansässigen Traditionsunternehmen aus der Gilde der Schmuckmanufaktur und Silberschmiede – und ein Exemplar ist im Besitz der Stadt Wien – allerdings unbekannten Aufenthalts, wie man angesichts des Diebstahls feststellte.

Was aber vor allem augenscheinlich wurde, ist der oft unachtsame bis fahrlässige Umgang mit Kulturgut. Analog zu der schon oft bewiesenen These, dass der Prophet in der Heimat großer Töchter und Söhne erst geschätzt und verehrt wird, sobald er verstorben ist, steht fest, dass manches wertvolle Kunstwerk erst Wertschätzung erfährt, wenn es verschwunden oder – wie bei diversen Restitutionsfällen – von anderer Seite begehrt wird. So gesehen hat der smarte Gentleman-Gauner mittels Entwenden der Skulptur einen großen Dienst erwiesen und die Wertschätzung ermöglicht, die auch ihrem realen Schätzwert entspricht.

PS: Heute sind die Führungspositionen sowohl im Ministerium als auch im Museum neu besetzt, der reuige Täter nach verbüßter Haftstrafe wieder auf freiem Fuß und das Objekt der Begierde, die Saliera, harrt als publicityträchtiges, schmuckes Werbetestimonial darauf, ab 2013 Zentralgestirn der neuen, dem Vorbild der Wunderkammern aus Renaissance und Barock entsprechenden, von Direktorin Sabine Haag kuratierten, Kunstkammer des KHM zu sein.

№6

Eine Bronzemaske der Kelten

Mit Preziosen aus der Blütezeit europäischer Hochkultur – der Ära des Barock, der Renaissance bis hin zum Jugendstil – können die in Österreich von Archäologen gefundenen prähistorischen Schmuckstücke naturgemäß nicht mithalten. Einem allfälligen Vergleich mit irrtümlich als Kunsthandwerk gehandelten, therapeutischen, der emotionalen Entschleunigung dienenden, artifiziellen Pseudo-Kunstwerken und künstlerischen Ergüssen zeitgenössischer Manufakturen halten die frühzeitlichen Schmuckstücke aber allemal Stand. En contraire: Manch heute Gefertigtes und auf sogenannten Kunsthandwerksmärkten oder in alternativen Geschäften in Boboville Vertriebenes wirkt um einiges dilettantischer als die seinerzeit mit primitiven Werkzeugen gefertigten Schmuckstücke.

Die Kelten, die, von der Eifel kommend, etwa sechs Jahrhunderte vorchristlicher Zeit das Terrain des heutigen Deutschland und Österreichs erobert und besiedelt hatten, hinterließen vielfältige und kunstvolle Schmuckstücke. In sogenannten Tumuli – de facto Grabhügel mit rituellen und praktischen Beigaben – wurden Obrigkeiten und Stammesälteste bestattet. Unter den Preziosen befinden sich neben Ringen, Arm- und Halsreifen, Ketten und Fibeln auffallend viele Masken. Faszinierend in ihrer handwerklichen und kunstsinnigen Fertigung, stellen sie dennoch ein Rätsel in ihrer Bedeutung dar.

Ist es selbstbewusstes Tarnen und Täuschen, ist es Lust an Verkleidung, ist es ein unterbewusstes, oder gar bewusstes Zeigen einer indifferent schizophrenen Persönlichkeitsspaltung? Oder hat das Tragen von Masken und Fratzen religiöse, mystische, sinnliche, übersinnliche, gar magische Hintergründe?

Die bekannteste auf österreichischem Territorium gefundene Maske der Kelten ist aus Bronze. Die Größe entspricht der eines echten menschlichen Kopfes. Realitätsgetreu ist auch die Ausfertigung des ovalen Gesichtes. Dichtes Haar ist ebenso ausgeprägt dargestellt wie ein fein geschwungener Schnurrbart und ein Backenbart. Nase und Augenbrauen sind als Einheit stilisiert. Synchron zum geschwungenen Haarschopf mündet das Antlitz unten im selben Schwung in eine Art Kragen – es könnte auch ein heute wieder moderner Ziegenbart sein. Die Ohrläppchen sind durch einen Knopf geschmückt. An den Enden des vermuteten Kragens und an der Seite der Ohren sind insgesamt vier Löcher ausgestanzt; wohl um mit einem Band am Kopf befestigt zu werden. Eine Interpretation der auf 400 v. Chr. datierten Maske spricht von einer Darstellung des Gottes Esus. Warum aber sollte dieser „Göttliche" dann von einem Menschen getragen werden?

Ob die Maske zu kultischen Zwecken von Schamanen, Druiden, als Symbol der Macht von Häuptlingen oder zu spielerischen Zwecken erotischer Natur verwendet wurde, bleibt im Reich des Okkulten. Interessant ist nur die Vielzahl an Fratzen und Masken, an fantastischen, erratischen, mutierenden Tier- und Menschengestalten, die auf Kult und Alltagsgegenständen verewigt sind. Geheimnisvolle Himmelsdarstellungen mit Zirkeln und Kreisen lassen auf Kenntnisse der Geometrie und Astronomie schließen.

Maria Theresia ließ sich 1744 mit einer fast identen Maske, die sie der Überlieferung zufolge liebend gerne auf den barocken, exzentrischen Redouten trug, von Martin von Meytens pittoresk abbilden. Venezianische Masken entbehren auch nicht gewisser Ähnlichkeit. Und die exaltierten, oft Gut und Böse, Schönheit und Hässlichkeit, Yin und Yang symbolisierenden Masken des wunderbar opulenten Life Balls sind Teil des Ausdrucks von Verkleidung, Veränderung und Maskierung. Wundersame Imaginationen des Seins! Auch die martialisch-archaische Tradition der heute noch in vielen alpinen Orten praktizierten Perchtenläufe mit grotesk überzeichneten, Furcht einflößenden Fratzen geht auf keltische Tradition zurück.

Bedeutet die Maske demokratische Egalisierung oder aristokratische Überhöhung? Die Möglichkeit, unter dem Schutz der Maske – mit einem anderen Gesicht – in ein anderes Ich zu schlüpfen, ist ein wesentlicher Aspekt des Maskierens. Eine andere Identität, ein anderes Geschlecht, einen übergeordneten oder auch bewusst unterordnenden Status anzunehmen, ist Teil eines gesellschaftlichen, mystischen, sozialen Spieles. Maskieren kann auch demaskieren. Ordnungen können konterkariert, persifliert und pervertiert werden. Oder klargestellt.

Jäger und Sammler sollen Österreichs prähistorische Vorfahren gewesen sein? Eher Meister im Tarnen und Täuschen. Mit viel Sinn für Theatralik, Überzeichnung, Dramatik und Verständnis für Kunst.

№7

Prähistorische Bekleidung aus Pelz & Leder

Dass das Volk, begnadet für das Schöne, schon frühzeitig durch Schmuck und Kleidung aufgefallen ist, belegen archäologische Funde aus diversen Grabstätten und Gräberfeldern.

Die ältesten Spuren humaner Anwesenheit in Österreich gehören dem Mittelpaläolithikum, der Zeit der Neandertaler, an. Die ältesten je gefundenen Spuren führen in die steirische Repolusthöhle. Während der Bronzezeit – zwischen dem 3. und dem 1. Jahrtausend vor Christi Geburt – entstanden immer größere Handelszentren und Befestigungen, vorwiegend in Rohstoff-Abbaugebieten. Im Umkreis von Hallstatt begann die systematische Gewinnung von Salz; nach diesem Ort ist auch die ältere Periode der Eisenzeit, die Hallstattzeit benannt. Die jüngere Eisenzeit, auch La-Tène-Zeit genannt, steht im Zeichen der Kelten, welche im Süden und Osten des heutigen Österreich das erste Staatsgebilde errichteten – der Westen wurde zur selben Zeit von Rätern besiedelt.

Am Salzberg bei Hallstatt wurde 1846 vom Archäologen Johann Georg Ramsauer ein ausgedehntes Gräberfeld freigelegt. Es liegt in einem Hochtal über dem Hallstätter See. In diesem Gebiet findet man Siedlungsspuren, die bis ins Neolithikum zurückreichen. Danach scheint Hallein die führende Position im Salzbergbau eingenommen zu haben. Das Gräberfeld umfasst über 1000 Gräber. 55 % davon sind Körpergräber, 46 % Brandgräber. Bei 26 % der Gräber handelt es sich um Waffengräber, die meistens am äußeren Rand des Gräberfeldes angelegt wurden, während sich die waffenlosen Gräber in der Mitte befinden. In Frauengräbern fand man Fibeln, Gürtel und Schmuck, in Männergräbern Nadeln und Waffen. Kunstvoll gefertigt aus verschiedenen Metallen und Hölzern.

Ein detailliertes Spektrum der Lebensumstände offenbarte der Fund der als „Ötzi" bekannt gewordenen Mumie am Ötztaler Gletscher anno 1991. Dieser trug eine aus braunem und weißem Fell längs gestreifte Jacke, deren helle und dunkle Fellstreifen auf der nach außen getragenen Fellseite optisch wirkungsvoll kombiniert sind. Um die Hüften trug Ötzi einen Gürtel aus Kalbsleder, an dem die Lederschlaufen der Beinlinge befestigt waren und der außerdem den bis zu den Knien reichenden Lendenschurz hielt. Ötzis Schuhe bestanden aus verschiedenen Materialien. Für den Schaft wurde Rindleder verwendet, dessen Haarseite zur Nässeabwehr nach außen zeigte. Die Sohle bestand aus isolierendem Bärenfell, dessen Haarseite innen lag. Als Kopfbedeckung trug Ötzi eine Mütze aus Wolfsfell. Als Utensilien führte er ein Kupferbeil, einen Bogen mit 14 Pfeilen, einen Dolch aus Feuerstein, eine Rückentrage und eine Gürteltasche mit sich.

Damals war das Tragen von Pelzen noch nicht politisch unkorrekt. Im Gegensatz zu heute, wo das Tragen toter Tiere fast ausschließlich „Nouveaux Riches" vom Typus der Zuhälter oder Würstelstandmillionäre beziehungsweise Pelzkappenträgerinnen der Generation 65+ vorbehalten ist.

Dass auch die heutige Prominenz noch dem historischen Vorbild nacheifert, belegen zumindest drei Vergleichsfälle alpiner Provenienz. So ist doch augenscheinlich, dass Johnny Weißmüller, als er in geistiger Umnachtung nicht mehr zwischen zelluloider und wahrhaftiger Realität, zwischen seiner Filmrolle als Tarzan und dem 20. Jahrhundert unterscheiden konnte, einen ähnlichen Lendenschurz wie weiland der Ötztal-Mensch in seinem Refugium in Beverly Hills trug; langsam von Liane zu Liane, von Jane zu Jane schwingend.

Auch Namensvetter „DJ Ötzi" kann von Statur und Kopfbedeckung seine Wahl-Verwandtschaft nicht ganz leugnen. Anstelle eines Kupferbeils schwingt der durchaus sympathische Älpler allerdings schunkelnd Noten- und Mikrofonständer. Selbst die Einsilbigkeit seiner Texte „Uh-ah, Uh-ah - hey baby ..." lässt einen prähistorisch determinierten Urheberrechtsstreit erahnen.

Wirklich frappierend aber ist die Ähnlichkeit der Tracht der Similaun-Mumie mit der des landauf, landab geliebten und als „grinsender Messias der heilen Welt" gepriesenen Edel-Barden Hansi H., der die gleiche blondierte Zottelfell-Schamhaarperücke sowohl am Kopf als auch in Form von Fell-Boots an den Füßen trägt. Seine schärfste Waffe allerdings ist, für viele, seine Stimme, wenn sie als Echo quer durch die Tiroler Bergwelt wiederhallt. Entweder anlockend oder verjagend ... Chacun à son gout.

Volk, begnadet für das Schöne ... Lauter G'scherte im Pelz, mit Goldketterln ...

№ 8

Das Edelweiß

Obwohl vom Aussterben bedroht, wandert es tagtäglich durch unser aller Hände*: das Edelweiß. Das Alpen-Edelweiß ist eine Pflanzenart aus der holarktisch verbreiteten Gattung Leontopodium (Edelweiß) aus der Familie der Korbblütler (Asteraceae). Als eine der berühmtesten und symbolträchtigsten Alpenblumen ist sie eine ausdauernde krautige Pflanze, die zwischen fünf und zwanzig Zentimeter Größe erreicht. Sie ist wollig-weißfilzig, wobei die schmal-lanzettlichen, etwa fünf Zentimeter langen Laubblätter besonders an der Unterseite stark behaart sind. Die grundständigen Blätter bilden eine Rosette. Fünf bis fünfzehn weiß glänzende Hochblätter formen einen mehrzackigen Stern und umgeben den eigentlichen Blütenstand. Die sichtbare Blüte ist aber nur eine Scheinblüte. Die Schaufunktion entsteht durch die dichten weißfilzigen Hochblätter.

Wie so vieles des als typisch österreichisch Erachteten ist auch das Edelweiß eingewandert. Nach der letzten eizeitlichen Kälteperiode ist es aus den Hochsteppen Zentralasiens in die damals vegetationsfreien Alpen immigriert. Verwandte sind heute noch in den Steppengebieten Inner- und Ostasiens zu finden.

Der Fama nach haftet dem Edelweiß ein Zauber an. Es ist Symbol für den Beweis inniger Liebe und besonderen Wagemut. Der Geliebten ein Exemplar des seltenen, nur mehr auf Kalksteinfelsen und selten auf Almwiesen vorkommenden, Edelweiß darzubringen, kam seinerzeit dem Nimbus eines Gralsritters nahe. Na ja. Unbestritten ist, dass die Pflanze wahrhaftig vom Aussterben bedroht ist. In Österreich wurde sie deshalb bereits 1886 unter Naturschutz gestellt.

Allgegenwärtig ist die real rare Spezies dennoch: *Heute befindet sich das Abbild eines Edelweiß auf der österreichischen Zwei-Cent-Münze, davor auf der Rückseite der Ein-Schilling-Münze. Es ist das Logo des Österreichischen Alpenvereins, des Bergrettungsdienstes, ist Brandzeichen der Haflinger-Pferde, war sowohl in der k. u. k. Monarchie als auch heute Zeichen der Gebirgsjäger.

Stark ramponiert wurde das Ansehen alpiner Traditionen und Symbole durch die Nazis und deren krankhafte Verwendung und Berufung als originär, einzigartig und höherwertig. Verändert wurde das derangierte Image auch lange Jahre danach nicht. Desaströs auch das unselige Selbstbildnis, das der Film „Sound of Music“ vermittelte. Auch wenn in Österreich kaum jemand dieses ominöse Machwerk kennt, ist das Bild der lederbehosten und bestrumpfdirndelten singenden und inmitten von Feldern aus Enzian und Edelweiß tanzenden Trapp-Familie verheerend. Ins rechte Licht gerückt wurde das Alpenimage dann später von konterkarierenden und ironisierenden Künstlern. Genannt sei André Hellers Varieté „Flic-Flac“ mit der Groteske jodelnder und schuhplattelnder Schwarzer oder der bizarre Rap der Bingo Boys „Bring me Edelweiß!“.

Ein besonderes Kuriosum aber hat 2005 die österreichische Post in Form einer gestickten Briefmarke mit dem Edelweiß als Motiv publiziert. Die Briefmarke mit einem Nennwert von 375 Cent besteht aus Stoff und zeigt auf grünem, kurz gefranstem Untergrund ein mit weißem Faden gesticktes Edelweiß. Nationalstolz, quasi mit der Aufforderung „Lecken Sie mich doch!“

№9

Der Leichnam des „Ötzi"

Vielleicht hatte er sich einfach eines Morgens mit „S' isch Zeit, Mander", die berühmten Worte eines späten Nachfahren vorwegnehmend, von seiner Familie verabschiedet und in die Berge begeben. Um etwas Essbares zu jagen oder ein Edelweiß zu pflücken? Zurückgekehrt war der geübte Jäger am selbigen Abend jedenfalls nicht. Gefunden wurde er rund 5400 Jahre später, am 19. September 1991, und mumifiziert, beim Tisenjoch, nahe dem Hauslabjoch in den Ötztaler Alpen, an der italienisch/österreichischen Grenze von deutschen Tourengehern. Kurz danach stellte sich der Fund der Leiche als Sensation heraus – als klar wurde, dass es sich bei dem toten „Mann aus dem Eis" um einen durch Gefriertrocknung konservierten Leichnam aus dem Spätneolithikum – vulgo Kupfersteinzeit – handelte. Der ca. 1,58 m große und 15 kg schwere Leichnam ist nahezu unversehrt und vollständig erhalten. Das voraussichtliche Alter zum Zeitpunkt des Todes wurde mittels Autopsie auf 45 Jahre geschätzt. Da jeder Körper beim Gefrieren schrumpft, muss er lebendig von etwas größerer Statur gewesen sein. An der Mumie wurden 15 blauschwarze Tätowierungsgruppen gefunden, bei denen Kohlenstaub in kleine punktförmige Wunden eingerieben worden war. Sie setzen sich aus über 50 Einzeltätowierungen zusammen, wie parallele Linien im Lendenbereich, Streifen um seinen rechten Fußknöchel und eine Tätowierung in Form eines Kreuzes hinter seinem rechten Knie zeigen. Ein Präjudiz der heutigen proletoiden Tattoo-Wut? Oder Ausdruck aristokratischer Provenienz wie bei den britischen Royals?

Im Jahre 2007 publizierte ein Pathologen-Team um Eduard Egarter-Vigl von der Universität Bozen ein schlüssiges Szenario vom Tod des Eiszeitmenschen, das den Mord durch eine Pfeilattacke als sehr wahrscheinlich annehmen lässt. Eine Pfeilspitze war erst etwa 10 Jahre nach der Bergung der Mumie entdeckt worden. Sie unterscheidet sich von Ötzis eigenen Pfeilspitzen in Material und Machart, stammt also mit hoher Wahrscheinlichkeit von einem Verfolger. Besagte Pfeilspitze hat beim Eindringen in den Körper ein etwa zwei Zentimeter großes Loch in das linke Schulterblatt gebohrt. Die Autoren – sozusagen eine Art „CSI Ötzi“ – lassen jedoch offen, ob der Tod infolge der Wunde oder aufgrund eines durch einen mutmaßlich daraus resultierenden Sturz verursachten Schädeltraumas erfolgt ist.

Da „Ötzi“, wie er von den Medien getauft wurde, im Grenzgebiet des Similaungletschers gefunden wurde, erhoben sowohl Österreich als auch Italien Anspruch auf den historisch bedeutsamen Fund. Ursache des Streits ist die an der Fundstelle in der Regel vorhandene Gletscherüberdeckung der 1919 im Vertrag von Saint-Germain-en-Laye als Grenze vereinbarten Wasserscheide. Der 1920 mit der Festlegung im Gelände beauftragte internationale Grenzregelungsausschuss nahm an, dass bei Gletscherüberdeckungen eine geradlinige Grenzziehung der unter dem Gletscher liegenden Wasserscheide nahe käme, und beschloss eine entsprechende Grenzziehung. Obwohl sich die Fundstelle auf der Österreich zugewandten Seite der Wasserscheide befindet, lag sie damit, wie eine Vermessung im Oktober 1991 ergab, 93 Meter von der Grenze entfernt auf italienischem Staatsgebiet. Seit September 2006 ist ein neuer Vertrag zwischen der Republik Österreich und der Italienischen Republik über die Instandhaltung der Grenzzeichen sowie die Vermessung und Vermarkung der gemeinsamen Staatsgrenze in Kraft, der die Wasserscheide bei Gletschern nicht mehr als Wasserscheide des darunterliegenden Geländes, sondern als die der Gletscheroberfläche und damit variabel definiert. Damit liegt die Fundstelle heute je nach Gletscherzustand auf italienischem, bei vollständigen Abtauen des Gletschers auf österreichischem Staatsgebiet.

Den Tirolern selbst ist die Diskussion relativ egal, sehen sie doch traditionellerweise das „Heilige Land Tirol" als eine Einheit. Klar abgegrenzt von Österreich genauso wie von Italien. „Bischt a Tiroler, bischt a Mensch. Bischt koa Tiroler, bischt a Oaschloch ..."

№10

Die Totenkopfgalerie des Hallstätter Friedhofes

Dem Naturell österreichischer Übertreibung entsprechend könnte man Wien als Nekropole bezeichnen. Morbid, grau, dem Tod geweiht, die Toten huldigend. Schmerz und Trauer zelebrierend wie die Passion des Lebens und der Liebe. Mit Hingabe und leidenschaftlicher Nekrophilie. Über eine „schene Leich“ – wie Wiener das streng reglementierte Bestattungszeremoniell apostrophieren – definiert sich sichtbar der Wert eines erfüllten, schönen Lebens. Wenn nicht sogar mehr.

Unvergesslich in diesem Zusammenhang die jüngsten Inszenierungen der öffentlichen Begräbnisfeierlichkeiten und Grablegungen von Alt-Bürgermeister Helmut Zilk (1927–2008) und Otto von Habsburg-Lothringen (1912–2011). So unterschiedlich deren Vita und deren Philosophien und politische Ansichten waren, so einig war man sich im öffentlichen Zelebrieren des Todes. Wobei die grotesk imperial anmutende Prozession der von schwarzen Rappen durch den Nebel gezogenen schwarzen Kutsche des allseits beliebten demokratischen Leichnams noch weit imposanter war als das staatstragend-höfische Zeremoniell des vom Stephansdom über Hofburg und Ring zur Kapuzinergruft geführten Touristen-Spektakels zu Ehren des Sohnes des letzten Kaisers von Österreich-Ungarn.

Wehmut und Todessehnsucht durchdringt das Schaffen vieler österreichischer Literaten. Ebenfalls eindrucksvoll sind die von Österreichern komponierten Requien. Selbst in dem Amüsement zugedachten Kompositionen und Gedichten, Sonetten, Arien und lyrischen Werken verbaler wie tonaler Natur schwingt eine gewisse sinistere Wehmut, klingt eine eigenartige, sonore Melancholie. Kombiniert mit Ehrfurcht, Todesfurcht und Todessehnsucht.

Lange Tradition hat dieses Land im Zelebrieren des Todes. Die Dichotomie von Gut und Böse, von Leben und Tod wird seit jeher feierlich begangen. Grabbeigaben belegen dies für die Frühzeit und Antike. Totenschädel zieren zuhauf auch sakrale Gegenstände. Prachtvolle Beispiele wie mit Totenköpfen geschmückte Monstranzen oder die reich verzierte Totenkopfuhr im Stift Klosterneuburg belegen die lang gehegte nekrophile Neigung. Sogar den Sakralbau des Wiener Stephansdoms zieren über 50 Totenköpfe. Als Abschreckung und als „Memento mori!" – „Vergiss nicht, dass Du sterblich bist!"

Eine besonders bizarre Form des Totenkults aber stellen die Totenköpfe in Hallstatt dar. Im Gebeinhaus des Hallstätter Friedhofes sind die exhumierten Totenköpfe Tausender Vorfahren versammelt. Ihre Namen und Lebensdaten sind auf den blanken Knochen geschrieben. Kunstvoll, schön, bizarr und ornamental verziert. Aus Platzmangel des engen Tals und des engen Friedhofes entstand die Tradition der Leichnamspflege- und Verehrung. Kopf an Kopf liegen Tausende Schädel und starren gespenstisch Richtung Ausgang, Richtung Licht. Bis in alle Ewigkeit. An modrig-morbider Bizarrerie übertrifft nur noch die beklemmende Atmosphäre in den Catacombe dei Cappuccini, den Katakomben der

Kapuzinergruft im sizilianischen Palermo mit mehreren Tausend mumifizierten, aber voll bekleideten Leichen die Hallstätter Ruhestätte.

Fasziniert vom Weltkulturerbe des Ortes im Salzkammergut wurde 2012 im chinesischen Ort Boluo in der Provinz Guangdong als Touristenattraktion die pittoreske Fassade Hallstatts als originalgetreue Kopie nachgebaut und im Juni mit alpenländischer Blasmusikkapelle feierlich eröffnet. Spooky. Den morbiden Friedhof aber überließ man doch lieber der abendländischen Nekrophilie. – So hoch könnte man die traditionellen chinesischen Türstaffeln gar nicht bauen, um die eindringenden Geister abzuwehren.

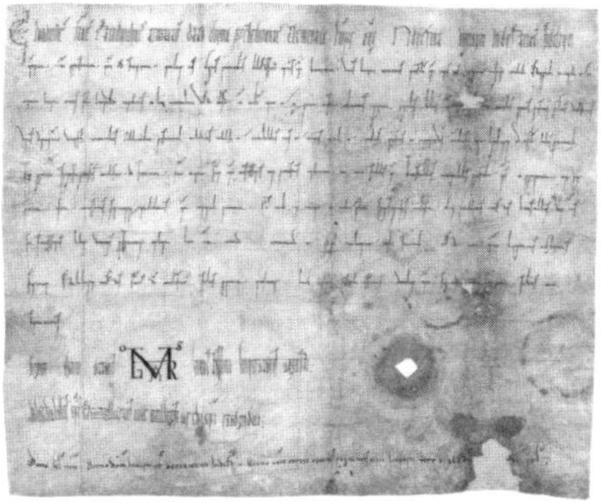

№11

Die Ostarrîchi-Urkunde

Es ist ein unscheinbares, vergilbtes, leicht fleckiges und löchriges Pergament. Es ist an den Ecken geknickt und eingerissen. Dennoch ist es von unschätzbar ideellem Wert. Es verkündet Geburtsstunde, Namenstag, Geburtstag, Schenkung und de facto die nationale Legitimation Österreichs. Auf der Suche nach identitätsstiftenden Dokumenten stößt man auf die älteste bekannte schriftliche Nennung des Namens Ostarrîchi. Sie stammt aus der in Bruochselle (Bruchsal) ausgefertigten Urkunde zur ottonischen Schenkung, gerichtet an Gottschalk von Hagenau, den Bischof von Freising, vom 1. November 996, der „Ostarrîchi-Urkunde“. Die ersten drei Zeilen der handschriftlichen, von König Ottokar persönlich besiegelten Minuskel der „Ostarrîchi-Urkunde“ König Ottos III. bestätigen eine Schenkung. Der Freisinger Bischof Gottschalk erhält den Hof zu „Niuvanhova“, ein Landstrich von nur „30 Königshufen“ – das entspricht in etwa 100 Hektar. Das Besondere aber ist die erstmalig historisch dokumentierte Nennung des Namens Ostarrîchi.

„In nomine sanctae et individuae trinitatis. Otto divina preordinante clementia imperator augustus. Noverint omnium industriae fidelium nostrorum tam praesentium quam et futororum, qualiter nos dignis petitionibus dilectissimi nepotis nostri Baioariorum ducis Heinrici annuentes quasdam nostri iuris res regione vulgari vocabulo Ostarrichi in marcha et in comitatu Heinrici comitis filii Liutpaldi marchionis in loco Niuuanhova dicto, id est cum eadem curte et in proximo confinio adiacentes triginta regales hobas cum terris cultis et incultis pratis pascuis silvis aedificiis aquis aquarumve decursibus venationibus zidalweidun piscationibus molendinis mobilibus viis en inviis exitibus et reditibus quesitis et inquirendis omnibusque iure legaliterque ad easdem hobas pertinentibus super gremium Frigisingensis aecclesiae ad servicium sanctae Mariae sanctique Christi confessoris atque pontificis Corbiniani cui nunc fidelis noster Kotascalus venerabilis presidet episcopus, in proprium atque perpetuum usum concessimus firmiterque tradidimus nostra imperiali potentia, eo modo eoque tenore ut eadem praefata Frigisingensis aecclesia idemque praelibatus antistes Kotascalhus atque omnes sui successores libero deinceps perfruantur arbitrio haec omnia tenendi commutandi et quidquid voluerint inde faciendi. Et ut nostrae largitionis auctoritas firmior stabiliorque cunctis sanctae dei aecclesiae filiis perpetim credatur, hanc cartam inscribi iussimus anuloque nostro signatam manu propria subtus eam firmavimus. Signum domni Ottonis invictissimi imperatoris augusti. Hildibaldus episcopus et cancellarius vice Uuilligisi archiepiscopi recognovi. Data kal. nov. anno dominicae incarnationis DCCCCXCVI, indictione X, anno autem tertii Ottonis regnantis XIII, imperii vero I; actum Bruochselle, feliciter."

Soweit die Ostarrîchi-Urkunde anno 996: Ein kleiner Satz für das Universum, ein großer Schritt für die österreichische Menschheit. Ostarrîchi selbst war damals ein relativ kleiner Landstrich entlang der Donau – relevant vor allem aus rein strategischen Gründen, begründet durch die Grenze zum Osten. Am 21. Juli 976 übernahm Luitpold I. die „Gegend, die vom Volke Ostarrîchi genannt wird", die aber offiziell noch den Namen „Avaria" alias Awarenland trug. Luitpold selbst entstammte dem Geschlecht der Popponen, deren Stammburg die legendäre „Babenberch", gelegen in Bayern oder Thüringen, gewesen sein soll. Später entwickelte sich daraus das Geschlecht der „Babenberger", die sich entlang der Donau, in Melk und Klosterneuburg, ansiedelten.

„Ostarrîchi" ist die früheste bekannte Form des Wortes, aus dem der spätere Name für Österreich entstanden ist. Ursprünglich bezeichnete es im 10. Jahrhundert eine Region im Herrschaftsgebiet der babenbergischen Markgrafen im Herzogtum Bayern im Südosten des Ostfränkischen Reiches. Die exakte Etymologie des Wortes „Ostarrichi", mit dem diese östliche Grenzregion bezeichnet wurde, ist unklar. Ostarrîchi, zeitgenössisch anfangs auch Marcha orientalis, später Marcha Austriae oder Osterland, als Mark Österreich oder Markgrafschaft Österreich ab dem 19. Jahrhundert vereinzelt auch als Ostmark bezeichnet, war zunächst eine Verwaltungseinheit innerhalb des Herzogtums Bayern – von 976 bis zur Unabhängigkeit 1156 als Herzogtum Österreich.

Pikanterweise wird das für das österreichische Selbstverständnis und Selbstwertgefühl wesentliche Dokument heute im Bayerischen Hauptstaatsarchiv in München aufbewahrt.

№12

Privilegium Maius (& Minus)

Dass in Österreich heutzutage jede Menge Privilegienritter existieren und (mit)regieren, ist wohlbekannt. Dass Tarnen und Täuschen aber schon im Mittelalter – dem Zeitalter der hehren, tadellosen Ritter als austriakische Tugend perfektioniert wurde, eher weniger. Gemäß Erkenntnissen der Geschichtsforschung ist aber bewiesen, dass das Haus Habsburg als Regent Österreichs innerhalb des „Heiligen Römischen Reichs Deutscher Nation" mittels einer listigen Fälschung weitgehend Freiheit und Unabhängigkeit erlangte.

Es war eine der ersten Amtshandlungen Rudolfs IV. als Herrscher Österreichs, sich dem regierenden Kaiserhaus zu widersetzen und mehr Freiheiten und Privilegien für Österreich einzufordern. Kaiser Karl IV. hatte, zum Unmut seines Schwiegersohnes, des Habsburgers Rudolf IV., im Jahr 1356 ein neues Grundrecht dekretiert. Die „Goldene Bulle" regelte sowohl die Wahl des Regenten als auch die Hierarchie und Aufteilung der dafür notwendigen und privilegierten Kurfürsten. De facto geriet dies zur Schwächung der Habsburger und der Wittelsbacher – im Gegensatz zur Stärkung der Luxemburger. Als Reaktion ließ Rudolf IV.

das originale Siegel von Kaiser Friedrich I. Barbarossa vom „Privilegium Minus“ ablösen und an einem gefälschten Dokument anbringen.

Vorbild desselben war „der kleine Freiheitsbrief“ zum langen Abschied: das „Privilegium minus“. Für das heutige Österreich eine der historisch relevanten Gründungsurkunden. Als „Privilegium Minus“ bezeichnet die Geschichtsforschung, in Abgrenzung zum späteren „Privilegium Maius“, ein feierliches Diplom, das am 17. September 1156 von Kaiser Friedrich I. für Heinrich Jasomirgott aus dem Hause Babenberg ausgestellt wurde, in welchem die Mark Ostarrîchi in ein vom Herzogtum Bayern unabhängiges Herzogtum umgewandelt wurde. Dieser Freiheitsbrief ist vor dem Hintergrund des staufisch-welfischen Konflikts zu sehen, den der damals junge Kaiser des Heiligen Römischen Reiches – von beiden Häusern abstammend – beseitigen wollte.

Zu der Reihe an Vorrechten, die Heinrich Jasomirgott verbrieft wurden, gehört das Recht im Falle kinderlosen Todes das Herzogtum jemandem zu überlassen, den Heinrich und seine Gattin Theodora zuvor bestimmen sollten. Für Friedrich Barbarossa war dieses Vorrecht keine besondere Einschränkung seiner Macht als Lehnsherr, denn bei großen Reichsvasallen hätte er im Falle des Todes des Vasallen die Investitur der Söhne auch nicht verweigern können. Zudem hatte er großes Interesse am Fortbestehen der Babenberger, da sie ein Gegengewicht zu den Welfen darstellten, die als Herzöge von Bayern möglicherweise nach dem Aussterben der Babenberger Ansprüche auf Österreich erhoben hätten.

Die Beschränkung im „Privilegium Minus“ bezog sich auf Hoffahrt und Heeresfolge. Es lag im Interesse Friedrich Barbarossas den Babenberger zu entlasten, damit er die Aufgaben einer Mark weiterführte. Insbesondere erhoffte er sich Unterstützung für Züge in das an Österreich grenzende Italien. Historische Perfidie besteht darin, dass dieses für die Unabhängigkeit wesentliche Dokument nur mehr in Abschriften existiert, da das Originalpergament missbräuchlich verwendet und vernichtet wurde.

Das „Privilegium Maius“ – der große Freiheitsbrief – ist somit eine im Jahr 1358 im Auftrag von Rudolf IV. gefälschte Version des originär vom Kaiser diktierten und unterfertigten „Privilegium Minus“ aus dem Jahr 1156, mit dem den österreichischen Stammlanden der Habsburger umfangreiche Rechte zugestanden wurden. Durch das „Privilegium Maius“ wurde Österreich zum „Erzherzogtum“ dekretiert und mit den Kurfürstentümern beinahe identen Rechten ausgestattet.

De facto bedeutete dies eine Unteilbarkeit der Länder, eine automatische Primogenitur, eigenständige Gerichtsbarkeit sowie Herrschaftssymbole. Im Zuge der Fälschung trug Rudolf IV. allerdings doch etwas zu dick auf, um glaubwürdig zu bleiben. Das Dokument des „Privilegium Maius“ enthält fünf inserierte gefälschte Urkunden, die sogar Bezug auf das antike römische Reich nahmen. Sie sollten angeblich von Julius Caesar und Nero ausgestellt worden sein, die der Region – dem damaligen Noricum – bereits besondere Rechte verliehen hätten. Als Grundgerüst verwendeten die Fälscher das originale „Privilegium Minus“, dessen Text sie ausschmückten und erweiterten. Schließlich brachten die Fälscher das echte kaiserliche Goldsiegel am „Privilegium Maius“ an und vernichteten anschließend das Original – das „Privilegium Minus“. Datiert ist das Pergament mit 1156 – analog zum „Privilegium Minus“.

Kaiser Karl IV. bestätigte das ihm von Rudolf vorgelegte „Privilegium Maius“ aber nicht. Der italienische Gelehrte Francesco Petrarca entlarvte es als plumpe Fälschung. Streitigkeiten, Heirats- und Hausmachtpolitik wurden wie gehabt fortgesetzt. Über Generationen zog sich der Zwist um Vorrechte und Privilegien, die mittels des „großen Freiheitsbriefes“ zugestanden hätten werden sollen.

Eine Wende im Streit um die Anerkennung des Dokumentes und der darin inkludierten Rechte brachte erst die Thronbesteigung eines Habsburgers: Rund 100 Jahre nach der Erstellung der Urkunde anerkannte – Überraschung! – der habsburgische (!) Kaiser Friedrich III. im Jahr 1453 die Richtigkeit und Berechtigung des „Privilegium Maius". Infolge bestätigen auch dessen Nachfolger Rudolf II. und Karl VI. die Echtheit des Dokuments, welches somit die rechtliche Grundlage des geltenden „Reichs- und des habsburgischen Hausrechts" darstellt. Posthum wurde somit das Postulat Rudolfs IV. belohnt: „Insipiens sapientia" – „Arge List mit Weisheit!"

Jahrhunderte später, mit der Auflösung des „Heiligen Römischen Reichs Deutscher Nation" verlor das „Privilegium Maius" seine Bedeutung. Im Jahr 1852 wurde es von Wilhelm Wattenbach auf wissenschaftlicher Basis endgültig als Fälschung nachgewiesen. Das als Pendant zur „Goldenen Bulle" initiierte, kunstvoll gefertigte Original der aus historischer Sicht im Endeffekt effektvollen, wertvoll täuschenden Fälschung befindet sich heute in Gewahrsam des Österreichischen Staatsarchivs.

№13

Der Tassilokelch

Über Jahrhunderte hinweg beherrschte eine Allianz der säkularen Zweifaltigkeit Österreichs Schicksal: die Einheit der römisch-katholischen Kirche mit dem Staat. Immer wieder bestimmten die Wechselwirkungen zwischen Kirchenfürsten und profanen Herrschern die Geschicke des Landes.

Ein bis heute in Verwendung stehendes frühzeitliches Symbol dieser Synergie stellt der Tassilokelch dar. Tassilo III. (741–794) selbst vollzog eine interessante Entwicklung. Erst war er Herzog, wurde in der Folge zum König erhoben und beendete schließlich sein Leben als einfacher Mönch. Vor allem kann er sich die Christianisierung des Alpen- und Donauraumes an die Fahnen heften, nachdem zuvor der Aufruf von Papst Gregor II., dies in allen Ländern zu tun, nicht befolgt worden war. Im Alter von nur sieben Jahren hatte Tassilo die Nachfolge seines Vaters Odilo angetreten, mit fünfzehn leistete er dem fränkischen König Pippin Heeresgefolgschaft und erlangte dadurch weitreichende Unabhängigkeit. Seine Unterstützung der Kirche folgte einem klaren Konzept, das auf dem Prinzip von Leistung und Gegenleistung basierte und ihm im Endeffekt Schutz und Türöffner für eine aktive Hausmachtpolitik bescherte.

Tassilo war kämpferisch erfolgreich gegen die Awaren, die Slawen und die Sachsen. Im Kampf um die Vorherrschaft in Mitteleuropa aber unterlag er letztlich den Franken. Sein regionaler Einfluss war nichtsdestotrotz von enormer Bedeutung; für den ländlichen Raum genauso wie für Ortschaften, Märkte, Städte und vor allem auch für das Christentum. Insbesondere für christliche Kirchen und Klöster. Über 40 Klöster gründete Tassilo III. Allein dem Stift Salzburg spendete er 17 große Herrenhöfe und 1775 Höfe als Lehensgüter. Zweifellos eines der größten Verdienste ist die Gründung des Klosters von Kremsmünster anno 777. Er selbst vermerkte auf der Schenkungsurkunde: „Ich, Tassilo, Herzog von Baiern, habe im dreißigsten Jahr meiner Regierung erwogen, vom Besitz, dessen mich der Herr gewürdigt hat, Gott selbst wieder etwas darzubringen ..." Neben der Schenkung des Landes, der Bezahlung der Bauten und der kompletten Ausstattung mit Kunstschätzen aller Sparten vermachte er dem Kloster auch seinen Brautkelch.

Der heute als Tassilokelch bekannte Pokal ist 25,5 cm hoch, besteht aus gehämmert-bearbeitetem Kupfer und ist mit Gold und Silber verziert. Er gilt als wertvolles Musterbeispiel edlen Kunsthandwerks des frühen Mittelalters: Der obere Teil zeigt ein Bild Jesu Christi, umrankt von einem Säulengang, der frühen Kreuzgängen byzantinischer oder venezianischer Architektur nachempfunden ist. Edelsteine reihen sich um die Taille des Gefäßes, Ornamente und Säulen verjüngen sich nach unten. Den Fuß zieren Heilige und Jesu Jünger, den Abschluss bilden die Namen Tassilos und seiner Frau Liutpirc in Form einer Gravur. Gleichsam Zeichen und Zeugnis von Glaube, Prunk und Demut.

Der zwischen 764 und 768 in Salzburg gefertigte Kelch wird auch heute noch von den Mönchen in Kremsmünster als Urne bei der Wahl eines neuen Abtes verwendet. Zudem gedenken sie alljährlich am 11. Dezember, am Todestag ihres Gründervaters, mit einem feierlichen Requiem.

№14

Der Brautschleier der „Agnes“

Eine besondere Reliquie, ein einzigartiges Relikt aus einer Epoche, in der das Sakrament der Ehe und das persönliche, einander geschenkte Versprechen der Treue noch geehrt, geachtet und beachtet wurde, stellt die im Stift Klosterneuburg beheimatete und verehrte Schleiermonstranz dar. Heute unvorstellbar, beinahe unfassbar – in einer Zeit, in der die Scheidungsrate, je nach Region, zwischen 40 und 55 Prozent liegt – die Geschichte, die ihr zugrunde liegt: Der Legende zufolge hatte ein plötzlicher, heftiger Windstoß der Braut von Markgraf Leopold III. den Brautschleier während der Trauungszeremonie vom Kopf geweht. Trotz intensiver Suche blieb der Schleier lange Zeit verschwunden. Die Fama besagt, dass er neun Jahre später unversehrt an einem Holunderstrauch hängend gefunden wurde. Der Babenberger Markgraf Leopold III. (1095–1136), der sich im Laufe seiner Regentschaft als „dominus terrae“ – als Landesherr – und nicht mehr als „orientalis marchia“ – als Markgraf – bezeichnete, empfand den legendenhaften Fund des verschollen geglaubten Schleiers als Zeichen des Himmels, als himmlische Fügung, und dekretierte, genau an diesem Ort „zur Würdigung und Ergötzung, zur Verehrung Gottes“ ein Kloster zu erbauen. So entstand Stift Klosterneuburg, das bis heute den Schleier der Gräfin Agnes als heilige Reliquie beherbergt.

Die sagenhafte Auffindung des Schleiers wird in der barocken Schleiermonstranz, wie auch der Schleier selbst im Stift Klosterneuburg befindlich, von 1714 dargestellt. Der Heilige Leopold kniet vor dem Holunderbaum mit einer Darstellung der Dreifaltigkeit aus purem Gold, im Baum hängt der silberne Schleier. Die Blüten bestehen aus Perlen.

In den 41 Jahren der Regentschaft Markgraf Leopolds erfuhr Österreich wichtige ökonomische, religiöse und politische Entwicklungen. Zur Konsolidierung der Mark trugen Entscheidungen wie die Zusammenlegung herrschaftlicher und gräflicher Rechte sowie die Verkündigung eines landesherrlichen Kirchenrechts wesentlich bei. Durch feinfühlige Reflexion stieg er in der Gunst des salisch-staufischen Königshauses auf und den Papst in Rom – den Pontifex Maximus – besänftigte er durch Schenkungen, Lehen und Refundierung etlicher Ländereien, die zweifelhaften Ursprungs waren.

Verehrt wird Leopold – der Schutzpatron sowohl von Wien als auch von Niederösterreich – aber aufgrund seiner Meriten religiöser Natur. Er gründete Stift Klosterneuburg, wandelte es später in ein Augustiner-Chorherrenstift um, gründete das Zisterzienserstift Heiligenkreuz und das Benediktinerstift Kleinmariazell. Dem christlichen Wertekanon entsprechend führte er das Land in ruhige und friedliche Zeiten. Das mönchische Prinzip „ora et labora“ trug zum Aufschwung der Landwirtschaft und zum Reichtum Österreichs bei.

Als besonders frommer Mann anerkannt starb Leopold III. 1136 auf mysteriöse Weise. Bei der Jagd traf ihn ein Speer direkt im

Gesicht. Sein Leichnam wurde in der Stiftskirche Klosterneuburg zur letzten Ruhe gebettet. Seine Frau Agnes regierte nach seinem tragischen Tod weiter und lenkte die Geschicke der Babenberger, indem sie die Reihenfolge der Erbfolge veränderte. Ihr aus erster Ehe mit dem Herzog von Schwaben stammender Sohn trat als Leopold V. in die Fußstapfen des weithin geschätzten Leopold III.

Agnes selbst – trotzdem wahrscheinlich eine ob ihrer Umsicht und vorausschauenden Heirats- und Hausmachtpolitik herausragende Persönlichkeit, in einer Reihe mit Maria Theresia oder Kaiserin Elisabeth zu achten – geriet in Vergessenheit. Ihr Mann Leopold wurde fürderhin verehrt und im Jahr 1485 heiliggesprochen. Bis heute ist der im Stift Aufgebahrte Schutz- und Landespatron für Wien und Niederösterreich. Der schlichte, weiße Schleier – Zeichen der Reinheit und Jungfräulichkeit – der Gemahlin des Heiligen Leopold aber ist eine ebenbürtige Reliquie. Aufbewahrt und verehrt im Stift, dessen Gründung er einst initiiert hatte.

№15

Der Küriss von Erzherzog Karl II. von Innerösterreich

Er stellt eines der Prunkstücke des Grazer Zeughauses dar: der Küriss von Erzherzog Karl II. von Innerösterreich. Der „vollständige Reiterharnisch" stammt aus der Manufaktur von Conrad Richter, gefertigt in Augsburg um 1565. Der polierte, kunstvoll verzierte, fein ziselierte Küriss aus Metall ist von silberfarbener Oberfläche, mit goldenen und messingfarbenen Nieten. Mäanderförmige Ornamente entlang der Ränder umschließen die einzelnen Teile der Rüstung. Weltberühmt wurde der Küriss als vielfach rezipiertes Exponat der Ausstellung „Imperial Austria", die Anfang der 1990er-Jahre kreuz und quer über den Globus defilierte. Die Retrospektive lieferte global transkontinentale Erkenntnisse über Riten und Alltagsleben des Adels, der Ritter und des „gemeinen Fußvolkes" im Mittelalter.

Genau wie der „Kürass" leitet sich der Terminus „Küriss" originär vom französischen Wort „cuirasse" ab, das eigentlich einen „Lederpanzer" umschrieb. Soldaten, die einen Küriss trugen, nannten sich „Kyrisser". Die Bezeichnung „Küriss", alternativ auch in der Schreibweise Kyriss gebräuchlich, wurde zu Beginn des 16. Jahrhunderts üblich und meinte in Abgrenzung zum „Kürass“ nicht nur den Brust- und Rückenpanzer, sondern die komplette Plattenrüstung eines Ritters, wie sie in der schweren Reiterei gebräuchlich war. In der Regel trug man zu einem Küriss einen geschlossenen Helm. Ein speziell für ein Ritterturnier gefertigter Küriss wurde als „Stechküriss“ bezeichnet. Zu einem sogenannten Feldküriss trug man einen Mantelhelm oder eine geschlossene Sturmhaube. Im späten 16. Jahrhundert wurde es in der schweren Reiterei üblich, einen knielangen Küriss ohne Unterbeinzeug zu tragen. Dergestalt ist der prunkvolle Küriss von Erzherzog Karl II.

Der Küriss befindet sich heute im Landeszeughaus Graz – der bedeutendsten Waffen- und Rüstungs-Sammlung des Mittelalters. Das Zeughaus beherbergt mit etwa 32.000 Exponaten die weltweit größte historisch gewachsene Sammlung an Schutzwaffen – rund 3.840 Harnische, Helme, Ringelpanzer und Schilde-, 2.414 Blankwaffen, 5.395 Stangenwaffen, 3.867 Gewehren, 4.259 Pistolen und Waffenzubehör aller Art wie Pulver- und Zündkrautflaschen sowie Patronenköcher. Den Schwerpunkt bilden Rüstungsstücke und Waffen für den einfachen Fuß- und Reitersoldaten aus dem 16. und 17. Jahrhundert. Aber auch Offizierswaffen finden sich in der Sammlung, die – häufig reich verziert – aus Werkstätten in Innsbruck, Augsburg oder Nürnberg stammen. Die drei wertvollsten Prunkstücke sind genannter Küriss von Erzherzog Karl II., der Rossharnisch von Konrad Seusenhofer und der Prunkharnisch von Michael Witz.

Errichtet wurde das Landeszeughaus in Graz zwischen 1642 und 1647 als zentrales Waffendepot der Steiermark. Die darin gelagerten Waffen dienten der Ausrüstung des steirischen Landesaufgebots, zur Abwehr des Osmanischen Reiches. Das Landeszeughaus verlor jedoch rasch an Bedeutung, da nach dem Frieden von

Karlowitz im Jahre 1699 eine relativ stabile Grenze hergestellt werden konnte. 1749 kam es zur Schließung des Hauses, der gesamte Bestand sollte aufgelöst und nach Wien gebracht werden. Diese Initiative ging von Kaiserin Maria Theresia aus, welche im Zuge ihrer Reformen auch das Heerwesen in den Erblanden reformierte und zentralisierte. Den Grazer Ständen aber gelang es, die Kaiserin vom ideellen Wert des Zeughauses zu überzeugen, und so blieb das Zeughaus mit als Gesamtensemble und eigentlich ältestes Museum der Steiermark erhalten. 1892 wurde es in das Universalmuseum Joanneum eingegliedert. Stummer Zeuge der „Ritter ohne Furcht und Tadel".

№16

Arnold Schwarzeneggers Hanteln

Hätten die Babenberger auch nur einen Bruchteil mehr Wert und Augenmerk auf ihre körperliche Fitness gelegt, wären viele von ihnen wohl nicht in relativ jungen Jahren untrainiert vom Pferd gestürzt und hätten das Zeitliche gesegnet.

Im Traum hätte ihnen dafür die Vision jenes jungen Steirers beim Hanteltraining erscheinen müssen, der von Thal bei Graz aus, Jahrhunderte später, die Welt erobern sollte. Virtuelles Vorbild zur Motivation hätte ihnen jenes reale, postmoderne, übermenschlich humane Muskelpaket sein können, das als Ritter ohne Furcht und Adel Anfang der 1980er-Jahre international – als furchtloser, geistig gewiefter wie auch körperlich gewandter Schwertkämpfer zunächst in der Welt des Sports, des Entertainments, des Films, der Wirtschaft und, last but not least, der internationalen Politik reüssierte. Dass jener 1947 als Sohn eines Gendarmen Geborene einen derartigen Siegeszug absolvieren könnte, hatte wohl niemand in Thal bei Graz erwartet, als er – von niemand Geringerem als von Arnold Schwarzenegger ist die Rede – von früher Jugend an der gleichsam exzentrischen wie auch exotischen Sportart des Bodybuilding frönte. Im besten Fall belächelt wurden, gemäß damals üblichen Usancen der austriakischen Überheblichkeit gegenüber professionellem Körperkult, seine diesbezüglichen Avancen.

Im Sinne der über Jahrhunderte gepflegten und perfektionierten österreichischen Tradition der Heirats- und Hausmachtpolitik katapultierte sich die „Styrian Oak" – die „steirische Eiche" – intelligent, mit Verve und Empathie, mit Sympathie und einer gewitzten, klugen Selbstironie in den Orbit des globalen Universums der Macht. Als Netzwerker nutzte er die Meriten seiner Karriere als Bodybuilder, als x-facher Mister Universum, und wurde vom begnadetsten Ikonografen der Pop-Art, Andy Warhol, als Ikone der Postmoderne postuliert. Wie Meteoriten hinterließen seine Performances als Hercules, als Conan oder Terminator nachhaltigen Eindruck. Sein als King of Trash lukriertes Kapital vermehrte er sowohl mittels kluger Finanzinvestments als auch als Immobilientycoon. Den Olymp politischer Macht erklomm der stets amikal-authentisch Lächelnde, aber auch für „Law & Order"-Stehende, indem er in den legendären Clan der Kennedys einheiratete, und 2003 zum Gouverneur von California gewählt wurde.

Heute beherbergt das in „Arnies" Geburtshaus angesiedelte „Schwarzenegger-Museum" zahlreiche Reliquien des weltweit angebeteten Superstars. Unter ihnen die ersten Hanteln, die seinen Ruhm begründeten. Beinahe lächerlich leicht und unscheinbar muten sie heute an, angesichts der austrainierten Bizeps, Trizeps, Quadrizeps etc. und anderer Muskelstränge, von deren schierer Existenz der Durchschnittsmensch weder Ahnung noch Kenntnis besitzt. Objekte, die demonstrieren, was Disziplin und ein eiserner Wille bewirken können.

Anlässlich diverser politischer Kontroversen und kolportierter angeblicher außerehelicher Seitensprünge – akkordiert von Schadenfreude, Neid und Missgunst – mutierte die „Steirische Eiche" bei bösen Zungen 2011 kurzfristig zur „Steirischen Eichel", der Terminator alias Gouvernator zum „Sperminator". Gemäß seinem in perfektioniert radebrechenden Denglish prononcierten Motto „I'll be back!" wird, trotz temporärer Schrammen, im Endeffekt aber das Image des Helden im kollektiven Gedächtnis verbleiben: „Hasta la vista, baby!"

№17

Hermann Maiers goldgelber Helm

In Anlehnung an die unverwundbare, durch nichts zu zerstörende, zu verwüstende, durch nichts aufzuhaltende, von Arnold Schwarzenegger imposant personifizierte Kunstfigur des Terminators wurde dem österreichischen Skirennläufer Hermann Maier das Epitheton ornans, das schmückende Beiwort „Herminator" verliehen. Anlass der Namensgebung war das „Wunder von Nagano". Hermann Maier war beim olympischen Abfahrtslauf, in dem er als Favorit gestartet war, nach nur 18 Sekunden Fahrzeit schwer gestürzt und hatte schwere Verletzungen erlitten. Am dritten Tage aber war er, siegeswillig, wieder „auferstanden" und hatte zwei Goldmedaillen gewonnen. Ein Gladiator im modernen Circus Maximus der televisionären Welt, ohne Furcht und Tadel, beinahe ohne schützende Rüstung, um viel Ehr' und Mammon ritternd.

Würde man dem pt. Publikum heute die Frage stellen, welche Farbe sein lebensrettender Helm damals hatte, bekäme man zu 99 Prozent die Antwort „goldgelb – wie immer". Die richtige Antwort aber lautet, entgegen der durch Werbung wirkungsvoll suggerierten kognitiven Wahrnehmung, anders. In Wahrheit trug der Herminator an jenem Tag denselben roten Helm, den auch der Rest des rot-weiß-roten Nationalteams bei den Olympischen Spielen 1998 in Abmachung des Generalsponsors verpflichtend zu tragen hatte. In der Erinnerung des kollektiven Gedächtnisses trug der 1972 in Altenmarkt geborene Hermann Maier aber Zeit seiner aktiven Laufbahn, die von 54 Weltcupsiegen, 2 Olympischen Goldmedaillen, 3 Weltmeistertiteln, 4 weiteren Medaillen aus Edelmetall, 4 Gesamtweltcup-Trophäen und 13 „kleinen Kristallkugeln" im alpinen Ski-Weltcup gekrönt war, stets einen gelben, goldig in der Sonne des Erfolgs glänzenden Helm.

Zum sentimentalen Helden avancierte der lange Zeit unnahbar wirkende, introvertierte, stets hochkonzentrierte Hüne im Laufe der Zeit. Nicht zuletzt aufgrund diverser Unfälle und Verletzungen, die ihn immer wieder zu beachtlichen Comeback-Triumphen führten, errang er den Nimbus des Ausnahmesportlers, der, allen Widrigkeiten zum Trotz, die Konkurrenz de facto konkurrenzlos pulverisierte und deklassierte – oder terminierte.

Es ist müßig, zu philosophieren, ob es an dem roten Helm lag, dass Herminator über 40 Meter weit waagrecht aus der Kurve in den Tiefschnee Naganos segelte, oder doch an der Brachialgewalt, mit der er den angepeilten Sieg in der Königsdisziplin des österreichisch-alpinen Empfindens erzwingen wollte. Der rote Helm des Verzagens wurde 2012 in einer Ausstellung über „Wunder" in der Kunsthalle Krems gekonnt missachtet, geächtet und dem Vergessen überantwortet. Das glamouröse Glänzen des gelbgoldenen Siegesreigens verbleibt und erhält den Nimbus der „Unsterblichkeit" des bislang erfolgreichsten österreichischen Skifahrers.

№18

Franz Klammers gelber Rennanzug

Die Farbe Gelb scheint ein positives Omen für rot-weiß-rote Sporterfolge darzustellen. Zeitzeuge und Beleg dafür ist beispielsweise der Rennanzug Franz Klammers bei den Olympischen Spielen 1976. Der hautenge, vollkommen schmucklose, einfarbige Overall war in einem satten kanariengelben Farbton gehalten. Schlicht und elegant, ohne jegliche ornamentale oder typografische Verzierung. Für heutige Verhältnisse unvorstellbar, beinahe undenkbar. Dazu trug Klammer, höchst patriotisch, einen rot-weiß-rot gestreiften Helm mit dem Bundesadler auf der Stirn, horizontal rot-weiß-rot gefärbte Skistöcke, rote Skischuhe sowie rot-weiß-rot gestreifte Skier. Die übergezogene Startnummer zierte die Ziffer 15.

Man schrieb den 5. Februar 1976. Franz Klammer ging – als klarer Favorit apostrophiert – als letzter der Startgruppe der Weltbesten ins Rennen. Zu diesem Zeitpunkt führte der Schweizer Bernhard Russi – Titelverteidiger von 1972 – mit einem fehlerfreien Lauf. Nach einem kapitalen Fehler kurz nach dem Start kämpfte Klammer aber hart am Limit und wurde durch einen regelrechten Husarenritt zum Helden der Nation. Diese dankte ihm, indem sie ihn apodiktisch und apostolisch zu „Kaiser Franz" krönte.

Bis heute ist der 1953 im Kärntner Ort Mooswald Geborene der apodiktisch ungekrönte Kaiser der „Königsdisziplin" des alpinen Skilaufs. Mit 25 Siegen in Weltcup-Abfahrtsläufen ist Klammer unangefochten alleiniger Rekordhalter dieser Wertung. Meilensteine seiner Karriere als Rennfahrer – von 1973 bis 1985 – sind: 1 Olympiagold, 2 Weltmeistertitel, 26 Einzelsiege in Weltcuprennen – davon allein 4 Siege auf der schwersten Rennstrecke der Welt, der Kitzbüheler Streif –, 2 erste Plätze im Gesamtweltcup, 5 Weltcupsiege im „Downhill-Racing", 2 Weltcupsiege im Riesentorlauf, 1 Weltcupsieg in der Kombination. Vor allem im Wettstreit mit legendären Konkurrenten wie Gustav Thöni, Ingemar Stenmark oder Bernhard Russi setzte er Maßstäbe, die bis heute als Benchmark dienen.

Trends, Moden und Metamorphosen begleiten seit Jahrzehnten das Faszinosum des alpinen Skisports. Österreich positionierte sich als Wiege, Heimat und Zentrum des alpinen Skilaufs. Als Urahn gelten der Kitzbüheler Mathias Zdarsky und der Kufsteiner Franz Reisch, deren bahnbrechende Lilienfelder Technik als prägend international anerkannt gilt. Im Gegensatz zum nordischen Stil, als dessen Usurpator Fridtjof Nansen überliefert ist. Ländliche Idylle, Naturverbundenheit, aufkeimender Tourismus in Kombination mit der dynamischen Entwicklung Richtung Freizeitgesellschaft führten dazu, dass die Öffentlichkeit auch nach Sporthelden suchte. Fündig wurden sie in Vorbildern wie Toni Sailer, Karl Schranz, Benni Raich, Hermann Maier, Annemarie Moser-Pröll, Petra Kronberger et alii.

Unübertroffen punkto Charme und Charisma bleibt aber Franz Klammer, dessen spitzbübische Natürlichkeit und authentische Leichtigkeit des Seins – ganz dem juvenilen Stil eines freien, unbekümmerten Skilehrers entsprechend – das Maß aller Heroen bleibt. „Schneller, höher, stärker“ – den hehren Maximen eines durch Fairness, Enthusiasmus, Verve und Empathie geprägten sportlichen Wettkampfes gemäß personifizieren die Athleten quasi Ritter ohne Ritterrüstungen – dienend dem modernen, pekuniären Circus Maximus mit televisionären Effekten, grosso modo aber den martialischen Prinzipien der Antike untergeordnet. „Panem et circensis.“ Brot und Spiele für das Volk. Dienstbar die antichambrierenden Vorbilder zwecks populärer Identifikation.

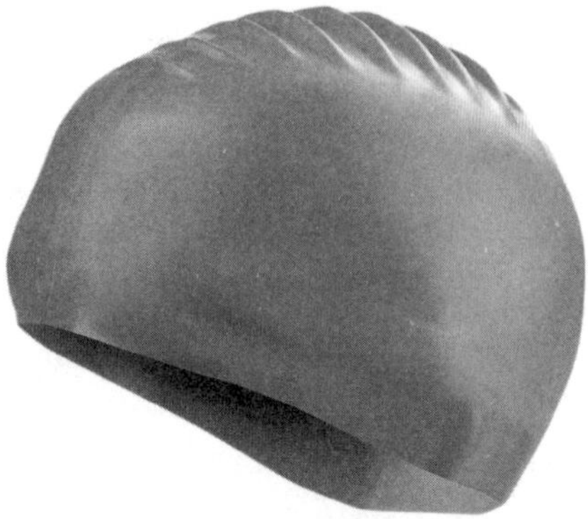

№19

Markus Rogans gelbe Badehaube

Die Farbe Gelb scheint ein positives Omen für rot-weiß-rote Sporterfolge darzustellen. Zeitzeuge und Beleg dafür ist beispielsweise Markus Rogans Badehaube. Zugegeben: Es ist ein eigenwilliges Objekt und eine noch eigenwilligere, um nicht zu sagen, seltsame, Kopfbedeckung. Dennoch hat sie Kultstatus erreicht. Nicht aufgrund der Schönheit der Ausführung, des Materials oder der Farbe, sondern, gemessen an den üblichen Usancen von Athleten sogenannter Randsportarten, aufgrund der Exzentrik des Trägers. Wobei die Exzentrik eine philosophisch-semantische Betrachtung des Paradigmas von divergierenden Perspektiven voraussetzt. Introspektiv austriakisch besehen ist Markus Rogan eine Ausnahme der Regel, dass strebsame und ihr Leben sportlichen Zielen unterordnende Athleten objektiv betrachtet demütig, ruhig und besonnen zu sein haben. Entspricht man dem nicht, sondern ist intelligent, belesen und eloquent, weltgewandt orientiert im Sinne eines kosmopolitischen, akademischen Denkens – als Absolvent der Stanford University

California International Relations & Economics –, um Ziele auch wirklich zu erreichen, gerät man ins Visier der zwischen Distanz (bei Erfolgen) und Schadenfreude (bei Misserfolgen) oszillierenden Neidgenossenschaft. Zudem löst ein derart perfekter, durch eisernes Training gestählter, muskulöser Body in Form eines perfekten Cornetto am heimischen „Schweinsbraten & Bier-Median" bei personifizierten Schwimmreifen substanzielle Komplexe aus.

Mit einer fantastischen Zwischenbilanz von bislang 34 Gold-, Silber- und Bronze-Medaillen bei Weltmeisterschaften, Europameisterschaften und Olympischen Spielen, etlichen Welt- und Europarekorden sowie als Rekordhalter von 9 nationalen Bestzeiten (Stand: Juni 2012) ist der im Mai 1982 in Wien Geborene Österreichs erfolgreichster Schwimmer aller Zeiten. Zudem ist er auch noch der Fairness verpflichtet. 2004 verzichtete er auf die strittige Disqualifikation seines Kontrahenten Aaron Peirsol (wegen eines Beinfehlers beim Wenden) mit der Begründung, dass Peirsol „der Beste" gewesen sei. Derartiges verstört das heimische Publikum und macht den Usurpator äußerst suspekt. International aber wurde er für sein sportliches, ehrliches und ehrenwertes Verhalten mit dem Fair Play Award prämiert.

Seine wechselhafte Präsenz und vor allem seine höchst unterschiedliche Rezeption in der medialen Jagdgesellschaft des Boulevards zeigen sehr luzide die Mechanismen von Masse und Macht, von Populismus und Popularität. Zwischen in den Himmel heben und in die Hölle verdammen liegen oft nur kleine Nuancen. Steht man nicht in jeder Sekunde investigativ Fragenden Rede und Antwort über Training, Zeitlimits, aber auch über Einkommen, Häuser, Autos und Frauen, folgt die Antwort auf dem Fuße. Positiv fällt dies in Form der Negierung, negativ in Form der Diffamierung aus.

Schwimmhosen, Haifischflossen nachempfundene Schwimmanzüge und Badehauben werden in diesem Zusammenhang perlustriert als wäre die Person öffentlichen Interesses im medialen Nacktscanner zu Hause. Die gelbe Badehaube – eigentlich ein im normalen Freizeitsport längst der Vergangenheit eines fragwürdigen Hygienebewusstseins angehörendes Utensil aus gelbem Latex – mit dem Giebelkreuz des Sponsors gerät hier in den selben suspekt-subjektiven Fokus der Kommentatoren wie Blicke unter die Bettdecke.

Ehrgeiz und Selbstbewusstsein, Intellekt und Internationalität ist der breiten Masse suspekt. Das Gros der Österreicher findet selbstgerecht Gefallen und Auslangen mit mediokrer Saturiertheit. Illustrativ dazu sei die prinzipielle Einstellung österreichischer Fußballer und ihrer in Selbstgefälligkeit monoton monologisierenden Trainer, die vor einem Match mit einem Unentschieden, nach dem Match, das zu 99 % in klarer Inferiorität endet, mit einer Niederlage von „nur drei Toren Unterschied" zufrieden sind, genannt. Paraphrasen des Mittelmaßes. Phrasen der Ausflucht.

Die Flucht aus dem heimischen Nest – wie einst der davor erfolgreichste heimische Schwimmer Johnny Weißmüller ins paradiesische Kalifornien – könnte eine logische Konsequenz des sich selbst als Publicity-süchtigen Adrenalin-Junkie bezeichnenden sein. Es gibt aber schlimmere Schicksale. Immerhin feierte Österreichs im Vorfeld einziger internationaler Schwimmstar Johnny Weißmüller – nachdem er die Badehose gegen einen Lendenschurz eingetauscht hatte – als Tarzan in Hollywood phänomenale Erfolge. Zeugnis davon sind dessen riesige Anwesen in den Hügeln von Bel Air.

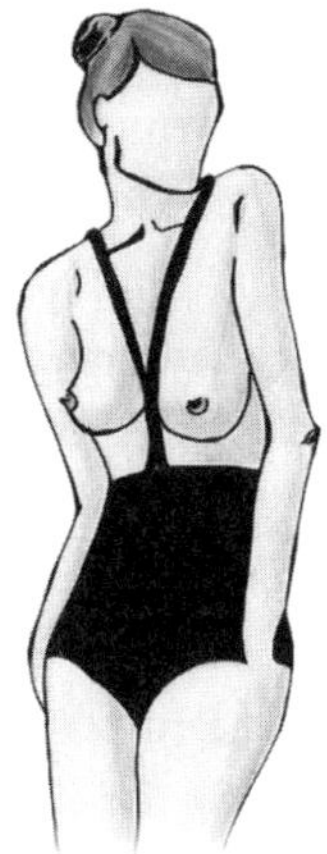

№20

Rudi Gernreichs Monokini

Wow! Was für ein Objekt. Ein Aphrodisiakum, ein Erotikon: der Monokini von Rudi Gernreich. Nicht auszudenken, wie erfolgreich Österreichs Goldfische und Badenixen mit dieser Bekleidung wären. Unvergleichlich formidabel, fast ohne textilen Widerstand hätten Badenixen wie Fabienne Nadarajah oder Mirna Jukic die Schwimmbecken durchkämmen können. Unvergesslich grazil hätten die Synchronspringerinnen Anja Richter oder Marion Reiff in goldgelben, glänzenden Monokinis die Jury bezirzen können.

Der Monokini. Ein erotisierendes Design, stammend aus einer Ära, in der hierzulande sogar ein Bikini noch für „Erregung öffentlichen Ärgernisses" sorgte. Die bei Bademoden diffizile Entscheidung, die Waage zwischen Verhüllung und Enthüllung zu halten, fällt hier eindeutig zu Gunsten der Entblößung aus.

Gernreichs modische Provokation, durchaus als gesellschaftliches Statement, wider Stillstand, wider das Establishment, für Befreiung und körperliche, sexuelle Freiheit zu verstehen, ist zwar, von hinten betrachtet, wie ein klassischer Badeanzug geschnitten, von vorne allerdings glänzt der Einteiler durch Aussparung. Den

Monokini, im Sinne coolen Understatements, als „Reduktion auf das Wesentliche" zu apostrophieren, bedarf jedoch einer gewissen Chuzpe. Der Monokini, 1964 von Rudi Gernreich (1922–1985) der Öffentlichkeit präsentiert, ist die Steigerungsstufe des Bikinis. Er besteht aus einer kurzen Hose, die bis an die Rippen reicht, und zwei Trägern, die sich vor der Brust kreuzen. Die Brüste sind gänzlich unbedeckt. Trotzdem als skandalös rezipiert, erhielt Gernreich innerhalb weniger Stunden nach der ersten Präsentation Tausende Bestellungen. Und obwohl in der Öffentlichkeit damals untragbar, avancierte das exquisite Objekt zum begehrten, privée präsentierten, Sammlerstück.

Der 1938 vor den Nazis in die USA geflohene Tänzer, Homosexuellen-Aktivist, Couturier und Film-Ausstatter propagierte bereits Anfang der 1960er-Jahre den heute omnipräsenten Unisex-Look und in Bezug auf Bademode den „Total-Look", heute bekannt als „oben ohne".

Der Wow-Effekt von Rudi Gernreichs Monokini ist bis heute ungebrochen. Längst ist „oben ohne" am Strand oder in Freibädern weitgehend selbstverständlich. Aufsehen erregt es immer noch. Und global betrachtet gerät die Freiheit auch wieder in Bedrängnis. Seit einigen Jahren wird, als tragbare Alternative, vor allem in den USA, ein Hybrid aus Bikini und Badeanzug, dessen Ober- und Unterteil miteinander vernäht, verknüpft oder mit Bändern und Ringen verbunden sind, der „stark ausgeschnitten" ist, aber die Brüste der Trägerin bedeckt, als Monokini tituliert. Triangel-Bikinis und Badeanzüge umgarnen raffiniert wie nie die Schönheit weiblicher Rundungen. Oft hängt die Schicklichkeit nur mehr – und zwar wort-, nicht sprichwörtlich – am seidenen Faden.

Übertroffen aber wurde die aphrodisierende Wirkung von Gernreichs Vision einzig und allein von einer einzigen Kreation. Joseph Corré, Sohn von Punk-Veteran Malcolm McLaren und

Avantgarde-Fashion-Ikone Vivienne Westwood, stellte Anfang des 21. Jahrhunderts in einer Kollektion für sein Dessous-Label – nomen est omen – „Agent Provocateur" den grandiosen „Playsuit" vor. Diese raffiniert aus einzelnen, schmalen Lederriemen und goldenen Ringen bestehende formale Andeutung eines Kleidungsstückes besticht durch noch mehr Aussparung. Im Gegenzug zu seinem Verzicht auf ein Höschen schlägt Corré, allerdings nur optional, zur Bedeckung der Brustwarzen, im Stil der Vaudeville & Burlesque-Szene, Nipple-Pasties vor. Umwerfend! De facto Zitat und Fortschritt von Gernreichs Monokini. Verwandtschaft im Geiste. Double-Wow!

Nº21

Hieronymus Boschs Weltgerichtstriptychon

Erwartung und Erfüllung. Apokalyptische Szenarien nackter, gequälter Seelen; alternierend sinnlich-himmlische Sequenzen einander kosender, liebender, faszinierend schöner Männer und Frauen. Orgiastisch vereint in Schuld und Sühne, in Schande und Unterwerfung, in Versuchung und Wollust. Als Inspiration diente Hieronymus Bosch Dante Alighieris „La Divina Comedia" und deren opulent-deskriptive Bilderwelt des Jenseits. Untergliedert in Inferno, Purgatorium und Paradiso. Moral, Recht und Unrecht, Gerechtigkeit, nicht nur in Bezug auf religiöse Metaphysik, sondern als übergeordnete Kristallisation des Ganzen, als zeitlose, generelle, prinzipielle Universalität. Virtuos inszenierte Abbildung von Schmerz und Vergebung, Versuchung und Entsagung, emotionaler und fleischlicher Liebe. Via Fegefeuer und Höllenqualen ins Paradies.

Mit der „conditio humana", der Endlichkeit und Unsterblichkeit menschlichen Daseins beschäftigte sich der als Jeroen Anthoniszoon van Aken geborene Hieronymus Bosch (1450–1516) Zeit seines Lebens. Mit Transzendentalem wie den sieben Todsünden, dem Menschen ohne Eigenschaften, Geburt und Tod, dem Paradies der Zaungäste korrespondierten seine großformatigen Tableaus, basierend auf den Sonetten von Dantes „Göttlicher Komödie" und den liturgischen Lehren seiner Epoche. In der Rahmenerzählung dreht sich das Universum um die nackte Seele, die von Schmerz, Sünde und Verlockung gezeichnet ist. Die irdischen Zyklen des Seins überwindend, erfahren die Wesen, mittels überirdischer Metamorphosen, die Essenz der Unendlichkeit: mündend in apokalyptischer Verdammnis oder himmlisch-sinnlichem Paradies. Thematisiert haben dieselben Abgründe des Fegefeuers, des Himmels und der Hölle einst auch Giovanni Boccaccio, Geoffrey Chaucer, Lucas Cranach, Salvador Dalí, Bob Rauschenberg, Giacomo Puccini, Pier Paolo Pasolini, William S. Burroughs et alii.

Bosch unterzieht alle Menschen, alle Stände seiner Zeit einer eindringlichen und fundamentalen Kritik. Diese endet auch nicht vor dem Klerus. Sein Werk ist prägend für die Ära des ausklingenden Mittelalters, der Ära des Aufbruchs und der beginnenden Aufklärung. Erneuerung in sittlicher, moralischer, ökonomischer, wissenschaftlicher und gesellschaftlicher Hinsicht ist eindeutig interpretierbar. Inquisition und Hexenverbrennung sind gegenwärtig. Ebenso Häresie und Forderung nach Reformen.

Heute ist das partiell klar erzählerische, partiell äußerst erratische Werk in der Akademie der Bildenden Künste am Wiener Schillerplatz untergebracht. Es befindet sich aber in äußerst schlechtem Zustand. Restauration wäre vonnöten. Die finanziellen Mittel aber, angesichts der Unmengen an gesammelten Kulturschätzen in diesem Land, sind nicht ausreichend. Bedroht ist vieles, das als Weltkulturerbe eigentlich erhaltens- und schützenswert ist.

Das auf Holztafeln gemalte spirituelle Triptychon ist übersät mit Fabelwesen und Symbolen, es präsentiert Dämonen, die mythologischen Bestiarien entstammen, denen allegorische Bedeutungen zugeschrieben wurden. Von der Didaktik her lehren sie Moral und Religion, verkünden Schrecken und Angst, wenn nicht eingehalten wird, was von der Kanzel dekretiert wird. Das Topos der „verkehrten Welt" und die Tradition der Marginalien junktimierend. Faszinierend auch die eindeutige Zweideutigkeit manchen Details.

In genialer Art und Weise zitiert Bosch in seinen Tableaus von überladener, dramatischer Theatralik religiöse, philosophisch-semantische Metaphern. Essenziell die Frage nach dem Wesen der Dinge und des Geistes, dem Wesen der Schönheit, idealer Proportionen des Körpers und der Künste. Final gerät Boschs Zyklus zu einem großen Ganzen. Phänomenal interpretierte er in seinen Collagen die immerwährende Dichotomie von Gut und Böse, von Schönheit und Hässlichkeit, von Masse und Individualität, von Chaos und Ordnung, von Himmel und Hölle. De facto von Sterblichkeit und Unendlichkeit. Virtuos!

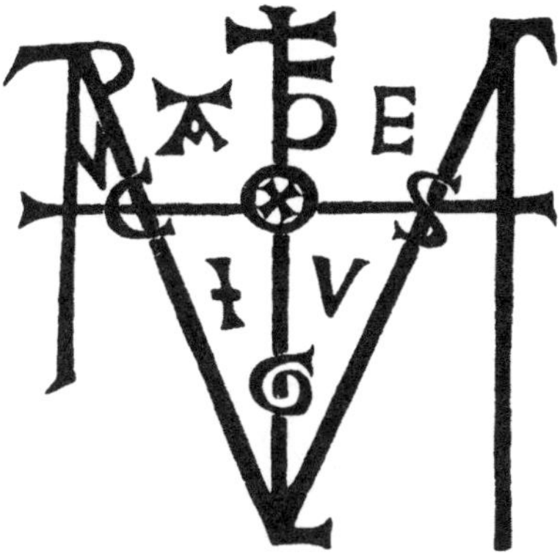

№22

Das AEIOU-Monogramm

Erratisch, erratisch! Soll es „Alles Erdreich ist Oesterreich Untertan“ oder doch „Austriae est imperare omni universo“ bedeuten? Die Rede ist von einem bis heute ungelösten Rätsel. Der Habsburger Friedrich III. (1415–1493), genannt „der Friedfertige“, seit 1424 Herzog von Kärnten, seit 1439 Regent von Innerösterreich, seit 1440 römisch-deutscher König und seit 1452 Kaiser des Heiligen Römischen Reiches und als Friedrich V. seit 1457 Erzherzog von Österreich, hatte die Buchstabenfolge „AEIOU“ ersonnen und postuliert, mannigfach verwendet und publiziert, ohne eine verlässliche Deutung hinterlassen zu haben.

Aufgrund seiner zurückhaltenden kriegerischen, aber erfolgreichen Diplomatie und Hochzeitspolitik vermehrten die Habsburger unter seiner Regentschaft sowohl Einfluss als auch Reichtum. Der Matthias Corvinus zugeschriebene höhnisch gemeinte Vers „Mögen andere Kriege führen, Du glückliches Österreich heirate“ wurde zum Motto der Dynastie, auch wenn dies nicht ganz der Realität entsprach.

Für den Herrscher, dessen Verdienst unter anderem der Abschluss des Wiener Konkordats – das immerhin von 1448 bis

1806 die Beziehungen Österreichs mit dem Papst regelte – sowie die Erhebung von Wien und Wiener Neustadt zu Bischofssitzen war, galten die fünf Buchstaben als geheimnisvoller Code inconnu. Er ließ sie als Signatur an Gegenständen – auf Tafelgeschirr, Münzen, an seinem Prunkwagen –, aber auch auf und in profanen wie auch sakralen, klerikalen Bauwerken, anbringen. So trägt der „Wiener Neustädter Altar" im Stephansdom die Inschrift AEIOU.

Sogar bis heute tragen die Siegelringe, die Absolventen der Wiener Neustädter Militärakademie zum Abschluss ihrer Ausbildung kombiniert mit einem Diplom überreicht bekommen, das Monogramm AEIOU. Akkordierend dazu würde die Deutung „Austria est imperare orbi univers – Es ist Österreich bestimmt, die Welt zu beherrschen" Sinn ergeben. Wie auch die Variable „Austria erit in orbe ultima – Österreich wird ewig sein". Sein fundierter Glaube lässt auch die Interpretation als Anagramm des Namens „Jehova" zu.

Abgesehen von den Deutungen dürfte es sich aber am ehesten um die Exzentrik eines von Alchemie, Magie, Mystik und Astrologie Begeisterten handeln. Oft hat Friedrich, als eine Art Signatur und Markierung des Besitzes, Dinge eigenhändig, und oft in Form kunstvoller Ornamente, handschriftlich mit den fünf Vokalen gekennzeichnet. Als Hinweis auf einen von König Sigmund von Ungarn 1408 gegründeten Drachenorden, dem Friedrichs Vater, Herzog Ernst angehörte, existiert auch eine Stoffrobe, die „a.e.i.o.u./1444" appliziert hat. Das in der Wiener Neustädter Georgskapelle gefundene Stoffstück befindet sich heute im Kunsthistorischen Museum in Wien.

Am 19. August 1493 verstarb Friedrich III. nach mehr als 50-jähriger Regentschaft. 1513 wurde er im rechten Seitenschiff des von ihm geliebten und geförderten Wiener Stephansdoms in einem Hochgrab beigesetzt. Dieses aus Adneter Marmor gefertigte

Grabmal zählt zu den bedeutsamsten plastischen Kunstwerken des Spätmittelalters.

Nicht ganz ernsthaft sind die kabarettistischen Deutungen „Am End' is ollas umasonst“ und „Aerisches Essen ist oft ungenießbar“. Der österreichischen Mentalität aber kommt der persönliche Wahlspruch Friedrichs am Nächsten: „Rerum irrecuperabilium felix oblivio!“, was nichts anderes heißt als das bis heute im Volksmund gültige „Glücklich ist, wer vergisst, was nicht mehr zu ändern ist!“

№23

Heidnische Details am Stephansdom

Könnte es sein, dass das alte Sprichwort „Wasser predigen und Wein trinken" Relevanz hat und stimmt? Oder wie kommt es, dass ausgerechnet das klerikale Zentrum der römisch-katholischen Kirche Österreichs optisch subtil durch die Visualisierung heidnischer und erotischer sowie mystisch-astrologischer Zeichen geprägt ist? Betritt man beispielsweise den Wiener Stephansdom, wie heute üblich, zentral durch das Riesentor, erblickt man an den beiden Blendsäulen in der Westwand unterhalb der Türme, links vom Eingang die überdimensionale Darstellung eines Phallus und rechts vom Eingang die einer Vulva.

Eine der offiziellen, verschämt dargebrachten Erklärungen repliziert die Abbildung der monströsen männlichen und weiblichen Geschlechtsorgane mit dem streng geordneten und deklamierten Ritus des Betretens und des Sitzens in Kirchen und öffentlichen Gebäuden. Im Mittelalter, als der Dom erbaut wurde, durften nur Klerus und Adel den zentralen Eingang beschreiten. Gemäß der ständischen Trennung musste das „gemeine Volk" allerdings die

Seiteneingänge benutzen, Männer und Frauen getrennt. Zur Zeit des damals vorherrschenden Analphabetismus wäre eine verbale Erklärung, eine Beschriftung mit Lettern de facto sinnlos gewesen – die beiden riesigen Geschlechtsteile konnten aber klar genug definieren, wem wo Einlass gewährt wurde. Interessant allerdings ist, dass, beachtet man die reale, dem Hochaltar zugewandte Perspektive der Kirchenschiffe, eine Umkehr der Sexualsymbolik stattfand. Perfidie oder ein bewusstes Brechen der „Macht heidnischer Symbole"? Eine Unterdrückung des Sexualdranges? Oder ein Bezug auf eine frühere Nutzung des Platzes zur Zeit der Kelten, die dort angeblich erotische Fruchtbarkeitsriten in Form von orgiastischen Tänzen abgehalten haben sollen? Es existiert sogar die These, dass auch die Nomenklatur der räumlich nahe gelegenen „Heidentürme" doch nicht, wie landläufig vermutet, vom verwendeten, vor Ort vorhandenen, antiken und heidnischen Baumaterial, sondern von den beiden hocherotischen, dem unzivilisierten und unmoralischen Heidentum zugeordneten Steingebilden resultiert.

Seitens der katholischen Kirche vertröstet man Fragende sedierend mit zwei Theorien, nämlich, dass die derart drastisch dargestellten Geschlechtsorgane „Zeichen der Bipolarität der Welt, für den Aufbau des Ganzen aus dem Weiblichen und dem Männlichen" symbolisieren – oder Synonyme des Herrscherpaares, das einst den Bau des Gotteshauses initiiert hatte, darstellen: Rudolf den Stifter und seine Gemahlin Katharina. Warum die Symbole derart prägnant und erotisch ausgefallen sind, erklärt das nicht wirklich. Augenscheinlich wird angesichts der Fragestellung einmal mehr der bedauernswerte, bis heute unverändert verschämte und unnatürliche Umgang großer Teile der katholischen Amtskirche mit dem Thema der Sexualität. Gemäß den historischen Prinzipien der Amtskirche: Inquisition, Abschreckung, Intoleranz und Angst. Jenseits der von Jesus Christus gepredigten und im Neuen Testament festgeschriebenen Gebote der Offenheit, der Liebe,

Hilfsbereitschaft, der Caritas und Nächstenliebe. Abseits aber auch humanistischer Ideen, abseits moderner Aufklärung mit Pluralismus, Offenheit, Toleranz, Antizipation und Akzeptanz.

Aber das über alle Grenzen hinaus weltweit bekannteste Wahrzeichen Wiens, der Stephansdom, dessen Bau 1137 begonnen hatte und bis heute unvollendet blieb, verbirgt weitere Rätsel. Auffallend ist der über dem Riesentor angebrachte Mammutknochen mit den rätselhaften Initialen „AEIOU" und die in extremer Art und Weise verbreitete, im Dom versteckt verteilte Zahlensymbolik. Sogar die Maße des Domes unterliegen der Verwendung der Zahlen 3 und 4. Entsprechend mittelalterlichen Maßeinheiten ist der Stephansdom nämlich 333 Fuß lang, 111 Fuß breit und der Südturm 444 Fuß hoch. Das Treppengeländer zur Kanzel setzt sich aus stilisierten Rädern, einem sogenannten „Dreipass" und einem „Vierpass" zusammen. Die Anzahl der Treppen beträgt 343 und das Hauptschiff der Kirche wird von 77 Figuren geschmückt. Zufall oder Systematik? Hinweise auf Geheimbünde oder heidnische Rätsel? Derartige Zahlenmuster weisen auf die Symbolik der zur Zeit des Erbauens sehr präsenten Steinmetzbruderschaft hin. Später wurden viele ihrer Symbole von den Freimaurern übernommen. Die Zahlen 3 und 4 und deren Kombinationen bestimmen auch Symbole und Rituale der Freimaurer. Heiliges und Irdisches repräsentierend. Weitere Kombinationen ergeben Symbole für die „Vollendung" und für „Satan". Sie alle sind, verschlüsselt oder eindeutig, wie auch andere Zeichen der Freimaurer – Winkelmaß, Zirkel etc. – im Dom verteilt. Unter anderem auch direkt beim Selbstbildnis des Dombaumeisters Anton Pilgram.

№24

Ein „Freimaurer“-Ring

Schaut man genau, kann man an manch männlichem Finger einen Ring mit einem geheimnisvollen Siegel entdecken, mit Pyramide, Zirkel, Winkelstab und einem allsehenden Auge: Insignien der Macht. Insignien eines verschworenen Kreises, einer okkulten, geheimnisvollen Gemeinschaft. Insignien einer geheimen, rein männlichen Gesellschaft. Symbolbehaftete Zeichen eines mystischen Bündnisses der Macht, den Idealen der „Aufklärung“ verpflichtet: Freiheit, Gleichheit, Brüderlichkeit, Toleranz und Humanität.

Diese Säulen repräsentieren die Werte, die Ideale der „Freimaurer“. Nur wenige Gehminuten vom Stephansdom entfernt befindet sich der Sitz der größten und wichtigsten Freimaurerloge in Österreich: der Tempel Salomonis in der Rauhensteingasse 3. Unauffällig hängt ein Steinwürfel über einem dunkelbraunen Tor mit drei Knäufen. Die dezenten Hinweise erkennen nur Eingeweihte. Vis-à-vis der „Buchhandlung für geheimes Wissen – zum rauen Stein“ befindet sich der Eingang zu einer verbogenen, geheimnisvollen Welt voller mystischer Symbole und altertümlicher Rituale. Dort, wo sich Männer in blauen Schürzen und weißen Handschuhen regelmäßig die „Hände zum Bund" reichen, residiert die „Großloge von Österreich der alten, freien und angenommenen Maurer".

Religion spielt keine übergeordnete Rolle bei dieser auf Männer beschränkten geheimen Vereinigung, die noch dazu zu kompletter Verschwiegenheit verpflichtet ist, obwohl der sogenannte „Allmächtige Baumeister aller Welten" – de facto eine Umschreibung für Gott – jedem Bruder die Möglichkeit seines persönlichen Glaubens lässt. Entstanden sind die Logen aus der Tradition der Dombauhütten. Die in Österreich verbreitete Form ist die Johannis-Freimaurerei mit drei Graden: Lehrling, Geselle, Meister. Während hierzulande aufgrund kirchlicher und nationalsozialistischer Verfolgung meist im Verborgenen agiert wurde, sind in England, Frankreich und den USA auch Staatsmänner, Wissenschaftler und Künstler öffentlich zu ihrer Logenzugehörigkeit gestanden. Zu den bekanntesten internationalen Mitgliedern gehörten George Washington, Theodore Roosevelt, Winston Churchill, Isaac Newton, Johannes Kepler et alii.

Gegründet wurde die erste Freimaurerloge Österreichs Mitte des 18. Jahrhunderts. Wegen der Verschwiegenheit und der zahlreichen alchemistischen, mystischen Symbole und Rituale kam es immer wieder zu Spekulationen und Verschwörungstheorien, was deren Inhalt, Antrieb und Bestreben sei.

Flaniert man wachsamen Auges durch Wien, entdeckt man häufig kryptisch anmutende Codes und Zeichen, deren Ursprung in der Mystik der Freimaurer mündet. Was aber bedeuten sie? Das „allsehende Auge" symbolisiert die ewige Wachsamkeit des „Baumeisters der Welten", ein mit der Pupille nach oben deutendes bedeutet „konstruktiv", ein nach unten zeigendes „destruktiv". Handschuhe repräsentieren „Fühlen und Handeln", die Kelle steht für Brüderlichkeit, die Kette ist Zeichen der „Verbundenheit und der Universalität", eine Leiter steht für das „Aufsteigen der Seele zum Licht", Lichter brennen auf Säulen und symbolisieren Sonne,

Mond und den „Meister vom Stuhl" als Vorsitzenden der Loge und Zeremonienmeister. Hammer und Meißel repräsentieren die „Bearbeitung des Steins durch Urteilskraft und Intelligenz". Als „rauer Stein" wird der Mensch bezeichnet, der durch Bearbeiten zum „idealen Kubus" mutiert. Winkelstab und Zirkel stehen für rechtes Handeln und sind sichtbares Zeichen der Zugehörigkeit zu einer Freimaurerloge.

Wolfgang Amadeus Mozart, der lange Zeit im Haus Rauhensteingasse 8 gewohnt hatte, soll zu den prominentesten Mitgliedern der Wiener Loge gehört haben. „Die Zauberflöte", der eine komplexe Zahlensymbolik zugrunde liegt und die per se ein einziges Mysterium magischer Zauberwelten darstellt, gilt als Verherrlichung der Ideale des Freimaurerbunds. „Es siegte die Stärke und krönet zum Lohn die Schönheit und Weisheit mit ewiger Kron" lautet der die Grundprinzipien der Schöpfung hymnisierende finale Vers. Dem tradierten Freigeist des Komponisten würde diese Vermutung entsprechen. Selbst die Österreichische Bundeshymne soll angeblich freimaurerisch klingen, entstammt die Melodie doch Gerüchten zufolge originär dem Anhang einer von Mozart alias „Trazom" komponierten „Freimaurerkantate".

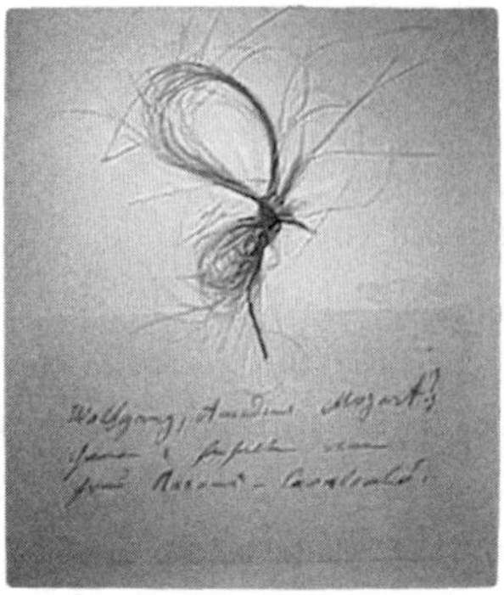

№25

Ein Haarschopf vom Haupt Wolfgang Amadeus Mozarts

„Trazom" würde wohl angesichts der sorgsam zusammengetragenen und perfekt edierten Exponate und Devotionalien enthusiastisch jubilieren, innerlich juchzen und tirilieren, und wahrscheinlich gleich etwas Versonnen-Luftiges komponieren. „Trazom", wie sich das zwischen infantiler Ehrlichkeit, naiver Direktheit und frivoler Deftigkeit oszillierende Musikgenie Wolfgang Amadeus Mozart (1756–1791) verspielt gespiegelt gerne selbst nannte, wäre heutzutage wohl ergriffen und entzückt bei einer Visite seines Geburtshauses in Salzburg, das schon längst zur mythenreichen Pilgerstätte für Liebhaber klassischer Musik mutierte.

Das zwischen Hagenauerplatz und Getreidegasse 9 gelegene, von einer Äskulapnatter bewachte Haus war fast drei Jahrzehnte lang das private Domizil der Familie Mozart. Unmittelbar nach ihrer Hochzeit 1747 war das Ehepaar Leopold und Anna Maria Mozart in eine Mietwohnung im dritten Stock dieses Hauses, genannt Hagenauerhaus, eingezogen. Am 27. Jänner 1756 kam hier Wolfgang Amadeus Mozart als siebentes Kind der Familie zur Welt.

Seit 1880 betreibt die Internationale Stiftung Mozarteum in Mozarts Geburtshaus ein Museum. In den Ausstellungsräumen werden vor allem drei Themenbereiche präsentiert: „Mozart und die Universität“, „Mozarts Freundschaft mit Salzburger Familien“ und „Kirchenmusik und Heiligenverehrung“. Das obere Stockwerk steht unter dem Motto „Mozart und das Theater“. Dabei werden verschiedene Bühnenmodelle des 18. bis 20. Jahrhunderts gezeigt.

Hauptattraktionen sind verschiedene Musikinstrumente Wolfgang Amadeus Mozarts: unter anderem seine Kindergeige, seine Konzertgeige, sein Clavichord, sein Konzertflügel und sein Hammerklavier, sowie eine Vielzahl an Möbeln und Gegenständen des täglichen Gebrauchs Mozarts. Versatzstücke der Erinnerung an ein „Wunderkind“, einen barocken „Kinderstar“. Authentische Belege seines immens produktiven kompositorischen Schaffens und des gesellschaftlichen Umfelds.

Des Weiteren beherbergt das Museum zahllose Porträts, Hunderte Briefe der Familie sowie unendlich viele Autografen und berühmte Bilder von Mozart in Originalen, so das 1789 gemalte, unvollendet gebliebene Ölgemälde von Mozarts Schwager Joseph Lange „Mozart am Klavier“.

Die außergewöhnlichste, der austriakischen Nekrophilie entsprechende, Devotionalie aber stellt mit Sicherheit ein in einer Vitrine, auf rotem Samt gebetteter Haarschopf dar. Besser wäre es aber gewesen, das sensible, in so jungen Jahren viel zu früh verstorbene tragische Genie Wolfgang Amadé zu Lebzeiten etwas feinfühliger zu behandeln, zu achten und zu schützen. Es hätte ja nicht gleich ein Glassturz sein müssen.

№26

Die Mozartkugel

Während das Gros der Besucher aus fremden Ländern – gleichgültig ob sie interkontinentaler, transkontinentaler oder nur transleithanischer Herkunft sind – regelrechte kultische Wallfahrten an Orte kulturellen Schaffens abhalten, sind die Expeditionen, denen älplerische Eingeborene nachgehen, eher anhand von kulinarischen Verlockungen ausgerichtet.

Würde man beim „Volk, begnadet für das Schöne", abgehaltenen Umfragen nach Geburtsort, Wirkungskreis oder gar nach dem hinterlassenen Œuvre Wolfgang Amadeus Mozarts Bedeutung schenken, müsste man mit großer Wahrscheinlichkeit sehr beschwerliche, oft ins Nirwana führende Pilgerfahrten – ohne eindeutiges Ziel – unternehmen. Einzig kulinarisch gibt man sich – immerhin – sattelfest und konnotiert mit dem „Woiferl" Mozart-Palatschinken, Mozarttorte, Mozarttaler und – vor allem – die Mozartkugel. Süß wie seine Kompositionen …

Dieses perfektionierte Kleinod fein nuancierter Geschmacksnoten besteht aus feinsten Schichten hellen und dunklen Nougats, grünem, zartem Marzipan und ist umhüllt von zart-bitterer, dunkler Schokolade. In so manch modernisierter, eher globalisierten

Degustationsnerven Rechnung tragenden Variation ersetzt helle Milchschokolade die äußerste Schicht. In Wahrheit eine Glaubens-, keine Geschmacksfrage …

Kreiert wurde das Originalrezept, historischen Überlieferungen gemäß, 1890 vom Salzburger Konditor Paul Fürst. Originär nannte der k. u. k. Hoflieferant seine Kreation, erschaffen zum Andenken an des Bonvivants 100. Todestag, „Mozart-Bonbon". Mangels Patent- und Schutzrecht gab es aber bald jede Menge Nachahmer, die Mozartkugeln produzierten und unter selbigem Namen verkauften.

Desinteressiert an dieser urheberrechtlichen Diskussion zeigt sich der gemeine Gourmand über den Streit, welcher Hersteller seine Kugel Original nennen darf. Den auch etymologisch-ethnologisch und kunstsinnig-verspielt-interessierten Gourmet hingegen beschäftigt mit Inbrunst, was er originär nennen und was er Fälschung schimpfen darf.

Wie auch immer. Es soll auch nicht wenige geben, die – ausgehend von Falcos Popsong – meinen, dass jener 1998 unter tragischen Umständen verstorbene Sänger alias „Amadeus" die Staniolverpackung der Schokokugel ziert. Fest steht aber, dass alle Hersteller – angefangen von den wetteifernden Salzburger Platzhirschen k. u. k. Hofzuckerbäckerei Fürst, Schatz, Holzermayr oder Mirabell sowie Hofbauer, Viktor Schmidt, Meinl, Heindl, Reber oder wer zur Hölle noch diese süße Verlockung als Kopist produziert – ein historisch überliefertes Konterfei des virtuosen, lebenshungrigen Komponisten Wolfgang Amadeus Mozart als Verkaufsanreiz im Zellophanhimmel nutzen. Hauptsache es schmeckt!

№27

Das Haargel von Hans Hölzel (alias Falco)

Eine Phantasmagorie? Ein Trugbild? Reale Person oder surreale Kunstfigur? Factum est, it's sure – gewiss, dass dieser Mann unsterblich is'. Seine präzise Inszenierung, seine Koketterie mit Nekrophilie und Dekadenz hat ihn, leider um Lichtjahre zu früh, in einen intergalaktischen Orbit geschleudert und, oszillierend zwischen irdischem Fegefeuer und den Dämonen hedonistischer Versuchung, in einen aus Pastellfarben imaginierten Himmel, in einen funky Pop-Art-Olymp entschwinden lassen. Seine Attitude, pendelnd zwischen Charme und Charisma, Genialität und Wahnsinn entsandte den obsessiven Künstler wechselhaft ins Nirwana, in eine Kathedrale nonchalanten Daseins oder in das kollektive Gedächtnis der Außergewöhnlichkeit. Bewacht von dekadenten, erotisierenden Hohepriesterinnen der Authentizität, der Integrität, der Exzentrik und des passionierten Kunstsinns. Wider makabere und inferiore Mittelmäßigkeit.

Hans Hölzel (1957–1998), geboren in Wien, aufgewachsen bei seiner Mutter, einer Milchfrau in der Ziegelofengasse, katapultierte sich mit juvenilem Drang, in Personifizierung seines Alter Ego namens Falco im Alter von 25 Jahren mit dem bahnbrechend-neuartigen Rap-Song „Der Kommissar" in eine Umlaufbahn, in dessen Epizentrum er wenige Jahre später mit „Rock Me Amadeus" wie ein Komet einschlug.

Akkurat in Anzug mit Krawatte oder Fliege, das perfekt getrimmte Haar slick mit Gel nach hinten frisiert. Barocke Pracht mit weiß-grell-bunt-schillernder Allongeperücke. En contraire zu Lack und Leder. Bizarr. Arrogant. Cool. Schizophren. Selbstbewusst und unsicher. Präpotent, intellektuell. Exaltiert, extrovertiert und exzentrisch. Ein Outcast im Zeitalter des kollektiven Casual Look. Gerade Popmusiker definieren sich hierzulande über ihre langen, oft wuchernden und ungepflegten Haare und legeren Jeans als „wild boys", demonstrieren ihre Unangepasstheit gegenüber dem Establishment. Outfit und Attitude ließen den in Wahrheit sensiblen Poeten kein Zuhause finden. Die Aura des Andersartigen unterstrich er – bewusst und gekonnt – mittels Abgrenzung gegenüber den Gewöhnlichen, der Plebs. Die straff nach hinten gekämmten, pomadierten Haare gaben ihm eine aristokratische Note, die er mit seinem perfekten Hochdeutsch unterstrich. Die Verve und die Chuzpe, deutsche Hochsprache mit Wortfetzen des Dialekts und Versatzstücken aus dem Englischen, dem Italienischen und – in Österreich überhaupt exotisch – dem Französischen zu vermengen, genial zu fusionieren, ließ ihn grosso modo ziemlich suspekt erscheinen. Seine virtuos-poetische Sprachkunst ist durchaus in einer Reihe mit seinen Vorbildern zu nennen: Ernst Jandl, Wolfgang Bauer, Gerhard Rühm. Akkordiert mit idealen, maßgeschneiderten, perfekt sitzenden Anzügen mit Krawatten, Smokings mit Fliegen entsprachen Styling, Haircut und seine einzigartige, pathetische Gestik und ins Arrogante abgleitende Mimik einem nonverbalen Uppercut, einem lucky punch mitten in den Solarplexus der kollektiven Mediokrität. Den einen war er zu elitär, den anderen zu proletoid. Gesellschaftlich und sozial unverortet – nicht zur Welt des Underground, nicht zur Hochkultur gehörig – bildete er ein eigenes, ein einzigartiges, ein höchst originäres Universum. Ein Sensibler, ein Einsamer, ein großes, verkanntes Genie.

Was ihm Zeit seines Lebens verwehrt wurde, widerfuhr ihm erst nach seinem frühen, tragischen Tod: Anerkennung, Wertschätzung, Hochachtung und Liebe. Ein klassisches Schicksal österreichischer Propheten. Im Ausland geschätzt, en contraire zur heimischen Geringschätzung. Was er im Nachlass an Devotionalien hinterlassen hat, wird in austriakischer Art und Weise regelmäßig regelrecht der Leichenfledderei preisgegeben. Gehasst hätte er die billigen Anbiederungen, die angeblichen Freundschaften, die Allianzen, die ihm posthum viele andichten und ungefragt und ungebeten angedeihen lassen. Degoutant, wer ihn nicht aller gekannt und immer schon geliebt hatte. Mitnichten. Ein Grenzgänger, ein Solist, ein genialer Einzelgänger war er Zeit seines kurzen, aber intensiven Lebens. Bis heute der einzig internationale Popstar dieses Landes. Verkannt als präpotent, als arrogant und unnahbar. Verkannt als Musiker im Sog einer sonst in Provinzialismus dümpelnden, selbstgerechten Szene. Richtig konstatierte er in seinem musikalischen Abschied, dem posthum publizierten Song „Out of the dark“: „Muss ich denn sterben, um zu leben?“

In einer Phase höchst sensibler Virtuosität – empfunden von der breiten Öffentlichkeit als arroganter Höhenflug – saß der Falke einst Maitre Ernst Fuchs in dessen Villa Modell und rezitierte Sonette von Rainer Maria Rilke und Heinrich Heine, nuanciert wie nur die Größten des Schauspielfachs. „Ich hab in meinen jungen Tagen / wohl einen grünen Kranz getragen ...“

Ein Star, der an sich selbst verglühte. Rest in peace, Falke!

№28

Oskar Werners Lorbeerkranz

Ausgehend von der tradierten, lange Zeit voraussichtlich mit Wahrhaftigkeit erfüllten These, dass Wien ein Paradigma des Scheiterns und Sterbens schlechthin sei, kann, nein muss Oskar Werner in seinem Bestreben nach jugendlichem Glanz nur die personifizierte Antithese dazu gewesen sein. Lorbeerbekränzt rezitierte Oskar Werner (1922–1984) einstmals ein Sonett von Heinrich Heine: „Ich hab in meinen jungen Tagen / wohl einen grünen Kranz getragen / ein Glanze in dem Kranze lag ..."

Der als Oskar Josef Bschließmayer in Wien geborene Schauspieler – ein hochsensibler, leicht larmoyanter, aber virtuoser Protagonist der Kunst der Illusion – war beseelt von der Suche, dem Streben nach ewiger Jugend, nach Empathie und naiver, ehrlicher Emotion. Die Fragilität seiner sonoren Stimme war Synonym für die Zerbrechlichkeit des Daseins. Seine charmante Wehmütigkeit zwischen Aufbegehren, Anhimmeln und Vergöttern stilisierte er selbst, belehnt mit goldenen Pastoralwürden der Literatur, zu surrealen Fronleichnamsprozessionen der hochschwangereren Gedankenlast bei gleichzeitiger Leere. Zirkel kaskadenschlagender Epigonen ihrer selbst oder ihrer eigenen Karikatur folgten unbeirrt.

Selbstverliebtheit, gepaart mit Nekrophilie gipfelt bereits in frühen Jahren in der Anfertigung einer Lebendmaske. Das als Gipsabdruck für die Ewigkeit erhaltene Antlitz des jungen Narziss gleicht wahrhaft dem eines juvenilen Engels, eines Adonis par excellence. Friedvoll, voller Anmut und Schönheit. Heute im Wiener Theatermuseum am Lobkowitzplatz ausgestellt, ist es eines der lebendigsten Exponate aus der Geschichte der „Bretter, die die Welt bedeuten".

Trotz enormer Erfolge auf den größten, renommiertesten Bühnen wie auch im internationalen Metier der Cinematographie erlitt Oskar Werner eine Vielzahl an Enttäuschungen. In der offenbarten, offensichtlichen Unfähigkeit des Liebens und Geliebt-Werdens verfiel er der Versuchung, sich mittels Arroganz und Selbstherrlichkeit vor der eigenen Verletzlichkeit zu schützen. Interpretiert wurde es vom Gros der Öffentlichkeit, selbst von jenen, die ihn verehrten, aber nur als Überheblichkeit, fernab jedweder Bodenhaftung.

In einem fatalen Punkt aber wich Werner nicht von der Norm ab: der Hingabe an die österreichweit verbreitete, staatlich geförderte und legitimierte Sucht. Maßlos dem Alkohol zusprechend, wurde er, im Überwinden von Konformität und Uniformität zum Angry Young Man Wiener Prägung, infolgedessen vielmehr zum König der Narren mit dem Episkopat weidwunder Wasserzeichen. Künstlerisches Schaffen und Leben wurden zu Stückwerken seiner Einbildung degradiert, immer mehr diametral voneinander abweichend.

Wurde Oskar Werner von Regisseuren wie Truffaut und Kubrick umworben und umgarnt, von der internationalen Kritik hymnisch gefeiert, widerfuhr ihm in der austriakischen Heimat das klassische Schicksal, verstoßen zu werden. Erst nach seinem Tode wurde er wieder geschätzt – auch als Schwieriger, als der er zuvor verächtlich apostrophiert worden war. In einer genealogischen Untersuchung muss das kunstsinnige, selbstgerechte Wien als Staffage, als bloße Verbindlichkeit des Lebens, als eingetrocknete Zuckerschicht auf dem Schaumbecher des Lebens bezeichnet werden.

№29

Der Steigbügel

Neben der legendären Mozartkugel, neben den pittoresken, ein antiquiert-mondänes Stadtbild imaginierenden Fiakern, neben dem seligen Steffl, der es auch auf die erfolgreich international exportierte Verpackung der „Manner-Schnitten" geschafft hat, neben der – „Misstrauet der Idylle"! – Wein- und Walzerseligkeit beim unseligen Heurigen, neben der aussterbenden Spezies der Caféhäuser, neben der schönen blauen, in Wahrheit braun-kloakigen Donau, neben dem als originär altösterreichisches Amüsement angepriesenen billigen Las-Vegas-Imitat des Praters kennt man im fernen, befreundeten Ausland auch noch die Lipizzaner der „Spanischen Hofreitschule".

Die „Spanische Hofreitschule Wien" ist, eigenen Angaben zufolge, die einzige Institution der Welt, an der die „klassische Reitkunst" in der Renaissancetradition der „Hohen Schule" seit über 440 Jahren gelebt und unverändert weiter gepflegt wird. „Die Aufgabe der klassischen Reitkunst ist es, die natürlichen Bewegungsveranlagungen des Pferdes zu studieren und durch systematisches Training in der dem Pferd höchstmöglichen Eleganz der Hohen Schule zu kultivieren. Das Ergebnis ist eine unvergleichliche Harmonie zwischen Reiter und Pferd, wie sie heute nur mehr in der Spanischen Hofreitschule zu Wien erreicht wird." Und eventuell noch in Jerez, der andalusischen Mutter- und Schwesternschule.

Die traditionelle Institution trägt, nach einigen defizitären Jahren, überraschend wieder monetäre Früchte. Tourismuserlöse aus den klassischen Vorführungen, der traditionellen Morgenarbeit und den Führungen konnten im Jahr 2011 im Vergleich zum Vorjahr um acht Prozent auf 6,037 Millionen Euro erhöht werden. Über Merchandising wurden 1,065 Millionen Euro (2010: 0,982 Millionen Euro) und durch die Tourneetätigkeit 1,003 Millionen Euro lukriert. Zusätzlich aber wurden von der anfangs nicht unumstrittenen Direktorin Elisabeth Gürtler – „Huch, eine Frau in einer Männerdomäne!" – Innovationen wie die „Fête Impériale" und eine Fund Raising Gala zur Modernisierung implementiert. Ein sanfter Weg ins 21. Jahrhundert. Bravo.

Wo man in Österreich doch aus Prinzip skeptisch und kritisch gegenüber allem Neuen ist. Lieber bleibt man verhaftet in alten Traditionen. Dies gilt für Institutionen wie die „Spanische Hofreitschule", die ohnehin jeder sein Eigen nennt, obwohl man die als „edel, feurig und gelehrig" geltende Pferdrasse – eine eigens gezüchtete Kreuzung aus spanischen, arabischen und Berber-Pferden – wahrscheinlich sein Lebtag nicht besuchen wird, genauso wie für Alltägliches.

Angesichts der voluminösen Natur eines Lipizzanerhengstes ist oft ein Steigbügelhalter hilfreich. Als Steigbügel wird – nebst dem medizinischen Terminus eines Gehörknöchelchens – die Fußstütze für einen Reiter, die in Höhe der Füße seitlich vom Reittier herabhängt, bezeichnet. Ein Steigbügel kann aber auch anderweitig hilfreich sein. Und mit ihm ein Steigbügelhalter. Als Steigbügelhalter definiert der „Duden" jemanden, der einem anderen bei seinem Aufstieg Hilfestellung leistet. Als Synonym für einen Steigbügelhalter definiert der „Duden" Kriecher, Speichellecker, Untertan sowie Arschkriecher und Schleimscheißer. Als österreichische sprachliche Besonderheit nennt der „Duden" auch noch Schlieferl sowie, abwertend, Heuchler, Lakai und Schleimer.

Der Maxime der beinahe in Grundrechtskatalog und Verfassungsrang erhobenen hierarchischen Unveränderlichkeit folgend, mutieren hierzulande seit Generationen obrigkeitsgläubige Steigbügelhalter und veränderungsresistente Wasserträger, dem Postulat des „Hände falten – Goschen halten" gehorchend, im Lauf ihrer Vita zu waidwunden, geistig pragmatisierten und freundlich abnickenden, dem Paradies der Pensionierung entgegenlächelnden „Küss-die-Hand"-Marionetten.

PS: ... was kaum jemand weiß: Ursächlich ist das „Beugerl", eine entweder mit Mohn oder Nuss gefüllte Süßspeise, dem Steigbügel nachempfunden. Ein Wiener Bäcker hat, schenkt man der Fama Glauben, 1683 dem polnischen König Jan Sobieski – einem fanatischen Reiter und Pferdenarren – als Dank für dessen Einsatz zur Rettung Wiens vor den Türken, das die Form eines Steig-Bügels imitierende „Beijgel" erfunden. Die internationale, von Tel Aviv bis New York beliebte Weiterentwicklung dieses aus dem jiddisch-wienerischen Dialekt geformten „Beugerls" ist übrigens der „Bagel" ...

№30
Caféservice „Melone“
(serviert auf einem Silbertablett)

1683 war ein wichtiges, ein einschneidendes Jahr der Veränderung für Österreichs Geistes- und Kulturleben. Trotzdem er à priori nicht gerade als „Botschafter des guten Willens“ gen Wieden gezogen war, hinterließ Kara Mustafa, nach seinem, nicht ganz freiwilligen, sondern durch den Einsatz des polnischen Königs Sobieski und vor allem durch Mut und Tapferkeit Prinz Eugens und seiner Truppen erzwungenen Rückzug, ein wesentliches Luxusgut: das schwarze Gold namens Kaffee.

Die historisch nicht belegte Legende besagt, dass in den fluchtartig verlassenen Zeltstädten der türkischen Belagerer diverse kulinarische Genüsse gefunden worden waren. Neben zahlreichen Gewürzen wie Kümmel, Safran oder Zimt wurden auch harte, schwarze Bohnen und Gerätschaften entdeckt, die der Zubereitung eines aus diesen gerösteten Bohnen gewonnenen schwarzen Getränkes dienten. Zudem eilte diesem schwarzen Gebräu der Ruf eines wachhaltenden und aphrodisierenden, süchtig machenden Aufputschmittels voraus. Gepaart aber mit hohem Genussfaktor und herbem aber äußerst edlem Geschmack.

Trotzdem man anfangs – typisch österreichisch – das „fremdartige“ Getränk mit Argusaugen höchst suspekt beäugte, manch Sittenwächter und selbsternannte Moralapostel Kaffee als „des Teufels Gebräu“ ächteten und verdammten, manch Paranoide es gar als „bewusst hinterlassene, halluzinogene Droge“ apostrophierten, fand die urbane Bourgeoisie rasch Gefallen am Zeremoniell des Brauens, des Nippens und Genießens und vor allem am herbbitteren Geschmack.

Geschmack und Zubereitung verfeinerte man in Österreich zu einer einzigartigen Kultur. Ist Kaffee auch in Italien, der Türkei oder Frankreich Teil der Tradition, steht doch fest, dass es nirgendwo eine derartig differenzierte, nuancierte Kaffeehauskultur wie in Wien gibt. Als subtile Referenz an die türkischen Importeure, an die orientalische Herkunft des Kaffees kann das Design des in der klassisch tradierten und perfektionierten Manufaktur hergestellten „Caféservice Melone“ verstanden werden. Das vom durch Jahrhunderte geadelten Porzellanproduzenten „Augarten-Porzellan“ heute noch durch eine neue Formensprache als Architektur der Ornamentik besticht.

Die Geschichte von „Augarten Wien“, einer der ältesten Porzellanmanufakturen, begann vor fast 300 Jahren im Jahr 1718. „Wiener Porzellan“ ist berühmt für seine zarte und anmutige Form, die Reinheit der Linien und die exquisite Ausarbeitung. Neben der vorzüglichen Handwerksarbeit, der künstlerischen Gestaltung und den modernen technischen Hilfsmitteln vereint Augarten auf unvergleichliche Art ehrwürdige Tradition mit zeitgenössischem Kunstverständnis. Hochrangige Kollaborationen mit exquisiten Künstlern prägten seit der Ära du Paquier, des Rokoko, der Periode des Klassizismus, des Biedermeier, des Historismus, des Art déco bis heute die Kunst der Dekoration und des

Speisens, des Dinierens. Aufgrund der Industrialisierung war die Manufaktur 1864 zwischenzeitlich geschlossen worden. Mit dem Wiener Art déco erreichte die Manufaktur aber ein Revival und einen neuen Höhepunkt. 1923 wurde die Porzellanmanufaktur im Schloss Augarten – dem heutigen Standort – wieder eröffnet. Die Manufaktur öffnete sich modernen Strömungen und realisierte Entwürfe von zeitgenössischen Künstlern wie Josef Hoffmann, Michael Powolny, Franz von Zülow und anderen Vertretern der Wiener Werkstätte.

Kaffee ist heute definitiv ein charakteristischer Bestandteil der austriakisch-kakanischen Identität. Verfeinert mit allerlei Ingredienzen mutieren die feinsten Röstungen, importiert aus aller Herren Länder, kurz oder lang gebraut, zu wunderbaren Getränken mit wundersamen Namen wie Kapuziner, Einspänner, Melange, Mokka, Brauner, Schwarzer, Kurzer, Cappuccino, Schokoccino, „Überstürzter Neumann“ etc., etc.

Der Perfektion zugeführt wird der lukullische Genuss durch zarte Bäckereien, kalte und warme, deftige und luftige Süßspeisen und allerlei kulinarische Spezereien.

Welch gigantischer Unterschied besteht in der Kultur des Genusses diverser Getränke und ihrer Wirkungen. Allein der Geruch frisch gerösteten Kaffees ist ein olfaktorischer Genuss. Ganz im Gegensatz zum Odeur eines Weines oder gar eines fuseligen Bieres. Manch einer ist geneigt sogar noch weiter zu gehen. Auch der kulturelle Unterschied einer von den genannten Getränken akkordierten Diskussion macht einen Quantensprung aus. Eine Schale Kaffee erweckt anregend die Geister – macht wach, aufmerksam und regt die Ganglienzellen an wie sonst nur bewusstseinserweiternde illegale Drogen, die rein optisch Staubzucker ähnlich sind. Im Gegensatz dazu benebelt Wein, macht schwer und müde. Selbst die kurzfristig aufputschende Wirkung von Champagner, Prosecco oder Sekt führt à la longue zu Ermüdung.

Ganz zu schweigen von der trübenden Wirkung des trüb vergorenen Gerstensaftes vulgo Bier.

Zudem kommt auch noch die feinsinnig elegante Atmosphäre eines klassischen Caféhauses, in dem das Zeremoniell unterschiedlichster Rezepturen divergierender Kaffeespezialitäten gepflegt und gehegt wird – im Gegensatz zu einem von Bierdunst eingenebelten Wirtshaus. Ein geistreiches Gespräch, eine intelligente Diskussion kann wohl nur abseits eines „Stammtisches“ aufkeimen.

№31

Die erste Ausgabe der „Fackel“ von Karl Kraus

In seinen schlimmsten Alpträumen hatte Karl Kraus wohl nicht erahnen können, wie sehr er mit seinem pointierten Statement „Wenn die Sonne der Kultur tief steht, werfen sogar Zwerge lange Schatten“ einmal recht haben sollte.

Eine derartig tief stehende Sonne wie sie heute zu konstatieren ist, war, als er jenes Bonmot formuliert hatte, bei Weitem nicht vorhersehbar. Allen Warnungen zum Trotz untergräbt sich das allgemein niedrige Niveau tagtäglich noch weiter. Unterfüttert von schwachsinnigen Fernsehserien, nichtssagenden Theatern, sinnentleerten Publikationen, Bilderbüchern gleichenden, dem Analphabetismus Vorschub leistenden Boulevardzeitungen und Magazinen und rein dem Populismus frönenden, nach billigen Effekten haschenden Agenten des Schwachsinns. Vorherrschend ist ein rhetorisches Schaulaufen ohne Relevanz. Politiker erliegen der international grassierenden Seuche der Entscheidungsallergie, schielen utilitaristisch nur nach einfach gestrickten Themen, die die Macht der Masse auch nach dem nächsten Urnengang des zur blökenden Herde stumpfsinniger Schafe degradierten Stimmvolkes garantieren.

Karl Kraus (1874–1936) kann als omnipräsente Vaterfigur einer wachen, kritisch hinterfragenden, unerschrockenen, moralisch integren Spezies Intellektueller gelten. Durch die Publikation seines in Einzelheften regelmäßig fein gesponnenen, geschliffenen, radikal hohe Qualität einmahnenden Pamphlets der Zeitschrift „Die Fackel“ gilt er zu Recht als imaginärer Säulenheiliger eines Kunstbegriffs, der an den Maximen der Aufklärung, der Freiheit und des Könnens Maß nimmt.

Die erste Ausgabe der „Fackel“ erschien am 1. April 1899 und war ein unscheinbares schmales Heftchen – ein in etwa dem heutigen A5 entsprechendes Kleinformat – mit einem roten Umschlag. Das Titelblatt zierte die Zeichnung einer brennenden Fackel vor der Silhouette Wiens. Programmatisch titelte Kraus – entgegen den journalistischen Usancen seiner Zeit – „Was wir umbringen“. Er sagte der Welt den Kampf gegen die Phrase und die Verwahrlosung der Sprache an. Bis zu seinem Tod 1936 publizierte Kraus 922 Ausgaben seiner „satirischen Zeitschrift“, die er mit wenigen Ausnahmen als alleiniger Autor bespielte. Gesamt umfasst das Œuvre, das zu einem großen Teil einem pointierten Pamphlet entspricht, über 20.000 Seiten. Neben seinem Drama „Die letzten Tage der Menschheit“ Hauptwerk des intellektuellen Nachlasses. Zum Zeitpunkt seines Todes schien er sich wegen seiner apodiktischen Art überlebt zu haben, in Wahrheit haben er und sein prophetisches, vor Aphorismen und Pamphleten strotzendes Werk zeitlosen Bestand.

Nicht gnadenlos schamloses Scheitern, das zu ungeniertem Fremdschämen des pt. Publikums führen muss, sondern die Gnade des grenzenlosen und unablässigen Lernens und Perfektionierens hat er postuliert. Wobei Kraus wohl die Untiefen heutiger Populärkultur nicht im Entferntesten hätte erahnen können.

Aber selbst Mahner und Rufer in der geistigen Wüste der Inkompetenz, Impertinenz und Inferiorität, die im Geiste Karl Kraus' wider pathologische Auffälligkeiten demonstrieren, die Möglichkeiten und Unmöglichkeiten kakanischen Daseins feststellen, persiflieren oder zu konterkarieren versuchen, sind de facto machtlos wie einstmals Maitre Kraus himself.

Weder Fritz Grünbaums Couplets, noch Helmut Qualtingers oberflächlich larmoyante, in Wahrheit bitterbös entlarvenden Menschendarstellungen, noch Thomas Bernhards Spiegelreflexionen, noch Georg Kreislers schwarzgraue Chansons, noch Peter Handkes Publikumsbeschimpfungen oder André Hellers pathetische Beschwörung des Guten im Menschen zeigten längerfristig Wirkung. Wichtig, lebenswichtig, überlebenswichtig sind sie dennoch. Und sei es nur aus Gründen der Psychohygiene – anstelle gepflegter Langeweile und dekadenter Saturiertheit.

№32

Ein Ziegelstein mit Doppeladler

Auf den ersten Blick sieht Objekt Nummer 32 aus wie ein ganz normaler Ziegelstein. Die rosarote Terrakotta hat bereits Patina angesetzt. Bei näherer Betrachtung aber sieht man, trotz leichter Blessuren, sowohl auf der Vorder- als auch der Rückseite des Quaders kunstvolle, feine Prägungen. Mittig prangt das Wappen der k. u. k. Monarchie Österreich-Ungarns, der Doppeladler. Rechts und links ein Emblem mit einem M beziehungsweise einem H. Der abgebildete Ziegelstein entstammt originär dem Mauerwerk eines klassischen Zinshauses im siebten Wiener Gemeindebezirk, in der Siebensterngasse. Außer Dienst gestellt wurde der Ziegel im Zuge der Zusammenlegung zweier Wohnungen im Mezzanin. Konkret ist er aus der bourgeoisen Bel-Etage, der ehemaligen Hausherrenwohnung im ersten Stock. Ausgestattet wie viele Wohnungen des „Diamantengrundes", wie der Bezirk Neubau im Wiener Fin de Siècle genannt wurde, mit reich verzierten Stuckdecken, Sternparkettböden, 3,5 Meter hohen Räumen mit Flügeltüren. Die Fenster des Salons zieren bunte Butzenscheiben.

In der zweiten Hälfte des 19. Jahrhunderts waren Millionen solcher Ziegelsteine in Tausenden Häusern der Donaumetropole verarbeitet worden. Der abgebildete, auserwählte Ziegelstein ist ein Relikt der „Gründerzeit". Bereits 1830 hatte es Pläne gegeben, den Befestigungswall der mittelalterlichen, engen Stadt zu schleifen. Zu einschränkend war der die Stadt umschließende Linienwall, um Modernisierung und Industrialisierung zu ermöglichen. Maßgeblich an der Entwicklung eines Stadterweiterungsplanes war der Herzoglich Sachsen-Coburg'sche Hofarchitekt Christian Ludwig Förster.

Die Ende der 1850er-Jahre begonnene Schleifung der Stadtmauern ermöglichte eine komplexe Neugestaltung der Stadt. De facto ermöglichte sie die imperiale Pracht, die fantastische Optik des gründerzeitlichen Wiens, das bis heute begeisterte Touristen und Gäste aus aller Welt an- und in den Bann zieht. Anstelle der Mauern und der Basteien trat die Ringstraße mit imperialen Prachtbauten, Gartenanlagen, Museen und Palais. Eine große Zahl repräsentativer Bauten wurde nach den Plänen einiger weniger namhafter Architekten errichtet. Die erfolgreichsten ihres Fachs waren Friedrich Schmidt, Theophil Hansen, Christian Ludwig Förster, Heinrich Ferstel, Gottfried Semper und Carl Hasenauer. Unter ihrer Ägide entstanden Monumentalbauten wie das Parlament, das Rathaus, das Kunst- und Naturhistorische Museum, Teile der Neuen Hofburg, die Oper, das Neue Burgtheater, Konzerthaus, Volkstheater etc., etc.

Selten wird in der Architektur- und Kunstgeschichte der für die Umsetzung eines architektonischen Entwurfs in die bauliche Realität verantwortliche Ingenieur, der „ingeniosus", genannt. Deshalb ist auch der Name des Eisenkonstrukteurs Ignaz Gridl (1825–1890) weitgehend in Vergessenheit geraten. Wobei eindeutig belegt ist, dass ohne die technische Entwicklung der Stahl- und Eisenkonstruktionen die Stil und Stadtbild prägenden, imperialen Bauten nicht möglich gewesen wären.

Wesentlichen Anteil an der realen Umsetzung hatten Innovationen in Bezug auf Statik, Mechanik, Hydraulik sowie Bau- und Konstruktionsmaterial. Inspiriert von Pariser Vorbildern und Lehrmeistern wie Émile Martin und Gustave Eiffel war Ignaz Gridl mittels seiner Eisenkonstruktionen für die Realisierung zahlreicher Monumentalbauten – Brücken, Kuppeln, Passagen in der Donaumonarchie verantwortlich. Ihm gebührt in Wahrheit ein großer Anteil am Ruhm der Architektur des imperialen Wien. 1862 hatte Gridl seine Firma gegründet und diese mittels bahnbrechender Innovationen rasch zu einem Branchenleader gemanagt. 1934 wurde die Firma Gridl durch Waagner-Biró übernommen. Basierend auf den Erkenntnissen des Firmengründers führen sie bis heute die Tradition der Stahl- und Eisenkonstruktionen fort.

Eine Unzahl prachtvoller, imperialer Bauwerke entstanden mithilfe Gridls hochtechnischer, waghalsiger sowie ausgeklügelter Kuppel-, Decken und Brückenkonstruktionen: die Neue Hofburg, die Michaelerkuppel, das Natur- und das Kunsthistorische Museum, das Parlament, das Burgtheater, das Volkstheater, die Gasometer, die Palmenhäuser sowohl am Ring als auch in Schönbrunn, die Kolonnaden in Marienbad, unzählige Theater in den Kronländern Ungarn, Böhmen, Mähren sowie unzählige Stahl- und Eisenbrücken in der k. u. k. Monarchie Österreich-Ungarns.

Imperiale Pracht im klassizistischen Stil. Die Ringstraße entlang entstanden Palais, Konzertsäle, Hotels. Aber auch die ehemaligen „Vorstädte", jenseits des Glacis, wurden erneuert. Im Charakter und Stil ähnlich den Ringstraßenpalais entstanden in den an die Innenstadt angrenzenden Bezirken gutbürgerliche Viertel, Straßenzüge mit hohem Lebensstandard und imposanter Architektur. Nur außerhalb des Gürtels wurde vorerst billig gebaut. Utilitaristisch, ohne Augenmerk auf imponierende Urbanität. Dieses Lebensraums nahm sich erst die Sozialdemokratie in der ersten und zweiten Republik an.

Besagter, abgebildeter Ziegelstein repräsentiert bis heute noch die hohe Qualität der „Gründerzeit-Häuser" der gutbürgerlichen Bezirke. Wohnen wurde zum Fokus des modernen, mondänen Zentralgestirns der am Zenit befindlichen Monarchie. Gleichsam der Tradition verpflichtet und Ursprung der Moderne. Die Hochkultur des Fin de Siècle fand statt in Bereichen der Literatur, der Architektur, der Medizin, der Musik, der Philosophie, der Begründung der Psychoanalyse, der Gesellschaft et alii. Die Architektur der damaligen Bauten aber prägt bis heute den visuellen Charakter der Stadt. Schade nur, dass oft nicht sorgsam mit diesem Erbe umgegangen wird. Spekulanten lassen bewusst bauliche Juwelen verfallen und im Endeffekt abreißen, um billige, unpassende Emmentalerbauten inmitten wunderschöner historischer Straßenzüge einzupflanzen. Nichts gegen moderne Architektur! Ganz im Gegenteil – es gibt fantastische, utopisch-futuristisch anmutende, phänomenale Visionen für eine lebenswerte Urbanität. Dass es möglich ist, Moderne mit Tradition in passender, einander ergänzender Symbiose feinfühlig zu vereinen, belegen zahlreiche internationale Beispiele. Im Sinne der Stadtbildpflege wäre, wenn schon die Hausherren weder Stil noch Verantwortungsbewusstsein besitzen, die Stadt Wien gefordert, hier als Regulativ aktiv einzuschreiten. Im internationalen Kontext könnte – und sollte man hier originäre Historie bewahren, analog zu ähnlichen Charakter-Städten wie Paris, London oder Rom.

№33

Der Iffland-Ring

Nicht die Kinder bloß, speist man mit Märchen ab." Nathan der Weise antwortet in Lessings gleichnamigem Theaterstück seinem Vater auf die Frage nach der „einzig wahren" der drei monotheistischen Religionen mit einem Gleichnis. Darin besitzt ein Mann ein wertvolles Familienerbstück: einen Ring, der über die Eigenschaft verfügt, seinen Träger „vor Gott und den Menschen angenehm" zu machen, wenn derselbe Träger ihn „in dieser Zuversicht trug". Dieser Ring wurde über viele Generationen hinweg vom Vater an jenen Sohn vererbt, den der Vater am meisten liebte. Einmal tritt der Fall ein, dass der Vater drei Söhne hat, keinen bevorzugen kann und will, sodass er von einem Künstler exakte Duplikate des Ringes herstellen lässt. Er hinterlässt jedem Sohn einen Ring, wobei er jedem versichert, sein Ring sei der echte. Nach dem Tode des Vaters ziehen die Söhne vor Gericht, um klären zu lassen, welcher der drei Ringe der echte sei. Der Richter ist außerstande, dies zu ermitteln. So erinnert er die drei Männer daran, dass der echte Ring die Eigenschaft habe, den Träger bei allen anderen Menschen beliebt zu machen. Wenn einer der Ringe der echte sei, dann werde sich das in der Zukunft an der ihm nachgesagten Wirkung zeigen; jeder Ringträger solle sich bemühen, diese Wirkung herbeizuführen.

Die Ringparabel – erstmals in Boccaccios „Decamerone" erzählt – gilt als Schlüsseltext der Aufklärung und als pointierte Formulierung der Toleranzidee. Besagter These der Toleranzidee und der Parabel folgend, verschenkte der Schauspieler, Theaterdirektor und Dramatiker August Wilhelm Iffland (1759–1814), der am Mannheimer Nationaltheater in der Uraufführung von Friedrich von Schillers Drama „Die Räuber" spielte, von Goethe und Schiller frenetisch bejubelt wurde, einen (oder der Fama folgend sieben) Fingerring mit seinem Abbild, mit der Auflage, dass der nach seinem Initiator und Spender benannte „Iffland-Ring" von seinem Träger testamentarisch an den seiner Meinung nach „jeweils bedeutendsten und würdigsten Bühnenkünstler des deutschsprachigen Theaters auf Lebenszeit verliehen" wird.

Träger des mythischen Iffland-Ringes war, bis zu seinem Tod 1832 Ludvig Devrient. Ihm folgten Emil Devrient, Theodor Döring, Friedrich Haase und Albert Bassermann, der ihn nacheinander drei Kollegen vermachen wollte: Alexander Girardi, Max Pallenberg und Alexander Moissi, die jedoch alle drei überraschend früh verstarben. Bizarr die Situation, in der Bassermann dem verstorbenen Alexander Moissi den Ring noch auf den Sarg gelegt hatte. Schließlich deponierte er ihn 1935 in der Österreichischen Nationalbibliothek in Wien. Nach Albert Bassermanns Tod 1952 war unklar, wie die Weitergabe des Ringes geschehen sollte, bis ihn 1954 der Kartellverband deutschsprachiger Bühnenangehöriger Werner Krauß zusprach. Wegen der erbrechtlichen Unklarheiten wurden vom österreichischen Unterrichtsministerium Richtlinien erlassen, die zukünftig die Weitergabe des Ringes – seit 1954 „zweckgebundenes Eigentum der Republik Österreich" – zweifelsfrei regeln.

Nach Krauß' Tod war der Burg- und Volksschauspieler Josef Meinrad (1913–1996) Träger des magischen Ringes, der ihn wiederum dem Schweizer Bruno Ganz vermachte. Als weibliches Pendant wurde 1977 von der Österreichischen Bundesregierung der nach der Schauspielerin Alma Seidler, die von ihrem Mann Werner Krauß eigentlich mit dem Iffland-Ring betraut werden sollte, diesen aber aufgrund der testamentarischen Verfügung, dass der Iffland-Rind nur an Männer vererbt werden dürfe, nicht erhielt, benannte Alma Seidler-Ring verliehen. Trägerinnen waren bisher Paula Wessely und seit 2000 Annemarie Düringer. Der Parabel folgend allesamt „Träger der Zuversicht", „vor Gott und den Menschen angenehm" zu wirken.

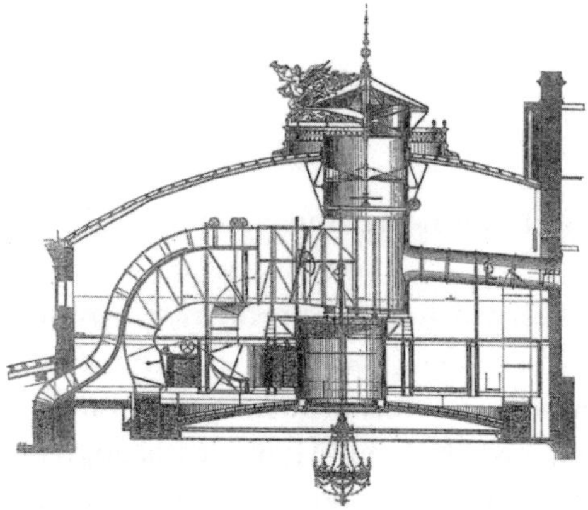

№34

Die Baupläne des Wiener Burgtheaters

Am späten Abend des 12. Oktober 1888 übersiedelte Wiens Burgtheaterensemble in ihre neue, bis heute gültige Spielstätte an der Ringstraße. Das alte Burgtheater musste der Komplettierung des Michaelertrakts der Wiener Hofburg weichen. Die Entwürfe und die detaillierten Pläne dazu hatte Joseph Emanuel Fischer von Erlach aber schon knapp 200 Jahre vor dem Abriss des alten Burgtheaters gezeichnet. Das „neue" k. k. Hofburgtheater am Ring – vis-à-vis vom Rathaus – wurde im neubarocken Stil von Gottfried Semper (verantwortlich für den Grundriss) und Karl Freiherr von Hasenauer (federführend bei der Gestaltung der Fassade, die bereits das Kaiserforum in Wien gemeinsam geplant hatten) entworfen und am 14. Oktober 1888 mit einer Doppelvorstellung von Franz Grillparzers „Esther" und Friedrich von Schillers „Wallensteins Lager" feierlich eröffnet.

Die Bauarbeiten hatten bereits am 16. Dezember 1874 begonnen und zogen sich 14 Jahre hin. Ein Zeitraum, währenddessen sich das einst kongeniale Architektenduo zerstritt. Bereits 1876 zog sich Semper, offiziell aufgrund „gesundheitlicher Probleme", nach Rom zurück und ließ Hasenauer seine Ideen alleine realisieren. Vor allem er hatte sich für ein prachtvoll ausgestaltetes Logentheater eingesetzt.

Carl Freiherr von Hasenauer (1833–1894) war glühender Vertreter des Historismus. Er schuf Monumentalbauten in effektvollem Neobarock. Zu Lebzeiten wurde er wegen seines Hangs zur Opulenz auch der „bauende Makart" genannt. Hasenauer zeichnete sich durch einen extrem dekorativen Stil und inszenatorische Begabung aus. Er strebte die Verschmelzung aller Kunstgattungen in einem Gesamtkunstwerk an, ohne die Architektur allein in den Vordergrund zu stellen.

Hasenauer war Chefarchitekt der Wiener Weltausstellung von 1873. Mit Semper entwarf er den Hofbautenkomplex mit dem Naturhistorischen und das Kunsthistorischen Museum, das Burgtheater, das Semperdepot und die Neue Hofburg, die er, wie auch die von ihm entworfenen Wohnbauten – das Palais Lützow und die Hermesvilla –, mit opulenten Innendekorationen im Makartstil versah.

Architektonisch einzigartig sind die zahlreichen Kuppelkonstruktionen, die von Ignaz Gridl und seinem innovativen Team konstruiert wurden. Patentiert ist auch die riesige Luftschleuse, das Belüftungssystem des Burgtheaters, das sich unter dem runden Dach der Luftansaughütte, von den Wienern einfach Schwammerl genannt, auf der Seite des Volksgartens verbirgt. Die Luft wird durch Filter geblasen, gereinigt und temperiert. Die verbrauchte Luft wird aus dem Zuschauerraum durch das Messinggitter des Kristalllusterkranzes im Zentrum der Saaldecke aus dem Raum ins Freie abgezogen. Den Sog dafür erzeugt der „Blasengel", eine grüne Engelsfigur mit einem Blasinstrument, die als Wetterfahne auf der Kuppel steht. Das künstlerische und technische Erbe des genialen Visionärs hat heute die im Laufe der Zeit als Nachfahren in die Fußstapfen des einstigen Firmengründers getretene, international tätige Firma Waagner-Biró angetreten. Angesichts der modernen Kuppel des neu gestalteten Berliner Bundestags, des ehemaligen Reichstagsgebäudes, wäre der längst verstorbene Ingenieur Ignaz Gridl wohl mit Recht stolz auf seine Nachkommen.

Für die künstlerische Gestaltung des Inneren des Burgtheaters engagierte Hasenauer die Künstler-Compagnie um Gustav Klimt, deren Arbeit er schon von ähnlichen Auftragsarbeiten in den Stadttheatern von Fiume und Karlsbad, im Bukarester Nationaltheater sowie von der Kollaboration in der Hermesvilla kannte und schätzte. Gemeinsam mit Bruder Ernst und Franz Matsch schuf Gustav Klimt die opulenten Deckengemälde in den Stiegenhäusern. In zehn szenischen Bildern, thematisch ausgewählt von Burgtheater-Direktor Adolf von Wilbrandt, sollte die „Geschichte des Theaters" beschrieben werden. Da die beiden Stiegen im Zweiten Weltkrieg, entgegen dem Rest des Hauses, nicht zerstört wurden, sind die Werke – Gott sei Dank – erhalten. Bemerkenswert ist in dem Zusammenhang das einzige Selbstporträt Gustav Klimts, als Zuschauer in der Loge des Shakespeare'schen Globe-Theatre. Kaiser Franz Joseph gefielen die Deckengemälde so sehr, dass er den Mitgliedern der Künstler-Companie das Goldene Verdienstkreuz verlieh.

Streitigkeiten über die originäre Urheberschaft bei gewissen Werken zwischen Anhängern von Semper und Hasenauer sind bis heute nicht ganz ausgetragen, bewegen sich aber mittlerweile nur noch auf einer historisch-sachlichen Ebene. Die Prachtbauten der beiden Architekten auf der Wiener Ringstraße sind – und bleiben – zweifelsfrei Wahrzeichen Wiens.

№35

Gustav Klimts Entwürfe zum Stoclet-Fries

Erwartung & Erfüllung. Elementare Szenen in Klimts Lebensbaumfries. Elementare Sequenzen aber auch in seiner Weltsicht. Programmatisch über ein Einzelwerk hinaus. Das Œuvre des wahrscheinlich bedeutsamsten österreichischen Malers bestimmend.

Über sieben Jahre lang hatten die Auftraggeber, der Brüsseler Bankier Adolphe Stoclet und seine Frau Suzanne warten müssen, bis sich durch die Vollendung des eigens für das Speisezimmer ihrer Villa angefertigten Frieses Erfüllung einstellte. Dennoch ist Gustav Klimts 1912 vollendetes „Materialfest" nur Teil eines Gesamtkunstwerkes. Die nahezu als Ideal des Jugendstils geltende Villa wurde von Josef Hoffmann erbaut und maßgeblich von ihm, von Gustav Klimt und einigen Künstlern der Wiener Werkstäte ausgestattet.

Die Reaktionen von Kritik und Zeitgenossen waren euphorisch. Es war die Realisierung einer künstlerischen Utopie. Das Palais Stoclet zählt seit 2009 zum Unesco-Weltkulturerbe. Für die

Öffentlichkeit aber ist es nicht zugänglich. Aus Streitigkeiten der Nachfahren des kunstsinnigen Ehepaares Stoclet sind sogar nur wenige, paradoxerweise ausschließlich Schwarz-Weiß-Aufnahmen des Meisterwerkes erhalten.

Dass die höchste Vollendung von Klimts imposantem Œuvre nicht in heimatlichen Gefilden stattfand, ist ein klassisch österreichisches Schicksal. War sein Werk anfangs heftig akklamiert worden, traten zunehmend Neider und Missgünstige auf den Plan. Klimts Freizügigkeit und Obsession für die explizite Darstellung von Nacktheit, Sinnlichkeit und Erotik erregte die Kleingeister und selbsternannten Sittenwächter. Seine für die Universität Wien gefertigten Fakultätsbilder führten zu Zerwürfnissen und einem veritablen Skandal. Selbst Karl Kraus fabulierte in der Fackel, dass Klimts, in Wahrheit international heftig akklamierte Werke, angeblich in Paris als „gout juif" abgekanzelt worden wären.

Klimt dachte und lebte aber abseits gesellschaftlicher und nationaler Normen. Dementsprechend wandte er sich zunehmend internationalen Auftraggebern wie Stoclet zu, die seine Einzigartigkeit zu schätzen wussten.

Aus seinen Ateliers stammend, verblieben in Wien Entwurfszeichnungen und Testarbeiten des an Eindrücken, Erotik, Kraft, Empathie, Enthusiasmus, Lebensfreude und Weisheit beeindruckenden genialen Meisterwerkes. Das MAK zeigte anlässlich des Jubiläumsjahres 2012, nach jahrelanger Restaurierung, welch Inspiration dem Opus Magnum innewohnt. Die Arbeit dekuvriert bislang Verborgenes. Transparent- und Packpapier dienten Klimt als Untergründe seiner Entwürfe. Er vermischte Deckfarben, Aquarell-, Goldfarben, Silberbronze, Kreide, Bleistift, Deckweiß, Blattgold, Blattsilber und Platin. Materialien, die nicht seinen Ansprüchen und Vorstellungen entsprachen, retournierte er kompromisslos. Den teuersten, edelsten Marmor apostrophierte er als zu

„schäbig, als unverwendbar". Perfektionismus eines Genies. Farben veredelte er mit Gold- und Silberbronze oder Blattgold. Statt oxidierendem Silber nutzte er Platin.

Von ägyptischer und asiatischer Kalligrafie waren seine ornamentalen Details beeinflusst. Erotik, Lust und Lebensfreude strahlen seine Gemälde aus. Ebenso seine Skizzen und Zeichnungen. Im epochalen Stoclet-Fries kumulierte sein bisheriges episches Schaffen. Es verkündet Charme und Charisma eines obsessiv Tätigen, eines passioniert Kreativen. Polarisiert hatten Klimts Werke des Öfteren. Dieses einte in Bewunderung.

Gustav Klimt (1862–1918), Sohn eines aus Böhmen stammenden Goldgraveurs, hatte, nach dem Besuch der Kunstgewerbeschule in Wien zusammen mit seinem Bruder Ernst und Franz Matsch eine Ateliergemeinschaft namens Künstler-Compagnie gegründet. Sie gestalteten bald Deckengemälde in Triest, Venedig, Krakau, München, gestalteten unter anderem die Hermesvilla, das Burgtheater und das Kunsthistorische Museum.

Er gehörte zu den Begründern der Wiener Secession, des Secessionismus, arbeitete für die Zeitschrift „Ver Sacrum", schuf in der Secession das Beethovenfries und vieles mehr. Ein Spiritus Rector der Moderne. Imposant die Fülle und Qualität seines Schaffens. Phänomenal, welchen Radius er, auch abseits seiner Compagnie, um sich schuf. Genannt sei nur eine Auswahl der Künstler, die er um sich geschart hatte: Josef Hoffmann, Carl Moll, Josef Engelhardt, Koloman Moser.

Nach seinem Tod geriet Klimts Werk, von der revanchistischen und antisemitischen Kunstkritik der Zwischenkriegszeit abgeurteilt als Dekorationsmalerei, ein wenig in Vergessenheit. Mitte des 20. Jahrhunderts wurde seine eigenwillige, statische Flächenhaftigkeit, seine Wirkung auf Kubismus, Impressionismus, Expressionismus und abstrakte Malerei, als richtungsweisend für die Entwicklung der modernen Kunst erkannt.

2012 wurde in Österreich mit zahlreichen Ausstellungen, die in Summe eine grandiose Retrospektive ergeben, als Klimt-Jahr zelebriert. Wert und Reputation sind anhand der in Auktionen erzielten enorm hohen Preise sichtbar. Die nationale Wertschätzung entspricht – mit Recht – heute dem internationalen Schätzwert. Sein Œuvre zählt zu den höchst dotierten am Kunstmarkt. Im Grab rotieren müsste Klimt heute wahrscheinlich nur angesichts der grauenhaften Verkitschung und des penetranten Merchandisings, durch das seine Werke auf Bettwäsche, Kaffeehäferln, Bonbonschachteln, T-Shirts und Toilettendeckeln vergewaltigt werden. Dem künstlerischen Andenken – und seinem Platz in der ewigen Säulenhalle der Kunst – kann und wird das aber à la longue nichts anhaben.

Gustav Klimt erschuf ein komplexes, grandioses Kaleidoskop des gesellschaftlichen Aufbruchs zur Moderne, ein visualisiertes Vexierbild des Wiener Fin de Siècle. Wundersam glänzende Mosaiksteine als intellektueller Jahresring für das kollektive Gedächtnis.

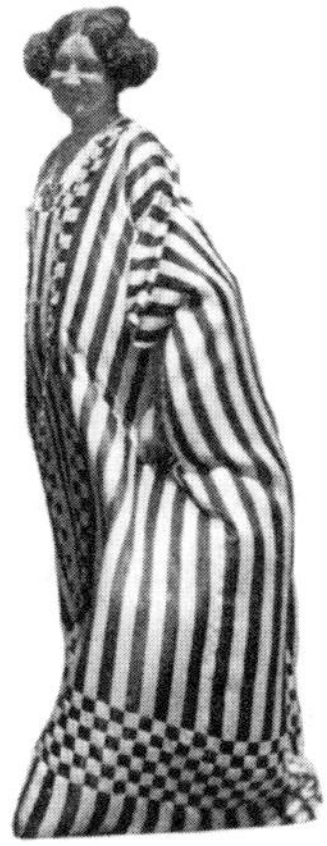

№36

Emilie Flöges Reformkleider

Als eine Art visualisierter Widerstand gegen das Traditionelle, gegen Althergebrachtes, wider gesellschaftliche Konventionen war das Aussehen Gustav Klimts und seiner Entourage zu interpretieren. Als Widerpart zur herkömmlichen Kleidung stellte Emilie Flöge (1874–1952) weit geschnittene Kleider für Männer und Frauen her. Die Dessins und Ornamente für Stoffentwürfe stammten oft von befreundeten Künstlern der „Wiener Werkstätte" oder aus der Feder Gustav Klimts, in trauter Eintracht mit seiner Vertrauten – Emilie Flöge.

Reformkleidung ist der subsummierende Oberbegriff für Varianten der üblichen weiblichen und männlichen Kleidung, die ab Mitte des 19. Jahrhunderts im Zuge der sogenannten Lebensreform aus emanzipatorischen oder gesundheitlichen Gründen propagiert wurde. Die „reformierte Bekleidung" sollte sie Frauen ermöglichen, sich freier zu bewegen. Unterstützt wurde sie auch von Medizinern, die sich gegen das Korsett aussprachen.

Flöges wallende, lose von den Schultern herabfallende Kleider gingen noch viel weiter als das seit 1850 für die Teilnahme am Arbeits- und Erwerbsleben konzipierte Bloomer-Kostüm. Ihre für

Männer wie auch Frauen gedachten, in ihrem Wiener Modesalon vertriebenen Kleider wandten sich bewusst gegen traditionelle Bekleidung und den damit zusammenhängenden Vorschriften und gesellschaftlich-moralischen Konventionen. Nachdem Emilie Flöge, einerseits Muse und Modell Gustav Klimts, andererseits höchst selbstständige Person der Boheme des Wiener Fin de Siècle, zunächst das Handwerk der Schneiderei erlernt hatte, war ihr in der Mariahilfer Straße ansässiger Haute-Couture-Salon prägend. Als von den Wiener Werkstätten, explizit von Josef Hoffmann entworfen, repräsentierte er einen architektonischen Prototyp des Jugendstil-Interieurs.

Ihre Kleider waren auch synonym der Befreiung, körperlich, seelisch und gesellschaftlich. Nicht selten boten Klimt und seine zahlreiche, grosso modo weibliche Entourage, die gänzlich nackt – ohne Textilien im Sommer im Attersee badeten und „schamlos" am Ufer posierten, Anlass für Erregung öffentlicher Ärgernisse. Wenngleich ihre Designs heute als artifiziell und künstlerisch wertvoll anerkannt sind, unkonventionell sind sie allemal. Wie auch, trotz weitgehender heutiger Freiheiten, der kollektiv praktizierte Nudismus.

№37

Das Dirndl

Als Dirndl bezeichnet man „die“ traditionelle, österreichisch-alpine weibliche Bekleidung. Sie besteht aus einem Leibrock aus Leinen, Seide oder Baumwolle, einer Bluse und einer Schürze. Abhängig von Orten, Bundesländern und Regionen changieren die Farben der Einzelteile. Streng traditionell sind durch Details – wie das seitliche Tragen der zur Masche geknüpften Enden der Schürze – Alter, Hierarchie und Familienstand definiert. Das Kleid selbst ist in Form eines Leibrockes geschnitten. Am Oberkörper eng, in Form einer Corsage geschnitten, modelliert es einerseits die weiblichen Hüften durch einen weit ausgestellten, ob der Taille beginnenden Rock, andererseits modelliert und presst es die weibliche Brust nach oben. Die Corsage ist zumeist derart knapp geschnitten, dass ein tiefes Dekolleté entsteht, das den Blick des Vis-à-vis unweigerlich auf den weiblichen Busen lenkt. Garniert wird das wogende Dekolleté zumeist durch zarte Spitzenränder einer kurzen Bluse, die am Rande von Puffärmeln ihre Entsprechung an den Armen finden. Bieder, dennoch anbiedernd. Verspielt, trotzdem kokett, leicht frivol.

Anfangs älplerische Dienstbotentracht, setzte sich das Dirndl Mitte der 1870er-Jahre, mit dem Aufkeimen des bourgeoisen Tourismus, vor allem unter städtischen Sommerfrischlern durch. Verbundenheit mit den Eingeborenen demonstrierte der Städter in Annexion ihrer Tracht. Dass es als Bekleidung praktisch und strapazierfähig war, bescherte dem Dirndl in der Zwischenkriegszeit und Nachkriegsära einen regelrechten Siegeszug. Mitte der 1960er-Jahre verlor es massiv an Bedeutung und erst Anfang des 21. Jahrhunderts erfuhr es ein bizarres Revival. Teils selbstironisch als Juxobjekt einer Spaßgesellschaft, die „Dirndlflugtage" veranstaltet, teils aber – und das in beängstigend zunehmendem Ausmaß – als gesellschaftliches und de facto politisches Statement einer im Ewig-Gestrigen verhafteten Schicht. Das „resche, fesche Dirndl" als Insignie der Vergangenheit. Alias „die Frau als Frauchen, als gefügiges Heimchen, zurück an den Herd." Retro, Retro, Retro!

Der Fairness halber gilt es zu konstatieren, dass Tracht – als aktive und bewusste, selbstbewusste Brauchtumspflege – an originären Orten der tradierten Verortung absolut angebracht und angemessen erscheint. Auch heute noch kann Landschaft und Tracht in Einklang sein – und natürlich wirken.

Abgesehen von Geschmacksverirrungen proletoider Natur – designt für Touristinnen aller Länder, die sich für den Weißwurstäquator der Event-Szene herausputzen, um in stilisierten Zirbenstuben, dekoriert mit kleinkarierten rot-weiß-roten Tischdeckchen und Pölstern bei volkstümlicher Musik schunkelnd der Pseudo-Urigkeit ländlicher Gemütlichkeit zu frönen – gilt es eine, aus dem mittelmäßigen Rest herausragende, Ausnahmeerscheinung bei der Modernisierung der weiblichen Tracht zu nennen. Augenzwinkernd verwendet die Grazer Modeschöpferin Lena Hoschek die Form des Dirndls, um sie gleich wieder zu konterkarieren. Mittels Farben, Stoffen, dem Einsatz anderer Materialeien wie Lack, Leder und Latex zitiert sie die alpine Tradition und fusioniert sie mit dem

Heute; konnotiert mit Punk-Attitude, mit Accessoires aus den 50ies – Petticoats und Tattoos – und Gestus und Habitus der Cabaret-, Vaudeville- & Burlesque-Szene. Als positive Hommage an die Weiblichkeit. Verführerisch und kokett.

Im Altwiener Dialekt, und heute noch im ländlichen Raum, gilt „das Dirndl" auch als Bezeichnung (meist junger) Mädchen, quasi als Objekt der Begierde. Leicht despektierlich, oft degradierend, im Sinne von appetitlich. Degoutant!

Aus rein männlichem Blickwinkel für durchwegs erfreuliche Erregung sorgend, geriet dieses traditionelle Kleidungsstück einerseits aufgrund der extremen Betonung der primären wie sekundären Geschlechtsmerkmale, aufgrund der degradierenden Reduktion der Frau als Sexualobjekt, andererseits weil es, am Beginn des 21. Jahrhunderts, nur mehr wie ein historisierendes Faschingskostüm anmutet, ins Kreuzfeuer der Kritik aufgeklärter, emanzipierter Menschen. Extrem wird es, wenn es dann vielleicht noch zusätzlich mit Goldhauben oder Ähnlichem kombiniert wird. Trachtenumzüge mit Blasmusikkapellen verzücken auch heute noch Legionen von Touristen. Im modernen Alltag wirkt es allerdings doch ziemlich exzentrisch, und leicht pervers. Ausnahmen stellen entlegene Täler dar, die wirklich noch in traditionell ländlichen Traditionen verhaftet sind.

Grotesk überzeichnet die Situation der traditionelle, alljährlich in der Wiener Hofburg stattfindende „Jägerball". Fast alle der männlichen Besucher erblöden sich, regressiv in den prähistorischen Status des primitiven Jägers und Sammlers zurückfallend, „auf die Pirsch zu gehen" und den „Hasen" nachzustellen. Und den „Haserln" ist es nicht zu dumm, sich als solche zu präsentieren, als Freiwild zu prostituieren und den Jägern ihre Dekolletés am Tablett zu servieren. „Ausg'steckt is' ..." im Land der Berge, Land der Täler. Bizarr in dem Zusammenhang das Statement der Grand Dame der Trachtenmode, Gexi Tostmann, die anno 2012 mit der

Inbrunst ernsthafter Überzeugung gar meinte, dass „das Dirndl das einzig wahre Kleidungstück der Emanzipation sei“. – Die Frau habe die Möglichkeit, sich in ihrer besten Rolle, von der besten Seite zu präsentieren. Weird! Oh je, du mein Österreich.

So gesehen sind Pamela Anderson als „Barb-Wire“ oder alle Playboy-Bunnies dieser Welt wohl Ikonen der Emanzipation!? Wenn dem so wäre, dann müsste sich die österreichische Bevölkerung weinend vor Glück in die Arme fallen, dann könnte Österreich sich so immens glücklich schätzen, dass es, enthusiasmiert durch den Push-up-Effekt des Dirndls, statt nach einem ökonomischen Triple-A zu streben, einfach testosterongesteuert nach einem Double-D trachten müsste.

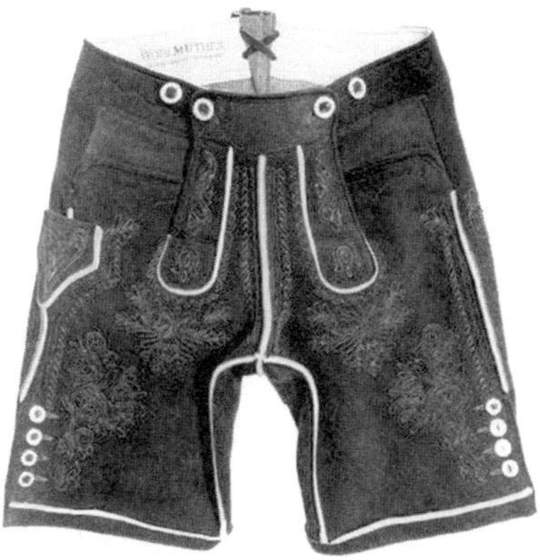

№38

Die „Krachlederne“

Das männliche Pendant zum Dirndl als traditionelle, österreichisch-alpine Bekleidung ist die Lederhose vulgo „Krachlederne“. Es geht die Fama, dass ein „g'standener Mann“ im Laufe seines Lebens maximal drei Lederhosen braucht. Eine in der Kindheit, eine für den Alltag und eine für Festtage.

Ursprung der heute als Volkstracht bezeichneten Lederhose war die französische Culotte, eine eng anliegende höfische Kniebundhose. Bewohner des Alpenraums übertrugen das Muster im ausgehenden 18. Jahrhundert auf das bereits zuvor gebräuchliche Leder und lösten damit die bei Bauern bis dahin übliche Pumphose ab. Während sich bei der städtischen Bevölkerung nach der Französischen Revolution lange Hosen durchsetzten, erhielt sich der Schnitt bei der Landbevölkerung als praktische Arbeitshose.

Die Lederhose, in der Regel aus sämisch gegerbtem Hirschleder, als Teil der Gebirgstracht ist in zwei Formen weit verbreitet, als Kurze und als Kniebundhose. Während die kniefreien Lederhosen bei der Arbeit und zur Jagd getragen wurden, ist die Kniebundhose eher eine Festtagshose. Typisch für Trachtenlederhosen sind Verzierungen mittels weißer, grüner oder gelber Handstickerei und der Hosenlatz – vulgo Hosentürl –, der angeblich auf die Schamkapsel, einem vom Mittelalter bis ins 16. Jahrhundert europaweit üblichen Teil der Männerkleidung zurückgeht. Eine Besonderheit, welche die Manufaktur der Kniebundlederhose zeigt, ist die sogenannte „Arschnaht“. Ob tellerartig rund oder senkrecht am Gesäß ausgeführt, gibt sie Eingeweihten Aufschluss über ihre und des Trägers regionale Herkunft. Zumeist wird zur Lederhose ein lederner Hosenträger mit vorderem Querriegel getragen, zuweilen auch mit einem V-förmigen Mitteleinsatz, der vorne angeknöpft ist. Rechts seitlich ist an der Lederhose üblicherweise eine Messertasche angebracht, die den Nicker, ein Jagdmesser, aufnimmt.

Mitglieder des österreichischen Kaiserhofes – Erzherzog Johann, Kaiser Franz Joseph I. sowie die bayerischen Wittelsbacher – König Maximilian II., Prinzregent Luitpold – generierten sich gerne volksnahe und zelebrierten, durchaus authentisch, im Kreis der ländlichen Untertanen ihre Verbundenheit durch Anlegen der Tracht. Unzählige Fotografien von Kaiser Franz Joseph bei der Jagd, in der Ruhe des imperialen Bad Ischl, des mondänen Bad Aussee oder des urigen Gosau legen Zeugnis von des Kaisers Eintracht mit Natur und Landschaft.

Perfektioniert wird das männlich tracht- und prachtvolle Auftreten in der Krachledernen mit kleinkarierten Hemden und einem Gamsbart. Dieser wird, als schmückendes Beiwerk am Lodenhut fixiert, mit Stolz getragen. Der Gamsbart wird aus dem Rückenhaar der erlegten Gams, dem sogenannten „Aalstreif“ gefertigt. Nach den Einzelschritten der hohen Kunst des Wildhaarbartbindens – Ausrasieren, Waschen, Rupfen, Binden – repräsentiert der Gamsbart Rang und Status eines Jägers; zeigt es doch einprägsam die Pracht des von ihm erlegten Wildes.

Unbestreitbar ist, dass die Jägerschaft, de facto die Jagd- und Forstwirtschaft in Bezug auf Aufgaben des Natur und Landschaftsschutzes einen wichtigen, einen wesentlichen ökologischen und ökonomischen Faktor im ländlichen Raum wahrnimmt und darstellt. Wälder, Wiesen, Felder und Fluren werden von ausgebildeten, fleißigen Dienern des Lebensraumes – Herz und Lunge der prachtvollen Natur dieses Landes – bewirtschaftet, gerodet und gepflegt. In Verruf gebracht wurde „die Jagd“ unfreiwillig durch eine gewisse, national grassierende Einladungs- und Geschäftsgebarung, die die à priori unschuldig zum Handkuss kommende Jagd ungefragt und ungebeten in die Pflicht nahm. Nur ein schmaler Grat führt von der Jagd zur Gesellschaft und zur Jagdgesellschaft. In manchen Kreisen gilt, wer sich zur Jagd gesellt, nicht nur zur Jagdgesellschaft, sondern zu einem bestimmten und mit-bestimmenden Teil der Gesellschaft. Abseits von Jet-Set, Society und Snowciety. Aber zu einer rural-monetär geprägten, den Traditionen verpflichteten Wirtschaftsmacht in Tracht. Der „Einladung zur Jagd“ folgend folgten Netzwerkanalysen und aus dem Networking resultierten – angeblich – Freundschaften, Freundschaftsdienste und Geschäfte. Verschworene Männerbünde aus der Ära der Jäger und Sammler, des Patriachats und Chauvinismus. Vier- und zweibeinige Hasen jagende Jägermeister. Unzeitgemäß und degoutant! Zudem sollen derartige Unterstellungen reine aus dem Reich der Fantasie stammende, vonseiten einer politisch-motivierten und investigativ-journalistischen Jagdgesellschaft gebetsmühlenartig vorgebrachte Mutmaßungen sein, die mit der Realität absolut nichts zu tun haben. Ein Sittenbild üblicher Usancen? Selbstverständlich gilt die Unschuldsvermutung!

Die zeitlose, immer perfekt gekleidete, als metrosexuell apostrophierte, ultimative männliche Stilikone – aus einer Ära, in der eine derartige Wortkombination noch nicht einmal erfunden war – Cary Grant, stellte einst fest, dass es wichtig sei, immer adäquat gekleidet zu sein. Es gäbe keine gute oder schlechte Mode, keine gute oder schlechte Kleidung, nur passende oder unpassende. Jede Stimmung hat seine Stimme. Jeder Ort seine Bestimmung. Jedes

Land seine Kultur. Im Salzkammergut gehört die Lederhose auch heute noch zur Alltags- und Leitkultur. Vor Ort ist sie passend und stimmig. Im urbanen Raum aber erfährt ihr Tragen die irritierend-groteske Aura einer Verkleidung mit der Anmutung ewig-gestrigen Gedankenguts. Und wie üblich bestätigen Ausnahmen die Regel: Wenn einem beispielweise Klaus Maria Brandauer, mitten im Achten, auf der Josefstädter Straße, durchgeistigt, selbstbewusst und generös in Ausseer Tracht mit Lederner entgegenschwingt, hat das etwas erhebend Authentisches.

Bemerkenswert ist die – pardon! – verarschend-satirische Version einer stilisierten Badelederhose aus Viskose. Im Gegensatz zur verorteten Authentizität in jenem Landstrich erfährt die Krachlederne auch medial seit einigen Jahrzehnten einen bizarr-grotesken Höhenflug durch volkstümliche Musikanten, die in volksdümmlichen Fernsehsendungen wie dem Musikantenstadl Millionen Zuschauer televisionär in Verzückung ausbrechen lassen. Um der großflächigen Verbreitung akustischen Sondermülls von wilden Mixturen aus Schlager, Country, Herz-Schmerz-Kommerz und Volksmusik einen optischen Einheitsbrei überzustülpen, (ver)kleiden sich die „Musiker" in stilisierte, traditionelle Kleidung, die selbst der Bezeichnung „Pseudo-Tracht" spottet – mit Lederhose, kariertem Hemd und Haferlschuhen. Niedertracht par excellence, kommerziell aber höchst erfolgreich. Degoutante, aber marktgerechte, geschmacklose Geschmacksverirrungen. Groteske Vergewaltigung tradierten, aber pervertierten Brauchtums. Schunkelnd, mit lautem Schnalzen schuhplattelnd in Richtung eines mit Herzerln verkitschten Aborts, gemäß der alten Volksweisheit: „Esst Scheiße – zehn Millionen Fliegen können nicht irren."

№39

Der Gedenkstein des „schönen Brunnens"

Oh welch schöner Brunnen!" soll Kaiser Matthias (1557–1619) am Ende einer anstrengenden Jagd angesichts einer klaren Quelle am Fuße eines Berges ausgerufen haben, schenkt man der Legende glauben, die der Entdeckung des „schönen Brunnens" zugrunde liegt. Besagter Brunnen ist Namensparton für gleichnamiges Schloss Schönbrunn und befindet sich heute auf dem Terrain des 13. Wiener Gemeindebezirks Hietzing. Als Erinnerung an die Entdeckung der Quelle belegt heute eine Steinplatte, in die ein bekröntes doppeltes „M" eingemeißelt ist, den Ort, wo die Quelle, ein artesischer Brunnen, entsprungen sein soll und entdeckt wurde. Lange Zeit hielt sich die Fama, dass mit „M" Matthias gemeint sei. Neuesten Erkenntnissen zufolge aber dürfte Maximilian II. (1527–1576) der erfreut jubelnde Entdecker gewesen sein. Fest steht, dass dem „Schönen Brunnen" feinstes Tafelquellwasser entsprang, das dem österreichischen Kaiserhaus über Jahrhunderte hinweg als erfrischendes Getränk diente.

1771 wurde im Auftrag Maria Theresias (1717–1780) ein Brunnenhaus in Auftrag gegeben. Der italienische Architekt Isidore Canevale (1730–1786) schuf ein Haus in Form einer Grotte. Inmitten derselben wacht, am Rand eines Brunnens sitzend, eine Amphore in der Hand, eine lebensgroße nackte weibliche Statue. Sie soll die aus der römischen Mythologie entlehnte Nymphe Egeria darstellen. Die Steinskulptur soll in ihrer idealisierten, juvenilen Gestalt der Reinheit und Frische des Quellwassers entsprechen. In Wahrheit aber ist das Brunnenhaus nur Zierde. Die eigentliche Quelle befindet sich am Fuße des Hügels zur Gloriette – zwischen der „römischen Ruine“ und dem „Neptunbrunnen“ –, unscheinbar und kenntlich gemacht nur durch die verzierte Steinplatte mit der erratischen Inschrift.

Das „Schloss Schönbrunn“, ehemals Ort des Jagdschlösschens „Katterburg“, war zwischen 1638 und 1643 ursprünglich für Kaiserin Eleonora Gonzaga erbaut, 1683 im Zuge der zweiten Türkenbelagerung allerdings schwer beschädigt worden. 1687 gab Leopold I. als Sitz für seinen Nachfolger Joseph I. einen repräsentativen Neubau in Auftrag. Fischer von Erlach plante eine gigantische Anlage, die sogar Versailles hätte übertreffen sollen. Auf realistische österreichische Verhältnisse reduziert wurde es allerdings erst 1743, unter Kaiserin Maria Theresia, durch Nikolaus Pacassi und Ferdinand Hetzendorf von Hohenberg in der heutigen Form, im Stil des prunkvollen Hochbarock um- und ausgebaut.

Wirklichen Verehrern des pompösen Barockschlosses aber macht es nichts aus, den namensgebenden Brunnen zu suchen. Ist doch das Flanieren durch den virtuos angelegten Schlosspark ebenso abwechslungsreich wie interessant. Wahrscheinlich kennen die extra angereisten italienischen, deutschen, amerikanischen und die Legionen japanischer Touristen Schönbrunn in seiner komplexen Einheit ohnehin besser und detaillierter als das Gros der Einheimischen. Mit Sicherheit wissen sie zumindest die imperiale Pracht zu schätzen.

Der gelernte Österreicher kennt von Schönbrunn maximal den Tiergarten – übrigens der älteste Zoo der Welt –, den er in seiner infantilen Mediokrität mehrmals im Jahr bei speziell-proklamierten Sensationen aus dem Universum der Fauna immer wieder heimsucht. Die Gloriette erhält schon deutlich seltener, aber doch hin und wieder Zuwendung – aber auch nur bei gutem Wetter, um vom Café aus den Blick über Wien zu genießen. Das Schloss mit seinen prunkvollen Gemächern kennt man ja ohnehin zur Genüge – von außen, aus Filmen oder von der Balletteinlage beim Neujahrskonzert. Schade. Nein: Schande.

№40

Eine Karyatide des Wiener Musikvereins

Wenn alljährlich am 1. Jänner das Wiener Neujahrskonzert, live von über 70 Fernsehstationen und 300 Radiosendern übertragen, rund um den Globus erklingt, steht immer die Pracht und die Herrlichkeit des goldenen Konzertsaales des Musikvereins im Zentrum. Musikliebhaber aus aller Welt apostrophieren das imposante, von Theophil Hansen erbaute Gebäude zwischen Ring und Karlskirche als Synonym für klassische Musik. Dies gilt sowohl für das charakteristische, rot getünchte, imperiale Gebäude mit der einzigartigen Akustik als auch für den Verein per se, der anno 1812 gegründet wurde.

Optisch dominieren das Innere des großen Konzertsaales vor allem die prunkvollen, goldenen Karyatiden, die, anstelle von Säulen, den Konzertsaal schmückend, die ganze Last der Mauern tragen. Der Leichtigkeit der akustischen Muse entsprechend tragen die Karyatiden, im Gegensatz zu Atlanten, die die Hände zur Unterstützung neben dem Kopf hochstrecken, die zu stützende Decke frei auf dem Kopf. Der klassischen Form der Kore entsprechend stellen die Skulpturen junge, bekleidete Mädchen mit gerader Körperhaltung dar, deren linkes Spielbein ein wenig vorgesetzt ist. Die Arme hängen meist herab oder tragen ein kleines Weihegeschenk. Die Falten des Gewandes erinnern oft an die Kannelierung von Säulen. Anmutig ihre freundlichen Antlitze. In Summe eine taktvolle, polyphone Symphonie. Oszillierend zwischen der Opulenz von Akustik und Optik.

Seit 200 Jahren existiert die „Gesellschaft der Musikfreunde“ in Wien. Der 1812 gegründete „Musikverein“, wie die Gesellschaft unter Gleichgesinnten, unter kunstsinnigen Connaisseuren genannt wird, schrieb sich „die Emporbringung der Musik in allen ihren Zweigen“ auf ihr Banner. Im selben Jahr war in Österreich das Allgemeine Bürgerliche Gesetzbuch in Kraft getreten. Gemäß der Zeit fand der Kodex der „naturrechtlichen Vorstellung von Gerechtigkeit“ auch in der kulturellen Institution samt Kodifikation und Administration kreativen Schaffens ihren Niederschlag.

Imposant sind Gegenwart und Geschichte des Hauses, die prunkvolle, klassizistische Architektur sowie sämtliche Protagonisten des Hauses: Komponisten, Musiker, Dirigenten, Präsidenten, Ehrenmitglieder, Förderer sowie das pt. Publikum. Alljährlich stellt das Neujahrskonzert eine affirmative Hommage an Wien, an die großen, genialen Komponisten dar. Allen voran der ob ihrer bekannten und eingängigen Melodien gefeierten Strauß-Dynastie. Die Polkas, Märsche und vor allem die Walzer transportieren in einzigartiger Art und Weise ein originäres Bild von Wien. Kulturelle Imperialität evozierend, dekuvrierend. Kitschig und schön. Ablenkend von Unheil und Unbill des Alltäglichen.

Der international renommierte Dirigent Franz Welser-Möst, seit 2010 gemeinsam mit Dominique Meyer Direktor der Wiener Staatsoper, schwärmte anlässlich des 200-jährigen Jubiläums vom „sagenhaften Klangkörper“ des Goldenen Saales, dem „unbegrenzten Kosmos der Fantasie. Zu diesem Kosmos gehört die Magie, die aus der Geschichte stammt. Es scheint, als hätte der Musikverein in 200 Jahren all das aufgesogen, was die geistigen Errungenschaften unserer Kultur in der klassischen Musik ausdrücken. Dieser Saal in seiner zeitlosen Schönheit, dieses Haus mit seiner Mystik, diese Gesellschaft mit ihrer singulären, nun 200 Jahre währenden Geschichte – sie laden uns ein, das auch weiterhin mit großer Intensität zu tun."

Strauß-Schani, schau oba!

№41

Johann Strauß' Konzertgeige

Wien. Metropole und Nekropole der Walzer- und Weinseligkeit. Inbegriff des schönen Scheins mit einem Himmel voller Geigen. Inmitten des Orchesters der Gottseibeiuns des Kitsches, der Klischees und der Abgründe: Johann Strauß als Personifizierung der apostolischen Drei-Einigkeit der Uneinigkeit, der Ungereimtheit und der Einheit des himmlischen Geigens.

Der Impresario perfekt kumulierter Noten, der König des Drei-Viertel-Takts, Johann Strauß Sohn (1825–1899) hinterließ als erfolgreichster Spross der Walzerdynastie manche Reliquie. Ein Objekt allerdings sticht besonders hervor – repräsentiert es doch gemeinhin das, was die Walzerseligkeit erst ausmacht: des gleichzeitig dirigierenden und selbst musizierenden Maitre's Violine. In Johann Strauß' Sohn ehemaliger Wohnung – heute unter der Adresse Praterstraße No. 54 – befindet sich das musikhistorisch relevante Exponat einer kostbaren Amati-Geige aus dem Besitz des Walzerkönigs. Mithilfe dieses Instruments hat Johann Strauß Sohn in der Wohnung, die damals, vor der Eingemeindung der vorstädtischen Leopoldstadt zu Wien die Adresse Jägerzeile trug, die geheime, inoffizielle österreichische Hymne komponiert: Opus 314, besser bekannt als Walzer „An der schönen blauen Donau".

Die persönliche Geige von Johann Baptist Strauß Junior, mit der er auch all seine Auftritte und Tourneen absolvierte, wurde 1614 in Cremona von den Brüdern Amati erbaut. Die Amati war eine Cremoneser Geigenbauerdynastie mit wahrscheinlich deutschen Wurzeln, die sich bis ins Jahr 1097 zurückverfolgen lassen. Der Ruhm als Instrumentenhersteller aber rührt von den „großen fünf Amati". Der aus einem Patrizierhaus stammende Andrea Amati (1520–1580) verwendete nur äußerst wertvolle, edlere Hölzer als es den Usancen entsprach und revolutionierte die Konstruktion, indem er die bis dahin gebräuchliche spitze Gambenform zur bis heute üblicherweise verwendeten Violinform veränderte. Seine Söhne Antonius (1550–1640) und Hieronymus (1555–1630), gemeinsam bekannt als „Fratelli Amati – Gebrüder Amati" perfektionierten des Vaters Modifikationen. Nicola, ein Sohn von Hieronymus, wurde später – als Lehrmeister von Antonio Stradivari und Andrea Guarneri, die jeweils eigene Geigenbauerfamilien gründeten – der prominenteste der Dynastie.

Das musikhistorisch wertvolle Objekt befindet sich in der heute zum Konglomerat des „Wien Museum" gehörigen Dependance in der Leopoldstadt, die von Kindheit an Umgebung und Schicksalsort der Familie Strauß gewesen war. Bereits die Eltern, Johann Baptist Strauß Vater (1804–1849), hatten in der nahen Taborstraße No. 17 gelebt.

Der Wirkungskreis der beiden hochbegabten Komponisten und Kapellmeister aber lag in den prunkvollen Palais, den bürgerlichen Ballsälen und in den imperialen Konzertsälen. „Der Kongress tanzte" zu Walzerklängen. Mit dem unter der Ägide Fürst Metternichs abgehaltenen „Wiener Kongress" begann der internationale Siegeszug des Walzers gegenüber anderen Tänzen.

Wien bildet bis heute in der internationalen Rezeption eine Einheit mit dem Walzer. Diese unabänderliche Junktimierung wird am Neujahrstag und am Tag des Opernballs, ähnlich einer gebetsmühlenartigen Repetition, alljährlich erneuert. Touristen werden Tag für Tag in der Wiener City von NLP-geschulten Kunden-Akquisiteuren alias Ticket-Keilern in historisierenden Monturen mit Mozart- und Johann-Strauß-Konzerten (zwangs)beglückt. Zwischendurch wird der Walzer von unseligen Leichenfledderern in fatalster Art und Weise musikalisch vergewaltigt. Verkitschte Variationen und pervertierte Versionen des Strauß'schen ¾-Taktes werden von televisionären Antitalenten, von billigen, trashigen Epigonen wie André „Dullijöh" Rieu, Flo „Silberreiher" Silbereisen oder David Garrett, der personifizierten Grinsekatze der pathologisch-artifiziellen Elektrogeige, für ein grosso modo geriatrisches und gehörgeschädigtes Publikum mundgerecht in (un)appetitlichen Häppchen zubereitet. Die pseudoheile Welt eines Neo-Biedermeier imitierend – in Wahrheit nur, um Cash zu machen. Easy Money for nothing – and chicks for free ... Da bleibt dem wohl zu Recht im Grab rotierenden Strauß-Schani nur mehr übrig, rechtzeitig den Radetzkymarsch zu blasen.

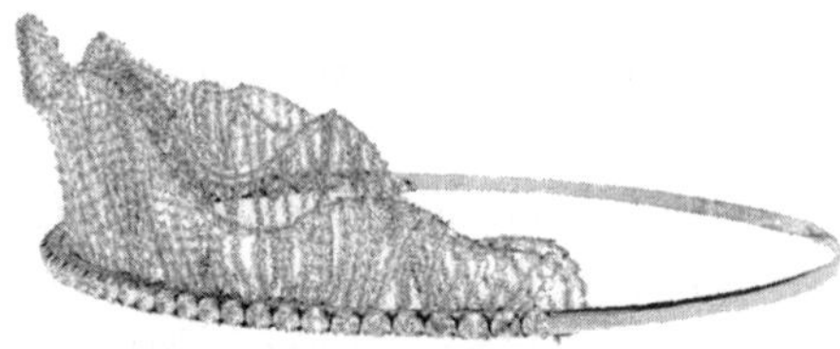

№42
Ein Opernball-Krönchen

„Alles Walzer“ lautet die persuasive Aufforderung des Maitre de Danse, der für die Choreografie der Opernball-Debütanten verantwortlich zeichnet, an alle Gäste des Staatsballes, das Parkett zu den Klängen des intonierten Donauwalzers tänzerisch zu beehren. Bis vor einigen Jahren war diese Ehre dem Direktor der höchsten nationalen Instanz gepflegter Tanzkunstvermittlung, der Tanzschule Elmayer, vorbehalten. Seit wenigen Jahren obliegt diese Verantwortung dem Zufalls- und Rotationsprinzip provinzieller Provenienz.

Und alle Jahre wieder werden die jeweiligen Ballmütter, wie die honorigen Organisatorinnen des Staatsgewalzes in jovialer Art medial genannt werden, nicht müde zu betonen, dass die Auswahl der Debütantinnen und Debütanten gänzlich demokratisch und nur entsprechend dem Können der Tänzerinnen und Tänzer, gemäß demografischen Strukturen der Bevölkerung, erfolgt. Rein zufällig sind dann unendlich viele Töchter, Söhne, Volk begnadet für das Schöne, prominenter Eltern in den ersten Reihen derer zu finden, die bei der feierlichen Eröffnung öffentlich defilieren dürfen. Lächerlich. Warum auch nicht. Entspricht dies doch auch sonstigen Usancen von Seilschaften und Steigbügelhaltern.

Außer Zweifel aber steht, dass der Opernball die Absolution der in jeder Hinsicht absolut perfektionierten Inszenierung eines Operettenstaates darstellt. Imperiales Getöse inmitten des Fegefeuers der Eitelkeiten, kombiniert mit einem Schuss unfreiwilliger Komik und gespielter Selbstironie. Balzen und Walzen klingt nicht nur zufällig ähnlich, sondern stellt de facto die hochzivilisierte Form pfauenhaften Werbens dar. Adel und Geldadel sitzen gerne und bewusst in der Auslage, lassen sich seit jeher gerne feiern. Wobei es sich um einen Irrtum handelt, dass das staatliche Tanzvergnügen, oder soll man eher sagen das Geschiebe und Schreiten auf ein und derselben, äußerst beschränkten Stelle, ein imperiales, adeliges Relikt der Monarchie sei. Erstmals tanzte man 1936 über das Parkett des Opernhauses. Lange nach dem Untergang der Monarchie. „Es war sehr schön, es hat mich sehr gefreut" entspringt zwar usurpatorisch Kaiser Franz Josephs Beschäftigung mit dem Opernhaus am Ring, nicht aber in Zusammenhang mit holdem Tanzvergnügen, sondern als vorsichtige Aussage der Rücksicht, um nicht noch eines Menschen Tod verantworten zu müssen wie den des Architekten der Oper, weil der Kaiser es gewagt hatte zu artikulieren, dass er sich das Gebäude eigentlich imposanter vorgestellt hätte.

Etikette und Stil vermittelt der „Ball der Bälle" dennoch. Augenscheinlich wird dies heutzutage weniger anhand der zahlenden und geladenen Gäste denn angesichts des handverlesenen Jungdamen- und Jungherrenkomitées. Die jungen Herren haben in Frack gekleidet zu sein. Weiße Handschuhe sind ebenso obligatorisch wie Lackschuhe und eine weiße Fliege. Der holden Weiblichkeit obliegt das Tragen eines jungfräulich-weißen, bodenlangen Kleides. Ohne explizite Definition der erwünschten Eleganz. Chacun à son gout. Das Haupt aller Debütantinnen ist gekrönt mit einer alljährlich neu designten Kreation eines Diadems. Geschmeide aus

Silber, geschmückt mit Steinen aus Strass. Kleine Prinzessinnen der Herzen mit einem Krönchen aus dem Hause Swarovski.

International wird der Opernball als einzigartig wahrgenommen. De facto ist er dies auch, trotz aller Nouveaux Riches, die sich penetrant in Szene setzen und sich via TV unter enormem monetärem Einsatz als gesellschaftsrelevant zu definieren versuchen. Vergebens. Nicht Maitresse, Noblesse oblige.

№43

Der Doppler

In direkter Seelenverwandtschaft mit der Wiener Walzerseligkeit steht die naturgegebene Weinseligkeit des Österreichers. In ungetrübter Wahrnehmung – dem offenkundig seltenen Status der Nüchternheit – kann man Alkohol als des Österreichers liebstes Nahrungsmittel apostrophieren. Wobei noch zu konstatieren ist, dass nicht die Qualität, sondern die Quantität des gegorenen Rebensaftes wesentlich ist.

Naturgemäß bestätigt die Ausnahme die Regel. Ein großer Teil der Bevölkerung allerdings frönt ab einem gewissen juvenilen Alter – divergierend nach sozialer Schichte und geografischer Herkunft – dem staatlich subventionierten und legalen Suchtmittel des Alkohols. In ländlichen Gebieten verwendet man zur Abfüllung der gerade richtigen Menge Weins eine überdimensionierte Flasche, die exakt zwei Liter fasst. Als Doppelliter vulgo Doppler wird der Wein verkauft. Die Rebsorte der in dieser Abfüllung veräußerten Weine ist de facto irrelevant. Am typischsten drückt dies der Terminus „g'mischter Satz" aus. Er umschreibt das Faktum, dass der aus unterschiedlichsten Rebsorten gepresste, gekelterte und zum Wein vergorene Traubensaft zusammengepantscht wurde. Ohne Rücksicht auf Geschmacksverluste. Selbst in der lieblosen Gestaltung der Flasche und ihrer Etiketten wird augenscheinlich, dass diese Art der Flüssignahrung nur der Vernichtung dient.

Wobei festzuhalten ist, dass in Österreich prinzipiell ein wunderbar wohlschmeckender Wein produziert wird. Allein er wird gemeinhin nicht wirklich, nur bedingt geschätzt. Nur ein kleiner Teil versteht sich als gelernten Sommeliers vertrauende Connaisseure. Das Gros der Trinkenden verliert sich in Masse statt Klasse. Tagtäglich feiert man den „Tag der Fahne".

Des gelernten Österreichers liebste Wochenendbeschäftigung besteht darin, möglichst viele Doppler zu leeren, um den Alltag zu vergessen oder zu überstehen. Dieser im Laufe zahlreicher Generationen perfektionierte und tradierte Brauch der Selbstvernichtung bis hin zur Verleugnung muss tiefenpsychologische Gründe haben. Dieses unselige Missverständnis von Genuss mündet zudem noch in das ebenso fatale Missverständnis von Gemütlichkeit, das in holzgetäfelten Wirtshaus- und Heurigenstuben und daran angeschlossenen „Schanigärten" gipfelt. Da die unsäglichen, sogenannten „Heurigenbankeln", auf denen die einander trunken Zuprostenden eng aneinander – um nicht runterzukippen – sitzen, zudem keine Rückenlehne haben, lümmeln die pt. Gäste zu später Nachmittagsstunde dann halb am Tisch und lallen, motschkern lautstark gegen die „da Oben, die sich's richten", granteln, räsonieren und fallen in den tiefen Schlaf der Selbstgerechten.

Zu den penetrantesten Begleiterscheinungen institutionalisierter Weinseligkeit gehört Heurigenmusik, die sogenannten „Schrammeln", die genauso gammelig daherkommen wie „Grammeln" (eine angebliche Delikatesse, in Wahrheit ausgelassenes, reines Fett). Summa summarum eine olfaktorische Belästigung inklusive akustischen Sondermülls. Na gute Nacht!

PS: Noch ein Negativwunder: Oskar Werner, als er, selbst schon „blunzenfett", Josef Weinhebers unselig-weinselige Lyrik rezitierte.

PPS: Ein Ereignis als Ausnahme stellt der begnadete Doyen des Burgtheaters, Michael Heltau dar, wenn er in Form einer zwischen dramatischer Rezitation und virtuosem Gesang oszillierende melancholische Symbiose aus Chanson und Wienerlied personifiziert.

PPPS: Nicht zu vergessen die ultimative positive Ausnahme: das kongeniale, fatalistische Duo Heller/Qualtinger beim Intonieren des unsagbar abgründig-bösartigen „Krüppelliedes" und des hymnischen „Bei mir seid's olle in Oasch daham ...!"

№44

Das Wiener Schnitzel

Wie fast alle „echten Wiener“ wurde auch das „Wiener Schnitzel“ nicht in Wien geboren. Dass die in Venedig oder Mailand erfundene göttliche Speise dennoch eine österreichische kulinarische Errungenschaft ist, liegt an der Geschichte der k. u. k. Monarchie Österreich-Ungarns. Der historisch nicht 100-prozentig belegbaren Fama zufolge soll Feldmarschall Josef Wenzel Graf Radetzky von Radetz (1766–1858) die kulinarische Köstlichkeit in Norditalien, als dieses unter österreichischer Patronanz stand, gekostet, genossen und ad hoc nach Wien importiert haben. Mit Sicherheit ist das „Scalopine Milanese“, mit geringfügig nuancierter Abweichung in der Rezeptur, mit dem „Wiener Schnitzel“ ident. Fest steht allerdings, dass, gleichgültig ob nun in Venedig, Mailand oder Wien die Wiege des panierten Fleisches stand, das glorreiche Rezept der österreichischen Monarchie entstammt.

Wie so viele klassische Gerichte der berühmten „Wiener Küche“ aus den Kronländern der k. u. k. Monarchie Österreich-Ungarns kommen. Kakanisch sind auch andere mythische Speisen: das Gulasch, Braten aller Art, Knödel sonder Zahl und

Provenienz, Golatschen, Palatschinken, Powidl-Tascherln, Strudel und Tatschkerln etc., etc.

Die Diskussion, aus welchem Fleisch das „klassische Wiener Schnitzel“ produziert wird, entspricht einer Glaubensfrage. Die größte Fraktion der unterschiedlichen Kongregationen votiert für Kalbfleisch. Schwein und Rind guter Qualität folgen. Auch Hühner- und Putenschnitzel haben zunehmend leidenschaftliche Anhänger.

Das sorgsam ausgewählte Fleisch muss man beim Zubereiten minutiös klopfen, salzen, dann in Mehl wälzen, durch ein verquirltes Ei ziehen, abschließend in Semmelbröseln wälzen und in heißem Fett braten, bis es goldbraun ist. Als klassische Beilage serviert man einen Erdäpfel-Vogerl-Salat. Alternierend auch Reis mit Preiselbeerkompott – wie beim verwandten Scalopine in Mailand.

Dem Schnitzel eilt international ein Ruf voraus, der leider manchmal besser ist als das, was in so manchem Lokal kredenzt wird. Unwissenheit perlustrierte Falco einst herrlich zynisch in seinem Song „Amerika“, als er auf den Wunsch eines „wonderful Wiener Snitzel“ „geh gib eam zehn Deka Poinische in an Wachauer ...“ intonierte. (Für Nicht des Dialektes Mächtige bedeutete dies eine Verarschung, dem Unwissenden einfach ein Brötchen mit einer fettigen Wurst als Delikatesse anzudrehen, möglichst um 100 Dollar). Richtig „problematisch“ aber wird es, wenn der kulinarische Genuss in einem Restaurant bzw. einem Wirtshaus allein schon durch das Odeur ranzigen, alten Fettes tagelang als Erinnerung in der Kleidung hängen bleibt. Getoppt wird diese olfaktorische Belästigung nur mehr durch den Gestank eines gallig-fettigen, nach Knoblauch stinkenden Schweinsbratens mit Sauerkraut oder dem ätzenden Geruch von fuseligem Bier. Oder beidem.

№45

Ein Fass schwarzer Tinte, abgefüllt für H. C. Artmann

Die Ironie wollte es einst, dass der Avantgardekünstler und Sprachjongleur H. C. Artmann (1921–2000) in jungen Jahren weder mittels seines Postulats nach Poesie noch mittels seiner morbiden, düsteren, von schwarzem Galgenhumor und dekuvrierender Menschenkenntnis, sondern durch launige wie larmoyante, teils kulinarische Kolumnen bekannt wurde. Irrtümlich wird Artmann auch posthum als Dialektdichter missinterpretiert. In der Anthologie „Im Schatten der Burenwurst" beschrieb das Gründungsmitglied der nonkonformistischen „Wiener Gruppe" den launischen und grantelnden Typus Wiener Prägung, dessen Fokus einzig und allein im – pardon – „Fressen und Saufen" bestehe. Keine seltene Spezies.

Das sich um „Eitrige mit an Buckel und ana Hülsen" oder „a Burenhäutl mit an Schoafn und an Siaßn" oszillierende Universum des Würstelstandes, Branntweiners oder Heurigen haftet bis heute Artmanns Reputation an. Wobei festzuhalten ist – aber das wollte seinerzeit schon keiner hören –, dass Artmann selbst die Verwendung der Mundartdichtung explizit als „eine unter vielen Varianten“ des künstlerischen Ausdrucks gesehen hatte. Vielmehr ist sein gesamtes Œevre, seine Romane, Erzählungen wie auch seine Lyrik, vornehmlich von einem verspielten Surrealismus, von Dadaismus und einem bewussten Spiel mit der Sprache als Klangraum geprägt. Weniger als bei befreundeten Kollegen wie Gerhard Rühm oder Konrad Bayer, Friedrich Achleitner oder Oswald Wiener, aber doch klar und eindeutig. Allein sein theoretisches Postulat, die 1953 publizierte „Acht-Punkte-Proklamation des poetischen Actes“, bescheinigte, „dass man Dichter sein kann, ohne auch irgendjemals ein Wort geschrieben oder gesprochen zu haben“. „Vorbedingung ist aber der mehr oder minder gefühlte Wunsch, poetisch handeln zu wollen.“

Als treffsicher gilt aber bis heute sein Gedichtband „Med ana schwoazzn dintn“, ein Opus Magnum, mit dem er dem Genre der Dialektdichtung – als experimentellem Terrain der poetischen Wort- und Klangmalerei – auch in Intellektuellenkreisen zum Durchbruch verhalf. Die düstern, morbiden Szenarien, die er erstehen ließ, sind weit entfernt vom Kitsch und Süßeln bekannter Wienerlieder und provinzieller G’stanzeln. Jenseits von Larmoyanz und Gefühlsduselei. Ganz im Gegenteil. Artmann enttarnte in der Verwendung der Alltagssprache Denkweise und Mechanismen, Vorurteile, Populismus und Utilitarismus. Mehr als nur ein ganzes Fass schwarzer Tinte wird er verbraucht haben, um das Werk in die Fasson zu bringen, in der es uns heute vorliegt. Das Schwarz der Tinte korreliert perfekt mit dem Schwarz der Gedanken, der Leben, der Seelen, die er beschreibt. Düster, morbid, mit schwarzem Humor.

Ganz geleert hat er es nicht, das Tintenfass, aber doch ziemlich erschöpft. Trotz der unerschöpflichen Quelle, die die Eingeborenen, die Aborigines von Austria tagtäglich bieten.

Abseits des Pittoresken beschrieb er Kellerstiagn, Kellergassen, finstere Orte, sinistre Handlungen und obskure Gestalten. Ganz beiläufig und selbstverständlich. Wie grausam nahe Artmanns Lyrik der Österreichischen Realität kommen sollte, zeigte sich Jahrzehnte später. Abseits der touristisch beworbenen Kellergassen und besuchten Weinkeller in den Weinbaugebieten mutierten – nach grausamen Funden in Amstetten und Strasshof – Keller zu Orten des Verbrechens, zum Synonym von Kidnapping und häuslicher Gewalt. Psychisch wie physisch, sexuell abartig und pervers. Krank. Verdächtig. Die Direktheit im Positiven und im Negativen, die Gewalt des Dialekts hatte Artmann einst gesehen und sich zurückgezogen. Zurück bleibt einprägsam das berühmte von Sepp Dreissinger kongenial und vortrefflich, treffsicher fotografierte Porträt H. C. Artmanns – Spitzwegs Künstler unter dem Dach zitierend – einsam und verlassen im Bett. Schwarz als Synonym der Trauer.

Bestand hat auch sein bereits in jungen Jahren formuliertes Credo: „Der poetische Act ist Dichtung um der reinen Dichtung willen. Er ist reine Dichtung und frei von jeder Ambition nach Anerkennung, Lob oder Kritik."

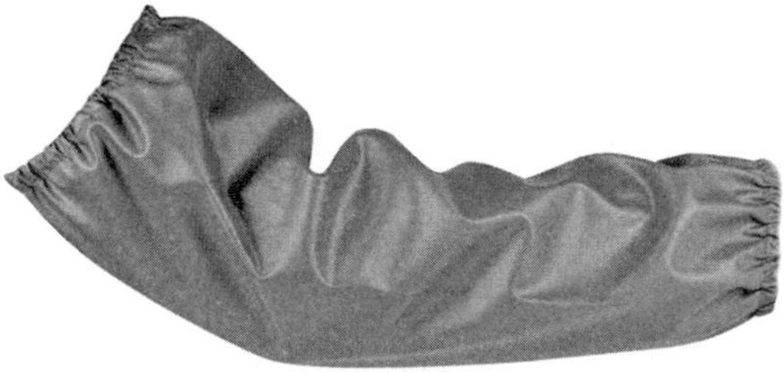

№46

Der Ärmelschoner

Man könnte meinen, manche Menschen seien schon mit ihm geboren worden. Er ist physischer Bestandteil der mentalen Grundausstattung einer gewissen Spezies. Synonym für deren Denken und Handeln, Agieren, respektive Nicht-Agieren. Oder Symbol für ein prinzipielles Negieren, unter dem Deckmantel eines amtlich dekretierten Bescheides, der besagt, dass eigentlich alles zu hinterfragen möglich ist – de facto und de jure aber ohnehin keinerlei Veränderung, keinerlei Entwicklung oder Metamorphose möglich ist.

Ärmelschoner werden zum Schutz der Hemdärmel über diesen getragen. Der Ärmelschoner besteht im Wesentlichen aus einem Schlauch aus Leinengewebe und hat am oberen und unteren Ende jeweils eine Kordel zum Zuschnüren. Ärmelschoner wurden bis in die Mitte des 20. Jahrhunderts von Schreibern, Beamten und Buchhaltern benutzt, welche ihre Tabellen und Listen, Schriften, Schriftstücke und Dokumente meist von Hand mit Tinte schrieben. Auch Schriftsetzer arbeiteten beim Umgang mit Bleilettern und Druckerschwärze oft mit Ärmelschonern, um die Ärmel vor Verschmutzung zu schützen. Sie waren für Kochwäsche geeignet und ließen sich besser reinigen als ein Hemd. Bei allfälliger Neuanschaffung waren sie selbstverständlich auch kostengünstiger.

Auch wenn das Kleidungsstück – der Ärmelschoner als Schutz vor Schmutz – heute zur Rarität geworden ist, ist es dennoch in der austriakischen Realität allgegenwärtig. Während in den USA das positive Postulat des „Yes, we can!" regiert, herrscht bei uns das zwischen Agonie, Lethargie und Nihilismus agierende Protektorat der Pragmatisierung. Im Gegensatz zu den USA, dem Land der unbegrenzten Möglichkeiten, ist Österreich das Land der unbegrenzten Unmöglichkeiten, das Land der bekränzten Unwahrscheinlichkeiten. Pragmatisch betrachtet heißt das im, auch jenseits miefiger Amtsstuben im alltäglichen Sprachgebrauch verbreiteten Amtssprech „Hamma net!", „Tamma net!" und „Samma net!". Conclusio: „Kömma net!"

Das an Schizophrenie grenzende an des Österreichers Mentalität ist, dass er eigentlich immer unzufrieden ist. Mit allem und jedem. Politisch, ökonomisch, ökologisch, sozial und gesellschaftlich. Der geborene und der gelernte, im stagnierenden Bildungswesen sozialisierte und im pragmatisierten Arbeitsleben geschützter Werkstätten verwurzelte Österreicher grantelt, raunzt, schimpft und räsoniert von Sonnenaufgang bis lange nach Sonnenuntergang. Fest steht aber, dass Schuld immer „Andere" tragen. Veränderungen sollen in Kraft treten – aber bitte nur bei den „Anderen". Geniale Schriftsteller wie Johann Nestroy, Ferdinand Raimund, Franz Kafka, Thomas Bernhard, Fritz von Herzmanovsky-Orlando haben dies in wunderbarer, amüsanter, kabarettistischer, peinlich berührender, dekuvrierender und auch desavouierender Art und Weise beschrieben.

Gleichgültig wie schnell sich die Erde dreht, wie sehr die globalen Herausforderungen auf unserem Planten drängen. Unverändert und unveränderlich fundamental einzementiert präsentiert sich Kakanien auch am Beginn des 21. Jahrhunderts. Geistige Pragmatisierung ist fundamental einzementiertes Grundrecht.

Gesetze werden nur als kurzfristige populistische Klüngel- und Klientel-Befriedung und Befriedigung beschlossen. Nach deren Beschluss werden sie geprüft und nach eingehender, jahrelanger Prüfung wieder rückgängig gemacht. Anlässlich eines anstehenden demokratischen Urnengangs wird die Verantwortung für Desaster aller Art auf die europäische, oder noch besser, globale Ebene geschoben. Das Prinzip des Unwillens wird per Dekret belohnt. Wer lange genug Dinge haargenau so ausführt, wie sie immer schon waren, erhält den letztklassigen Unterhosenbandorden erster Güte für Verdienste um das Vaterland. Die zwischen Lethargie im Sinne eines „Wie's is', is' ..." und Impertinenz im Sinne eines „Interessiert mi net" oszillierende Mentalität wird bereits mit der Muttermilch absorbiert. Der Dauerstatus der Gemütlichkeit ist nationales Missverständnis. Fatal in Kombination mit Inkompetenz, Ignoranz und Populismus. Man verharrt und erstarrt im Status quo. Fatal. Notwendigkeiten zur Innovation werden zwar registriert, definiert und konstatiert, allein der konsternierte Apparat des Staates ist unwillig und träge. Perspektiven pro futura werden bei Think-Tanks in Auftrag gegeben, eine Agenda zum Erreichen positiver Entwicklungen (z. B. im Bildungs-, Pensions- oder Gesundheitswesen) erstellt, von Experten evaluiert, subjektiv objektiviert, katalogisiert und – schubladisiert.

Österreich ist ein Land, das sich Veränderungen wünscht – aber nur unter der Voraussetzung, dass alles so bleibt, wie es ist und immer schon war. Veränderungsresistenz wird in den Verfassungsrang erhoben.

№47

Eine rote Perücke aus Nestroys „Lumpazivagabundus“

(getragen von Helmut Qualtinger)

Kaum ein Schauspieler war ein derart begnadeter Menschendarsteller wie Helmut Qualtinger (1928–1986). Kaum einer konnte derart glaubwürdig und authentisch sein wie er – der korpulente, hochsensible Künstler mit dem scheinbar dicken Fell, der die Abgründe des Menschen interpretieren konnte, tiefgründig und hintergründig. Perfid und subtil. Die fälschlicherweise als Leutseligkeit interpretierte Geselligkeit ist definitiv Teil der verführerischen Dämonie einer Gemütlichkeit, die er höchstpersönlich eigentlich immer wieder subversiv bekrittelt, inkriminiert und bekämpft hat. Seine Fähigkeit, sein außerordentliches Pouvoir dergestalt in Rollen zu schlüpfen – ohne jegliche Maskerade –, zu intonieren und nuanciert zu sprechen, führte zu dem imposanten künstlerischen Nachlass, den es in Ehren halten und zu vergöttern gilt.

Qualtinger, der geniale Menschendarsteller, hatte es nicht notwendig, Masken und Kostüme zu tragen, um unterschiedlichste

Charaktere zu personifizieren. Nur in jungen Jahren trat er als Schauspieler in Maskerade auf. Unvergesslich aus dieser Ära der von ihm mit knallroter Perücke personifizierte Lumpazivagabundus. Wobei der Kopfschmuck bei ihm fast störte, irritierte und von der Sache ablenkte. Gerüchteweise soll es sich bei der von Quasi, wie Gerhard Bronner ihn einst getauft hatte, getragenen Perücke sogar um ein und dieselbe gehandelt haben, die der selige Nestroy schon auf der Bühne getragen hatte. Der subversive Geist Johann Nepomuk Nestroys, der sein Leben lang subtil gegen die Inquisition und das Prekariat des biedermeierlichen Beamtenstaates und der Zensur unter Metternich angekämpft hatte, könnte direkt, wie der Blitz, in Qualtinger eingeschossen sein. Wer weiß?

Die Personifizierung des erbärmlichen Opportunisten, des grausamen Nepochanten, des nur nach seinen persönlichen Vorteilen geifernden, des rückgrat- und rücksichtslosen Egoisten in der von ihm und Carl Merz ersonnenen und von ihm brillant gespielten Figur des „Herrn Karl“ ist unübertrefflich. In der Person eines kleinen Angestellten, eines Lagerarbeiters rekapituliert Qualtinger die erste Hälfte des österreichischen 20. Jahrhunderts. Der Untergang der Monarchie, die fatale, kompromisslose Bipolarität von Sozialdemokratie und Christlich-Sozialen, Aufstieg der Nationalsozialisten und das verbrecherische Regime der Nazis mit systematischen Vernichtung der Juden und aller politisch Andersdenkenden, sowie die Impertinenz und Charakterlosigkeit der Österreicher und des offiziellen Österreichs im Umgang mit der schuldbehafteten Vergangenheit werden in eindringlicher Art und Weise entlarvt.

Degoutant, wie man sich zum Opfer Hitlers stilisiert hatte. International aus politischem Kalkül, intern aus Charakterlosigkeit, Scheuklappenmentalität und teilweise sicher auch aus Selbstschutz, sich weder Schuld und Verantwortung bezichtigen zu müssen. Frei nach dem Motto „Glücklich ist, wer vergisst“ lebte man, rein prospektiv in die Zukunft blickend, die Vergangenheit negierend, in den

Tag hinein. Als skandalös wurde der von Qualtinger präsentierte opportunistische, gewissenlose und nihilistische Prototyp des Nachkriegs-Österreichers angefeindet. Einzig die sprachlichen, genialen Pointen, die einem eigentlich im Hals stecken bleiben sollten, einem die Kehle zuschnüren sollten, reklamierte man als echt, als authentisch und verbuchte man polternd für sich. Nicht einmal merkend, welche Klage und Anklage diesen innewohnte. „Ein Achterl bitte!“ „Rot oder Weiß?“ „Weder noch – Slibowitz“, sollte zu einem zeitlosen Bonmot mutieren. Die legale und staatlich subventionierte Volksdroge Alkohol entwickelte sich auch privat zu Qualtingers ständigem Begleiter – und seinem Verhängnis. Bestürzend bis heute, dass niemand in seinem Umfeld es schaffte, den großen Intellektuellen von den ihn zerstörenden Dämonen abzuhalten und vor sich selbst zu retten.

Die gesellschaftlichen Metastasen ignorierte Qualtinger zeitlebens nie. Weder in Liedern, Couplets und Chansons, weder in Kabarettprogrammen – gemeinsam mit Gerhard Bronner et alii – noch in seinen Theater- und Fernsehauftritten. Selbst angestaubten, leicht manierierten Klassikern wie Nestroy, Raimund oder Herzmanovsky hauchte er neues Leben ein. Genial die in ihrer subversiven Rezitation entlarvenden Wienerlied-Interpretationen mit André Heller; von „Mayerling“ bis zum „Krüppellied“. Schaurig-schön. Unvergesslich auch seine Lesung von Adolf Hitlers „Mein Kampf“, in der er eindrucksvoll bewies, dass in diesem Machwerk ganz klar ausformuliert war und somit jeder denkende und des Lesens mächtige Mensch wissen konnte, was Hitler als Antisemit vorhatte – und unterstützt von Millionen Untertanen auch in einzigartig mörderischer Weise auch vollstreckte. Andererseits gelang es ihm, trotz des schrecklichen Inhalts, auch das Groteske, das Obskure und Krude der Gedankenwelt zu diffamieren. Dokumente provinziellen Denkens, austriakischen Selbstverständnisses und Daseins. Erschreckend, entlarvend – fantastisch interpretiert.

№48

Ein Gugelhupf

serviert von Bronner/Wehle

Nomen est omen: „Brettl vorm Kopf“ hieß eines von vielen bis heute legendären Kabarettprogrammen aus der Feder Gerhard Bronners. Programmatisch in Titel und Inhalt – naturgemäß als Spiegel der Gesellschaft. In der Tradition der jäh durch das gewalttätige Prekariat des Mobs und der Mediokrität unterbrochenen, prosperierenden Cabaret-, Revue- und Varietészene der 1920er-Jahre führten „heimkehrende“, 1938 Vertriebene und Verfolgte, zu einer Restauration des Wiener Cabarets. Den Stil von Armin Berg, Fritz Grünbaum, Paul Morgan, Egon Friedell, Alfred Polgar, Anton Kuh et alii fortführend. Mit der feinen Klinge der Ironie, des subversiven Witzes, des schwarzen Humors und des anspruchsvollen, mal melancholischen, mal sarkastischen, mal parodistischen Chansons und dem in seiner Einfachheit genialen Konzept der Doppelconference – des „G'scheiten und Blöden“ – war das aufeinander einmalig eingespielte Duo Bronner & Wehle herausragend.

Gerhard Bronner (1922–2007), ein Maitre am Klavier mit nasalem Timbre, und Peter Wehle (1914–1986), ursprünglich Schauspieler, verfassten im Laufe der Jahre gemeinsam über 1.000 Melodien und Lieder. Einen Meilenstein schuf der studierte Germanist Wehle mit seinem etymologischen Lexikon „Sprechen Sie wienerisch?". 1948 hatten Gerhard Bronner und Peter Wehle einander kenngelernt und sich angefreundet. Zusammen mit Michael Kehlmann, Helmut Qualtinger, Louise Martini und Carl Merz und (dem später spinnefeind seienden) Georg Kreisler bildeten sie in den 1950er-Jahren das „Namenlose Ensemble". Sie bespielten unter anderem legendäre Etablissements wie die Marietta-Bar und die Fledermaus. „Humor ist, wenn man trotzdem lacht."

Als Pendant zum Cabaret Simpl, das sich, unter der Ägide von Karl Farkas und Ernst Waldbrunn, eher der „lustigen" Persiflage und teilweise gigantischen Nonsens-Darbietungen verschrieben hatte, waren Bronner, Qualtinger, Merz und Wehle zynischer, offener, zuweilen bissiger und aggressiver. Als überzeugte Demokraten politisch bekennend zur Offenheit, zur Ehrlichkeit, gesellschaftlich auch progressiv, Moderne okkupierend, imitierend, unter dem Aspekt eines subversiven, subtilen Stachels im Fleisch der Gesellschaft. Unaufdringlich, subtil, intellektuell. Ohne Zeigefinger, ohne Holzhammer, ohne rote oder Papp-Nasen. Neben Jazz und Swing adaptierten sie in der Tradition des Urwiener „Klavierhumoristen" Hermann Leopoldi alias Hersch Kohn moderne Rhythmen wie Blues, Rock und Pop. Der „G'schupfte Ferdl" oder der „Bundesbahn-Blues" sind nur zwei der zahllosen genialen Arrangements.

Gegen den Mantel des Schweigens – im Gegensatz zur verschlossenen, von Schuld und Sühne, Repression und Trotz geprägten gesellschaftlichen Realität. Voll feiner Ironie, voll subtiler politischer Anspielungen und gesellschaftlicher Satire waren ihre

Couplets, Chansons und Wienerlieder, trotzdem die apodiktische Philosophie und Realität der Restauration der Nachkriegsära eigentlich nur nach Leichtigkeit, fröhlicher Unterhaltung und unbeschwertem Optimismus dürstete.

Von 1978 an servierten die beiden einmal in der Woche einen Guglhupf. In Form einer satirischen Sendung im ORF-Radio. Der Guglhupf, den sie wöchentlich aus den aktuell dargebotenen Ingredienzien der Politik, der Kultur und Gesellschaft schufen, aufschnitten und förmlich zerbröselten und pulverisierten, entsprach aber, trotz oft bitteren Nachgeschmacks, dem Geschmack des Publikums. Im Gegensatz zu einem picksüßen Punschkrapferl, das von außen verlockend rosig mit einem zarten, erotisierenden Kirschnippel das unschöne braune Innere verbirgt – also, ins Politische übertragen, eigentlich die ultimative österreichische Süßigkeit repräsentiert –, mundete der mit reichlich Staubzucker beschneite Guglhupf. Fein marmoriert, nie schwarz-weiß, stets nuanciert und pointiert. Auch nach Peter Wehles und Gerhard Bronners Tod wurde die Sendung, wenngleich weniger amüsant, fortgesetzt. Als nach 2007 nur mehr Lore Krainer und Herbert Prikopa als Bäcker überblieben, wurde das nunmehr maximal halbgare Service eingestellt. Seit 2009 wird kein gestürzter Topfkuchen mehr kredenzt. Generationen von Kabarettisten sollten der von den Grandseigneurs des Cabarets gesetzten Benchmark nacheifern, erreicht wurde die Qualität nie. Ausgenommen diverse Lichtblitze von Josef Hader und Michael Niavarani, gesellschaftliche Spiegelbilder reflektierend.

Was bleibt, ist die melancholische innere Stimme, die jedes Wochenende virtuell, im Inneren des Gedächtnisses, jenseits der Müllhalde sonst nutzlosen Wissens, das charmant-sonore Summen von Bronner/Wehle „Was den Sonntag erst zu einem Sonntag macht, ist der Guglhupf, der Guglhupf“ memoriert und in sich grinsend rekapituliert ...

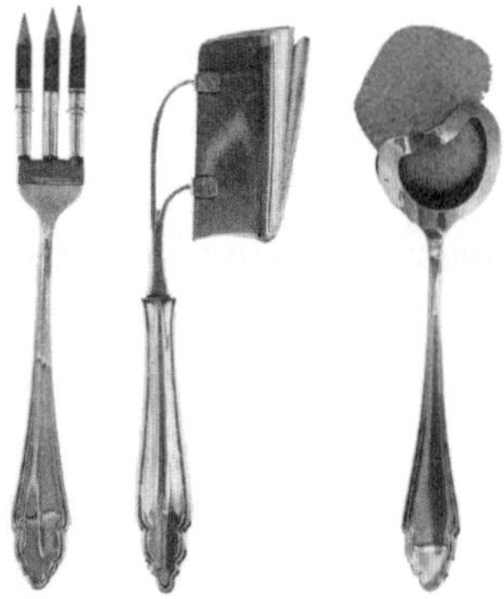

№49

Besteck und Suppenschüssel Marke Attersee

Der Österreicher definiert sich seit jeher selbstbewusst gerne als Genussmensch. Arbeiten ist ein notwendiges Übel, um den Rest der Zeit sinnvoll nutzen zu können. Mit Muße und Nichtstun. Der Genuss, von dem landläufig der gemeine Bürger in der Tradition des Herzmanovsky-Orlando spricht, ist zumeist kulinarischer Natur. Den Begriff des Genussmenschen aber kann man auch auf Kunstgenuss erweitern.

Eine ideale Symbiose von kulinarischem, künstlerischem und fleischlichem Genuss ersann Mitte der 1960er-Jahre Christian Ludwig Attersee als juveniler, aufstrebender Künstler. „Der Pop-Künstler findet, ich dagegen erfinde" proklamierte er lautstark, selbstbewusst und äußerst öffentlichkeitswirksam. Eine der Erfindungen, die der kakanischen Selbstbestimmung als Wesen, das in Erwartung des Elysiums ewigen Genusses geboren wird, entspricht, ist das dreiteilige „Attersteck". Es bestand aus „Suppenschwammlöffel", „Zeichengabel" und „Speisepflug". Der 1965/1966 designte Prototyp wurde aus Tafelsilber, Kupfer, Bleistiften und einem Naturschwamm gefertigt. Die Länge der Besteckteile entspricht mit 20 bis 23 cm der Norm eines normalen Essbestecks. Vorangegangen waren dieser Installation schon Werke mit für sich sprechenden Namen wie „Fingerimbiss" oder „Speisekugeln". Folgen sollten Werkserien wie „Attersee's dichtende Pflanzenfettmargarine", „Speiseblau", „Torte mit Speisekugeln" oder „Neunzehn Spiegeleier". Dem fleischlichen Genuss huldigend entspricht die erotische Werkgruppe mit einer „Gliedschmuckparade", „Schampferden", „geküsster Frühlingsmayonnaise" und „Würfelbüstenhalter".

Den Exponaten fügte der 1940 in Bratislava als Christian Ludwig geborene Künstler in Verse gegossene Gebrauchsanleitungen hinzu. Mit seinen Erfindungen schuf Attersee eine eigene, originäre Welt des Hybriden und der bewusst artifiziellen Vermischung von Kunst und Alltag. Unter evidenter Beachtung der ästhetischen Komponente verband er Kunst- und Alltagsobjekte. Die Obsession, Kunst und Leben zu junktimieren, ist in seinem, oft an die Werbewelt angelehnten Frühwerk ebenso augenscheinlich wie in seinen großformatigen Öl- und Acrylgemälden, die sinnlich-opulent und erotisch-expressiv Lebenshunger vermitteln.

Einen Schritt weiter ging der Narziss mit seiner Serie „Attersees Schönheit", aber auch mit einem lustvollen, epischen Opus Magnum. Die selbst postulierte „Atterseeisierung" zelebrierte er, indem er singend in einer überdimensionalen Suppenschüssel über gleichnamigen See im Salzkammergut ruderte. Essen und Erotik inszenierte er als zweidimensionale Einheit fleischlicher Genüsse; mit zart marmoriertem Damenbrustfleisch, Schamhaarlockenwicklern et alii.

Der Ursprung von Attersees Buchstabenprothesen und seinen lyrisch-grafischen Wortschöpfungen lag in seiner engen Freundschaft zu H. C. Artmann, zu Gerhard Rühm, Konrad Bayer, Oswald Wiener, Friedrich Achleitner und anderen Mitgliedern der „Wiener Gruppe". Das avantgardistische Schaffen der Literaten beeinflusste maßgeblich das Œevre von Attersee, ebenso wie das der „Wiener Aktionisten“: Friedl und Otto Muehl, Hermann Nitsch, Kurt Kren und Günter Brus.

Utilitaristischen Dingen nicht abgeneigt, gestaltete und entwarf Attersee im Lauf seines reichen Schaffens schon ein Haus, Geschäftsfassaden, Uhren, Skier, Teeservice, Teppiche, Lampen, Etiketten für Wein und sogar eine „Atterseewurst“. Die provokante Exzentrik früher Entwürfe haben sie nicht. Den sinnlichen Charakter aber hat der großartige Künstler bewahrt. Die Obsession der Avantgarde hat er exemplarisch vollzogen: die Passion, Leben und Kunst in Einheit zu bringen. Alltag und Allegorie, das Banale und das Besondere, die Selbstverständlichkeit des Funktionalen und die Entrückung in das Unmögliche liegen eng beieinander. Ergeben ein Ganzes. Essen, Trinken und Sexualität in subversiver Wahlverwandtschaft. 2005 rekapitulierte Maitre Attersee himself: „Schönheit ist etwas, das man nicht erwischt. Sie funktioniert mehrfach, durch Intensität, durch Umdeutbarkeit, durch Entsymbolisierung; nie so, wie es einem gesagt wird.“

№50

Ein Kübel von Hermann Nitsch

Mit fremden Federn sich zu schmücken gehört zu den liebsten Eigenschaften zeitgenössischer Politiker und Artgenossen des öffentlichen Lebens. Wie weiland Frankreichs Sonnenkönige aalen sich Österreichs Landesfürsten im Glanz der Künstler und ihrer hehren Künste. Bizarr wird es aber dann, wenn das als pittoresker Hintergrund für Pressekonferenzen und Wandschmuck dienende Epitheton ornans aus der Hand eines lange Zeit als Enfant terrible Verfemten stammt.

Die Frage nach dem Bacchantisch-Dionysischen, nach Exzess und Verausgabung ist eine der zentralen Schlüsselpositionen im lange Zeit skandalisierten Werk von Hermann Nitsch. Eine weitere Dimension stellt die metaphysische Frage nach dem Sinn des menschlichen Daseins dar. Gipfelpunkt dieses philosophischen, akustischen, malerischen wie aktionistischen Kunstschaffens ist Konzept seines „Orgien-Mysterien-Theaters".

Nitsch inszenierte seine bewusst provokanten Mal-Aktionen in Schloss Prinzendorf als künstlerische Intervention, als Grenzgang, als Grenzüberschreitung. Transzendental-emotionale Erfahrungen sollten die Performenden, interaktiv, integrativ mit Betrachtern, Besuchern und Protagonisten machen. Bacchantisch-orgiastisch, im Sinne des Aktionismus, verfasste Nitsch als dionysischer Zeremonienmeister Libretti, scharte Jünger und Jüngerinnen um sich, die nackt ans Kreuz fixiert mit Blut und Innereien von diversen Tieren überschüttet wurden. Der sakrale Charakter seiner Schmerzens-, Leidens- und Liebesdienste empörte naturgemäß, als Teil der partiell intendierten Irritation, die Öffentlichkeit. Literweise mischte Nitsch in Kübeln Blut, Wasser, Wein und Innereien von Tieren. Dazu schallen Schalmeienklänge satyrnischer Kompositionen. Selbsternannten, am Stammtisch der Wirtshauskultur sozialisierten Kunstkritikern bot er das ideale-verzerrte Vexierbild „entarteter" Kultur. Man schalt ihn, obszön, uninspiriert, schweinisch zu agieren, inkriminierte ihn der Häresie und Blasphemie.

Hermann Nitsch widerfährt allerdings schon seit einigen Jahren ein typisch österreichisches Schicksal. Wurde sein Werk jahrzehntelang von Ewiggestrigen, konservativen Moralisten und selbst ernannten Kunstexperten heftig kritisiert, mit Verboten bedroht, belegt und inkriminiert, der Künstler persönlich beschimpft, verklagt, verunglimpft und desavouiert, erfolgt derzeit die austriakische Form der gesellschaftlichen Schubumkehr. War einerseits die repressive Intrige nicht erfolgreich, wird Nitsch nun andererseits, angesichts des Umstandes, international reüssiert zu haben, in klassisch kakanischer Tradition von klerikalen, medialen und politischen Würdenträgern umarmt, geküsst, vereinnahmt und zu Tode geliebt. Nach seiner Wirkungsstätte im Schloss Prinzendorf mutieren Mistelbach und Neapel, mit Museen und Ausstellungsräumen, zu säkularen Pilgerstätten für des Propheten Jünger und Sammler. Das erratische Œuvre adelt Opernhäuser, Theater sowie manche Krypta. Die tödliche Umarmung zeigt Wirkung. Die ehemaligen Provokationen hängen, zur Tapete degradiert, in den Vorzimmern von Vorstandsetagen, Ämtern und Banken. Selbst rein zweckdienliche Gegenstände wie ein Kübel, in den sich Farbe und Blut hineingefressen haben, mutierten zu begehrten Objekten des alles veräußernden, Gewinne maximierenden Kunstmarktes.

Um Missverständnissen vorzubeugen, gewährt der Meister persönlich Einblicke in sein zwischen orgiastisch-religiösen Mythen und martialischer Archaik kreisendes Universum. „Das Sein", Nitschs dritte theoretisch-literarische Schrift zum Orgien-Mysterien-Theater, präsentiert erlesene Preziosen lyrischer, kompositorischer, philosophisch-semantischer Natur über die elementare Komplexität des Daseins. Nitsch überschüttet förmlich auch verbal, wortgewandt, wortgewaltig. Naturgemäß opulent, provokant, untypisch austriakisch.

№51

Die Original Wiener Sachertorte

Selbst Institutionen drängt es hin und wieder zur Erneuerung. Frischen Wind bedarf es manchmal, um Tradition mit Moderne zu verbinden, um im internationalen Vergleich wettbewerbsfähig zu bleiben. Man muss aber nicht gleich sein Repertoire über den Haufen werfen. Besser ist es, sensibel und mit Augenmaß das vorhandene Pouvoir zu sichten, die Qualität zu sichern, das Image zu stärken und in Nuancen zu erweitern.

So betrachtet ist auch eine à priori als Provokation empfundene Novität ein kluger Schachzug. Derartiges muss der innovativen Chefin des noblen Hotel Sacher, Elisabeth Gürtler, wohl durch den Kopf gegangen sein, als sie vor einigen Jahren den Agent Provocateur, das Enfant terrible der österreichischen Kunstszene, Hermann Nitsch für die Neugestaltung eines Klassikers, vielmehr dessen Ummantelung, engagiert hat: der Verpackung der Sachertorte. Seinem Stil treu bleibend, bereicherte er das Papier mit der Reproduktion eines Schüttbildes. Nitsch, schwierig und sublim wie immer, nahm den Auftrag an, lieferte aber kein typisches, sofort als „echten Nitsch" erkennbares Schüttbild ab, sondern überraschte mit anderer Farbe. Perfiderweise war es nämlich nicht in

Blutrot, sondern in zart divergierenden grünen Nuancen gehalten. Selbstbewusst postulierte Nitsch vor der Presse einfach den Beginn einer „grünen Phase". Was sein Antrieb, sein Hintergedanke dabei war, bleibt im Bereich des Okkulten. Ist es ein perfides Spiel mit Erwartungshaltungen oder bewusste Täuschung enttäuschter Erregungsindikatoren? Sublime Anbiederung? Oder Etikettenschwindel? Bewusst doppeldeutige, doppelbödige Präsentation von Milde und Güte. Wie auch immer. Gelungen ist die Positionierung eines Klassikers der Wiener Mehlspeiskunst in Kombination mit Innovation. Man bleibt im Gespräch und erhält Aufmerksamkeit und Rezensionen in internationalen Medien.

Unverändert blieb, Gott (und Frau Gürtler) sei's gedankt, das Rezept der Torte. Bestehend aus Butter, Staubzucker, Kristallzucker, Schokolade, Eidotter, Eiklar, Semmelbröseln, Marillenmarmelade und „Sacherglasur". Der feine Geschmack entsteht durch die ideale, klar definierte Menge und Qualität der Ingredienzien sowie durch die Sorgfalt des Bäckers während des Backvorganges. Wenn man provinziellen Charakters wäre, könnte man die Torte in Wahrheit als Schokotorte oder Schokokuchen bezeichnen. Nach einer Backzeit von einer knappen Stunde wird der flaumige Teig mit Marmelade bestrichen und mit einer feinen Glasur aus dunkler Schokolade überzogen. Der Unterschied zu einem primitiven Kuchen aber liegt im Detail. Und in der Tradition.

Wobei wir soeben bei einem heiklen Punkt angelangt sind. Die „Eingebung des Rezeptes" der „Original Wiener Sachertorte" reklamierten die Patissiers der beiden führenden, damaligen k. u. k. Hoflieferanten – Demel und Sacher – für sich. Die Umstände, die zu dieser Streitigkeit geführt haben, sind unterschiedlich überliefert und aus heutiger, objektivierender Perspektive, nicht mehr zu klären. Der einzige Unterschied in der Zubereitung besteht darin, die fein passierte, aus der Wachau stammende Marillenmarmelade entweder in der Mitte des gebackenen Teiges oder am Fond der Torte zu verteilen, bevor sie mittels der finalen Glasur veredelt wird.

Factum ist, dass die „Sachertorte", trotz ihrer scheinbaren Einfachheit, eine der geschmackvollsten, phänomenalsten Mehlspeisschöpfungen des Universums ist. Gleichgültig, in welcher Verpackung sie nach Umrundung des Erdballs auf einen festlich gedeckten Tisch kommt. Egal, ob vom Demel, vom Sacher oder selbst gebacken. Ersteht man eine ganze „Original Wiener Sachertorte" im Café des gleichnamigen Hotels, erhält man sie immer in einer kleinen Holzschachtel, verpackt in Zellophan, eingebettet inmitten schützender Papierschnipsel. Appetitlich angerichtet. Auf der Schachtel sind Emblem und Schriftzug des Produzenten eingebrannt. Die Schachtel selbst ist zusätzlich in Geschenkpapier verpackt. Traditionellerweise zieren dieses in Tracht gehüllte Personen. Die „gute alte Zeit" der Monarchie beschwörend. Für die Touristen aus Übersee oder jenseits von Nord- und Gardasee. Oder eben, als „limited edition", für der Moderne und der Avantgarde Huldigende, in Kunstpapier aus dem Hause des Orgien-Mysterien-Theater-Produzenten.

№52
Scheuklappen

„Wann i amoi stirb, stirb, stirb, miaß'n mi d'Fiaker trag'n und dabei Zidern schlag'n" soll der musisch begabte und sensible Kronprinz Rudolf (1858–1889) noch eine Stunde vor seinem Freitod im grünen Wald von Mayerling von seinen geliebten Schrammeln gehört und selbst intoniert haben. „All-wei fidel, fidel, fidel. Traurig sein liegt ma net, na meiner Seel!" Mit Scheuklappen behaftet dürfte zu diesem Zeitpunkt auch der Thronfolger gewesen sein, oder schon im Delirium tremens aufgrund des im Übermaß konsumierten Morphiums. Zumindest eingeschränkt scheint sein damaliges Wahrnehmungsvermögen gewesen zu sein. Was sonst gar nicht seinem Naturell, als nonkonformistischer Revoluzzer, entsprach.

Geht man vom Wahrheitsgehalt dieser Geschichte aus, befindet sich der Sohn Kaiser Franz Josephs aber durchaus in guter Gesellschaft. Obwohl – in „guter" sei dahingestellt, in zahlreicher allemal. Originär gehören Scheuklappen zum Zaumzeug eines vor eine Kutsche gespannten Pferdes. Ein eingeschränktes Gesichtsfeld, Realitätsverweigerung mittels Negierung, eine subjektive Wahrnehmung, die oft nicht über den eigenen Tellerrand hinausgeht, gehört aber beinahe zur Grundausstattung jedes gelernten Österreichers.

Historisch hat sich das schon des Öfteren bewahrheitet. Manchmal vielleicht auch gelohnt für den Einzelnen; für die Gemeinschaft, für die Masse sicher nicht. Während des Mittelalters und der Inquisition hatten sowohl Kirche als auch Staat bei strengster Strafe Scheuklappen verordnet. Auch nach der Reformation, nach der Ära der Aufklärung war es meist besser, nicht aufzufallen, brav und geradlinig den vorgegeben Trampelpfaden zu folgen. Maultier- und Eselsgleich trabte die Bevölkerung durch Metternichs Zensur-umtriebiges Regime, nur selten galoppierte man aus den Reihen. Erst im Zuge aufkeimender Liberalität legte so manch intellektueller Bürger seine Scheuklappen ab. Es eröffnete sich ihm ein Kaleidoskop an Möglichkeiten, ein Bukett an Freiheiten. Theoretisch.

Bei manchen Fiakergespannen werden die Scheuklappen sogar noch mit Ohrenschützern kombiniert. Umgelegt auf die humane Version eine ideale Kombination: „Nichts hören, nichts sehen – nichts reden." Die Idealvariante totalitärer Regime. Auch derer gab es in Österreichs Geschichte mehr als genug. Die quadratisch gelegten, leicht nach innen gewölbten ledernen Klappen verhindern jegliche Irritation. Man kann arbeiten ohne zu scheuen. In der tradierten, österreichischen Mentalität geht das Tragen von Scheuklappen zudem mit einer uneingeschränkten Obrigkeitsgläubigkeit einher. „Wie's is', is'" enthebt in weiterer Folge auch vor subjektiver Verantwortung und Mitschuld. Wer nichts sieht, kann auch nicht für Mitwisserschaft und gegebenenfalls unterlassene Hilfeleistung zur Verantwortung gezogen werden, lautet das Credo des ignoranten Nihilismus, der sich auf Gesetzmäßigkeit beruft.

Selbst historisch belegte, erwiesene Verantwortung wird gerne negiert. Man hat ja nichts gesehen, nichts bemerkt. Dass diese Wahrnehmung nur zum Teil eine verordnete, sondern auch eine bequeme ist, steht wieder auf einem anderen Blatt. Konsequenzen sind Unwissenheit, Vorurteile, Neid, Missgunst und Intoleranz.

„Mei Stolz is', i bin hoit a echt's Weanakind / a Fiaker, wie man 'n net alle Tag find't / Mei Bluat is so lüftig und leicht wia da Wind / I bin hoit a echt's Weanakind!" heißt es in Gustav Picks' (1832–1921) anlässlich des 100-jährigen Bestehens der Fiaker-Innung 1885 komponiertem „Fiakerlied". Die Fiaker gehören heute fraglos zum pittoresken Ambiente, zum touristisch einzigartigen Erscheinungsbild der Bundeshauptstadt. Die mentalen Scheuklappen sollte man, im 21. Jahrhundert angekommen, aber endlich ablegen; deren Gebrauch sollte stolzen, vor formschöne Fiaker gespannten Rappen vorbehalten sein. Denkweise und Perspektiven sollten, über den Tellerrand hinaus, historisch verantwortungsvoll, ethisch und moralisch, moderat traditionsbewusst, modern, demokratisch, weltoffen, global denkend und kosmopolitisch gen Horizont gerichtet sein. „Wieher!"

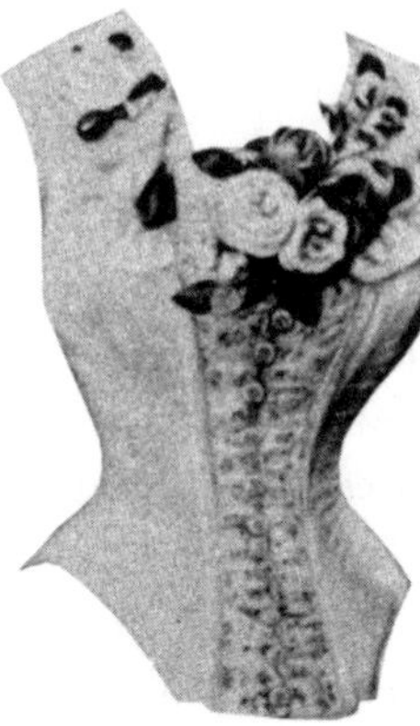

№53

Sisis Korsett

Es war verantwortlich für die ideale, erotisierende weibliche Silhouette eines aus der Antike determinierten aristokratischen Schönheitsideals, verantwortlich für Fantasie und Imagination, für Traum und Anbetung. Dennoch mutierte das Kleidungsstück zum Hassobjekt: Das Korsett wurde vom Synonym gepflegter Eleganz, adeliger Anmut und Grazie zum Symbol für Einengung und Unterdrückung.

Es diente dazu, den weiblichen Körper wie eine Skulptur zu formen. Korsetts waren anfangs aus gewebter Baumwolle, später aus Baumwolldrill gefertigt, zumeist überzogen mit feinster chinesischer Seide. Die vordere Mitte war mit einem Hakenverschluss, die rückwärtige mit einer Schnürung versehen. Die Versteifung erhielten Korsetts durch eine Kombination aus Fischbeinen, Metallstäben und Spiralfedern. Wegen der hohen Kosten waren Korsetts bis 1870 fast ausschließlich der Hocharistokratie vorbehalten. Erst durch serielle Produktionsmöglichkeiten kamen billigere Varianten auf den Markt, was wiederum das Tragen derselben für die breite Bourgeoisie außer Frage stellte. Das Korsett wurde in der Früh angelegt und mittels oftmaliger Schnürung während des gesamten Tages durch ein Dienstmädchen nachgezogen, sodass es, bei geschicktem Schnüren, gelang, den Taillenumfang auf 15 cm zu reduzieren.

Bis in die 1860er-Jahre erzeugte man Korsetts in Taillenlänge. Zu Zeit der Tournüre wurde das Korsett länger, sodass die berühmte Küraßtaille entstand. In den 1890er-Jahren wurden Fischbeine durch Spiralfedern aus Metall ersetzt. Für die um 1900 idealisierte S-Linie schnürte das Korsett Bauch und Hüften weg und presste die Büste übergeneigt nach vorne. Die extrem enge Linie um 1910 erforderte gar ein Korsett, das von unterhalb der Brust bis zu den Oberschenkeln reichte. Die auch „Sans-Ventre" (ohne Bauch) genannte Stilrichtung propagierte eine komplett exponierte Brust, die durch geschoppt getragene Taillen noch betont wurde. Très chic, très erotique!

Zu den exaltiertesten Proponentinnen eines frühen Körperkultes zählte Kaiserin Elisabeth I. (1837–1898). Ihre Wespentaille, die sie mittels Fitness, Gymnastik, Reitsport, Hungerkuren und Entsagung jeglicher Genüsse erarbeitete, umfasste nur sagenhafte 14 cm. Einige ihrer zarten, seidigen Korsetts sind bis heute erhalten. Sie lassen erahnen, welche Qualen und Schmerzen, welche Einengung und Disziplin es erforderte, ein solches Kleidungsstück zu tragen. Sowohl Statuen, als auch Gemälde und Fotografien nähren den historisch überlieferten Mythos des Körperkultes mit Wahrheitsgehalt.

Dennoch geriet ihr Idealmaß nicht zur Zufriedenheit ihres Gemahls Kaiser Franz Joseph I. (1830–1916). En contraire: Ihr Streben ist eindeutig als Protest, als Widerstand zu deuten. Teilweise als Schrei nach Liebe und Anerkennung, teilweise als offensichtliche Abneigung und Desavouieren des Herrschers. Im heutigen in der Wiener Hofburg angesiedelten „Sisi-Museum" wird die Selbstinszenierung der Kaiserin, Mutter und untreuen Ehefrau, oszillierend zwischen strengem Hofzeremoniell und Flucht in

Schönheit, Schlankheitswahn, Auflehnung, innere Emigration und temporäres „Exil" nachvollziehbar. Neben berühmten Porträts, wertvollen Schmuckstücken, filigranen Schirmen, kunstvollen Fächern sind auch sehr persönliche Dinge wie Wäsche, Dessous und Korsetts ausgestellt.

Die posthume Verklärung und Verkitschung hat zu einem Mythos der Kaiserin „Sisi" geführt. Der Wahrheit entspricht dieser zelluloid bedingte Wahn wahrscheinlich ganz und gar nicht. Eher war die Kaiserin eine schwierige Person, eine kluge, selbstbewusste, rebellische zudem. Dass die physische Beengtheit auch Teil einer psychischen Qual und Unterdrückung darstellte, ist, posthum tiefenpsychologisch betrachtet, klar. Ebenso die Reduktion der Frau auf Repräsentanz und Schönheit. Auf eine Rolle als Hausfrau und Mutter. Abhängig vom Gutdünken des Mannes. Diese Metamorphose zur Emanzipation, zur Selbstbestimmung der Frau sollte noch einige Jahrzehnte dauern. Der berechtigte Kampf gegen Ungleichheit und Ungerechtigkeit in allen Belangen des privaten wie auch öffentlichen Lebens dauert auch heute noch an.

Sisis Körperkult jedenfalls hat positive, aber auch ins Krankhafte mutierende Epigonen gefunden.

№54

Romy Schneiders Zigarettenspitz

Österreich hat eine reiche Tradition an Verdrängung, Verkitschung und Verklärung. An den Folgen der Verkitschung, an den Folgen falscher Vorstellungen der Öffentlichkeit hatte etwa Kaiserin Elisabeth alias Sisi zu leiden. Sie hatte den Vorstellungen der Habsburger, ihrer archaischen, kargen Philosophie, ihrer harten, unemotionalen Lebensphilosophie und Kultur nicht entsprochen, hatte dagegen rebelliert und war letztlich daran gescheitert.

Ein weiteres Opfer falscher Vorstellungen der Öffentlichkeit war Romy Schneider (1938–1982). Sie war als blutjunge Schauspielerin von ihren Eltern zum Film gedrängt worden und hatte die Rolle der Kaiserin Elisabeth personifiziert. Wobei die „Sissi"-Filme derart verklärend, kitschig und historisch verfälscht waren, dass ihr der Nimbus dieser Rolle ewig anhaftete. Zudem hatten die Filme in der Nachkriegszeit – als perfekte Ablenkung auf eine (im Vergleich zur Nazi-Zeit) relativ unbelastete Historie – enormen Erfolg. Das süße Mädel, das sich in den herzallerliebsten Kaiser verliebt, war derart romantisch inszeniert, dass es eine wahre Freude war.

Die als Rosemarie Magdalena Albach in Wien Geborene blieb für die deutschsprachige Öffentlichkeit die Idealfigur des romantischen, biederen Wiener Mädels. Als sich die Schauspielerin allerdings künstlerisch weiterentwickelte und in internationalen Kinoproduktionen reüssierte, wurde sie verhöhnt, verspottet und verstoßen. Zudem entsprachen ihre Rollen nicht mehr den Klischees. Heimatfilme und Romanzen waren mit avantgardistischen Projekten unvereinbar. Aktfotos, Nacktsequenzen in Filmen und Affären mit Alain Delon, Michel Piccoli und anderen waren skandalös und inakzeptabel. Die Mimin mutierte zu einer der großen ihres Fachs. Sie wurde zur sensiblen Charakterdarstellerin, deren Szenen bis heute einprägsam und relevant sind.

Die Öffentlichkeit aber strafte sie ab, aalte sich in ihren privaten Dramen, Liebschaften und Tragödien. Sie erlebte ein klassisch österreichisches Künstlerschicksal. Während sie international zum Star in den Olymp rarer, ehrlicher und ungeschminkter Schauspielkunst aufstieg, sank sie in der Heimat an Achtung. Immer und immer wieder wurde eine Rückkehr zu ihren Anfängen gefordert. Wider den Stillstand stürzte sie sich in intensive Erfahrungswelten. Sinnlich und besinnlich. Emotional, berührend, stark und selbstbewusst. Nach Liebe suchend. Privat wie auch beruflich. An der Divergenz öffentlicher und persönlicher Vorstellungen, ihren Wünschen und Träumen und der Realität zerbrach Romy Schneider. Verstarb in Paris an einer Überdosis Leben und Leiden.

Ihr Protest manifestierte sich in ihren Auftritten, ihren durchaus selbstbewusst-provokanten Enthüllungen und ihren verbalen Offenbarungen. Kaum ein Interview, kaum eine Szene kam, ganz der Fasson einer französischen Boheme entsprechend, ohne Zigarette aus. Meist mittels Zigarettenspitz inhaliert. Die Lippen schürzend, ganz sanft und zärtlich. Alternierend einen Zug aus der

Zigarette und einen Schluck Cognac oder Rotwein genossen. Das eine oder andere „bewusstseinserweiternde“ Halluzinogen mag auch im Spiel gewesen sein, interpretiert man manche Rauchschwade und daraus resultierendes Statement. La Vie en Rose. Und tiefschwarz.

Perfid ist, dass, entgegen ihren großartigen, genialen schauspielerischen Leistungen reiferer Jahre, sie auch heute noch reduziert wird auf die vor Schmalz und Kitsch triefende Schmonzette der (noch dazu falsch genannt und intonierten) „Sissi“-Trilogie. Von Wien bis Tokio, von Rom bis Sydney, von Berlin bis Los Angeles werden noch heute, zu alljährlich wiederkehrenden Gedenk-, Bedenk- und Feiertagen die unsäglichen „Sissi“-Filme mit Karlheinz Böhm als Kaiser und Romy Schneider als Kaiserin im Fernsehen ausgestrahlt. Mit Betroffenheitsminen wird ihrer gedacht, ihre Geschichte erzählt, und anschließend, wie zum Hohn, genau das gesendet, für das sie sich stets geniert und von dem sie sich öffentlich und in ihrer Arbeit klar distanziert hatte.

Nº55

Eine „deutsche Mark"

überreicht von Karlheinz Böhm

Sein Leben gerettet und mit Sinn erfüllt hat mit einer auf den ersten Blick banalen, spontan geborenen und live im Fernsehen formulierten Idee der Schauspieler Karlheinz Böhm. Beinahe zugrunde gegangen war er, wie auch die 1982 verstorbene Romy Schneider, an den Erwartungshaltungen und Vorstellungen, Fixierungen und Präjudizierungen der Publikums- und Medienwelt. Nachdem er zusammen mit Romy Schneider in der – zugegeben – epochal-erfolgreichen „Sissi"-Film-Trilogie gespielt hatte, waren beide derart auf die Rolle und das Genre romantischer Heimat- und Historienfilme fixiert worden, dass sie beinahe keine anderen Filmangebote bekamen. Oder aber sie wurden, wenn sie andersartige Rollen spielten, negativ kritisiert. Karlheinz Böhm brillierte zwar in dem Psychothriller „Peeping Tom", wurde aber dafür ähnlich geschmäht wie Romy Schneider für ihre exzessiven, extravaganten und exzentrischen Rollen im internationalen Filmbusiness.

Der 16. Mai 1981 veränderte das Leben des 1928 geborenen Sohnes der Sopranistin Thea Linhard und des Dirigenten Karl Böhm. Er wettete in der Eurovisions-Samstags-Abend-Unterhaltungsshow „Wetten, dass …", dass nicht einmal jeder dritte Zuschauer eine deutsche Mark oder sieben österreichische Schillinge oder einen Schweizer Franken für notleidende Menschen in der Sahelzone spenden würde. Er versprach, selbst nach Afrika zu fahren, um notleidenden Menschen zu helfen, wenn er verliere. Wider Erwarten gewann Böhm die Wette, nichtsdestotrotz lukrierte er selbst 1,7 Millionen DM. Nach der Sendung flog Böhm nach Äthiopien und gründete am 13. November 1981 die Hilfsorganisation „Menschen für Menschen".

Seit damals betreut die Organisation unter der Ägide von Karlheinz Böhm zehn große Regionen Äthiopiens. Es sind dies langfristig angelegte Hilfsprojekte, deren Prinzip „Hilfe zur Selbsthilfe" lautet. Entgegen den Usancen staatlicher und politisch-ökonomisch motivierter Entwicklungshilfe nach kolonialistischem Vorbild. In den 30 Jahren ihres Bestehens hat die Organisation aus den vier Spenderländern Deutschland, Schweiz, Österreich und Belgien insgesamt rund 415 Millionen Euro erhalten. Zugute kommen die Spendengelder der Förderung von Bewässerungsanlagen, Landwirtschaft, Bildung, unterprivilegierten Frauen, Infrastruktur, Gesundheit und sozialen Projekten.

Eine beachtliche Bilanz. Österreich ist überhaupt unangefochtener Spendenweltmeister. Auch Hilfsorganisationen und Initiativen wie „Nachbar in Not", „Licht ins Dunkel", die „SOS-Kinderdörfer", die „Caritas", das „Rote Kreuz" oder der Verein „Life Aids" lukrieren Millionen an Geld- und Sachspenden, mit denen sie karitativ und vollkommen selbstlos einzelne Menschen und ganze Bevölkerungsgruppen im In- und Ausland unterstützen. Vielleicht stimmt die Fama vom „goldenen Wienerherz" doch?

Humanitäre Hilfe in großem, fantastischen Ausmaß. Überproportional im internationalen Vergleich. Überproportional in Bezug auf das Bruttoinlandsprodukt. Chapeau vor allen Helfenden und allen Spendern. Es ist ein gutes Land!

№56

Thonet-Sessel No. 214

Oft kopiert, doch nie erreicht! Wenn ein Möbel als Klassiker bezeichnet werden kann, dann er: der Thonet-Sessel No. 214. In Wahrheit ist der Terminus Design-Klassiker aber auch noch zu wenig. Ikone modernen Industrie- und Möbel-Designs ist gerade würdig und recht.

Als Kaffeehaussessel berühmt geworden, prägt er bis heute das optische Erscheinungsbild jedes klassischen Cafés, das der einzigartigen Wiener Kaffeehaustradition entspricht oder weltweit nacheifert.

Entworfen hat Michael Thonet seinen Sessel mit der Nummer 214 anno 1859. Mit ihm begann die Geschichte des modernen Möbels. Basis war eine neue Technik, die das Biegen von massivem Holz ermöglichte. Michael Thonet hatte in den 1850er-Jahren an Methoden der Verarbeitung experimentiert und die notwendige Technik perfektioniert – was eine Serienfertigung überhaupt erst möglich machte. Daraufhin hatte Thonet eine im Metier von Transport & Logistik geniale Vertriebsidee: 36 zerlegte Stühle wurden in eine Kiste mit einem Kubikmeter Volumen verpackt, in die ganze Welt geschickt und vor Ort montiert. Und es funktionierte. Mit seiner klaren reduzierten Ästhetik findet dieser Klassiker seit über 150 Jahren in unterschiedlichsten Umgebungen seinen Platz. Im Endeffekt besteht der Bugholzstuhl aus fünf Einzelteilen: den als Einheit, die gleichzeitig die Rückenlehne ergeben, gebogenen Hinterbeinen; zwei einzelnen Vorderfüßen, einer runden, von Bugholz umrahmten, geflochtenen Sitzfläche, und einem unter der Sitzfläche montierten Rondeau, ebenfalls aus Bugholz, das als Verstärkung dient. Das Rund der Sitzfläche und die Verstrebung sind mit den Beinen verschraubt. Alle Holzteile waren aus gebeizter Buche gefertigt. Als Variable zur Sitzfläche aus Rohrgeflecht wurden später Sitze und Rückenteile mit Stoff oder Leder bespannt und bezogen. Registriert unter Thonet Sessel No. 215.

Mit der Erfindung der Bugholz-Möbel hat Michael Thonet seinerzeit den Grundstein für industrielle Fertigung gelegt. Gegründet hatte der 1796 in Boppard am Rhein Geborene das Unternehmen in Wien erst 1849, zusammen mit seinen Söhnen. Davor hatte er am Rhein eine Manufaktur betrieben, bis er 1842 auf Initiative von Fürst Metternich nach Wien geholt worden war. Innerhalb kurzer Zeit war der Familienbetrieb weltweit erfolgreich, expandierte und exportierte enorme Mengen. In Fabriken im heutigen Tschechien, Ungarn und Russland wurden über 865.000 Bugholzstühle pro Jahr produziert. 1871 starb Michael Thonet in Wien, das Unternehmen wurde aber in seinem Geist, mit derselben Empathie und dem hohen Qualitätsbewusstsein von den Söhnen weitergeführt. In den 1930er-Jahren avancierte die Firma gar zu den größten Möbelproduzenten der Welt.

Die Firma Thonet ist nach wie vor in Familienbesitz, heute ist die fünfte Generation verantwortlich für die Geschicke des Unternehmens. Gefertigt werden exakt nach den seinerzeitigen Entwürfen die Klassiker aus Bugholz und Stahlrohr sowie etliche neue Modelle, die in Kooperation mit namhaften Architekten und Designern entworfen wurden. Nur wer aktuell meint, mit einem Thonet-Sessel ein österreichisches Produkt zu erstehen, muss leider enttäuscht werden. Produziert wird der Klassiker mit seiner klaren reduzierten Ästhetik heute in der 1899 gegründeten Fabrik im deutschen Frankenberg, das seit 1945, nach schmerzhafter Zäsur, nämlich der staatlichen Enteignung sämtlicher Fabriken in den Oststaaten des ehemaligen Kakanien, Firmensitz und Produktionsstandort ist.

№57

Kaffeehaustisch von Adolf Loos

A jed's Caféhaus sperrt amoi a biss'l zu ..." raunzte einst Hans Moser selig. Hätte er gewusst, wie recht er mit seinem zwischen Hauchen und Singen dargebrachten G'stanzl haben sollte, hätte er sein Leid noch melancholischer – und ein bisserl grantiger als sonst intoniert. Das Kaffeehaussterben, von dem in den 1950er-Jahren die Rede war, hat, allen Anstrengungen zum Trotz, stattgefunden. Entgegen den Beschwörungen der Tradition haben Utilitarismus und Schnelllebigkeit Gemütlichkeit und Atmosphäre verdrängt.

Maximal zwei, drei Handvoll Cafés im klassischen Stil existieren heute noch in Wien. Und selbst dort ist der Umgang mit dem Interieur nicht immer friktionsfrei. Ein Beispiel inkompetenter Renovierung stellt das Café Tirolerhof, deren Polstermöbel verschlimmbessert wurden, dar. Wie auch das runderneuerte Café Museum, ehemals Heimat von Hans Weigel und Friedrich Torberg – wohl auch seiner sagenhaften Tante Jolesch –, das zunächst wegen Streitigkeiten mit den Vermietern und zu geringer Auslastung, zu wenig Einnahmen, zugesperrt wurde. Neue Betreiber revitalisierten das Traditionslokal – und nahmen löblicherweise die anstehende Renovierung zum Anlass, das Lokal wieder getreu der Originalpläne mit originären Interieurs auszustatten. Gesagt – getan. Aber die pt. Stammgäste goutierten den guten Willen nicht, da sie sich in einem im Laufe der Jahrzehnte modifizierten „zweiten Wohnzimmer" wie zu Hause gefühlt hatten. 1930, anlässlich eines radikalen Umbaus, war die originale Einrichtung von Adolf Loos billigeren Möbeln Josef Zottis gewichen. Die Stammgäste verweigerten den Besuch und, wider Erwarten, reagierte die Geschäftsleitung, indem sie den Status quo vor der Renovierung reproduzierte. Gott sei Dank aber nicht ganz.

Quod licet bovi, non licet Iovi. Dabei war das Original-Interieur Teil dessen, was man mit Fug und Recht als Gesamtkunstwerk, als Konzeptkunst apostrophieren darf. Kern dabei war ein von Adolf Loos (1870–1933) entworfener runder Kaffeehaustisch, der von Stühlen umringt war, die Loos wiederum akkordierend entworfen hatte und von der Firma Thonet produziert wurden. Der Tisch selbst bestand aus einem zentralen Fuß aus schwerem Metall mit einer verjüngten, massiven Vertikalverstrebung und einer runden Steinplatte aus hellem, changierendem Marmor.

Bekannt geworden war Adolf Loos 1898 durch eine Artikelserie für die „Neue Freie Presse", in der er zu vielen Geschmacksfragen Stellung bezog. Nachdem er längere Zeit vorwiegend Inneneinrichtungen geschaffen hatte, war sein erstes größeres und bekanntestes Bauwerk das Looshaus am Michaelerplatz. Wegen seines persönlichen Missfallens soll Kaiser Franz Joseph sich für den Rest seines Lebens geweigert haben, aus dem Fenster des Michaelertraktes der Hofburg zu blicken, um das „aufgrund der fehlenden Fenstergesimse auch Haus ohne Augenbrauen genannte Objekt der Schande" nicht sehen zu müssen.

Loos, eng mit Künstlern anderer Sparten wie Arnold Schönberg, Oskar Kokoschka, Peter Altenberg und Karl Kraus befreundet, grenzte sich – der von ihm postulierten Reduktion auf das Wesentliche verpflichtet – klar von den Wiener Werkstätten und der Secession ab, indem er argumentierte, dass „Funktionalität und Abwesenheit von Ornamenten im Sinne menschlicher Kraftersparnis ein Zeichen hoher Kulturentwicklung seien und dass der moderne Mensch wirkliche Kunst allein im Sinne der Bildenden Kunst erschaffen könne". Ornamentale Verzierungen oder andere besondere künstlerische Gestaltungsversuche an einem Gebrauchsgegenstand seien eine ebenso unangemessene wie überflüssige Arbeit. Stattdessen plädierte Loos für die Verwendung edelster Materialien, soweit die Anmutung von Sinnlichkeit und Reichtum erzielt werden soll, wie etwa in den Innenräumen seiner Villenbauten.

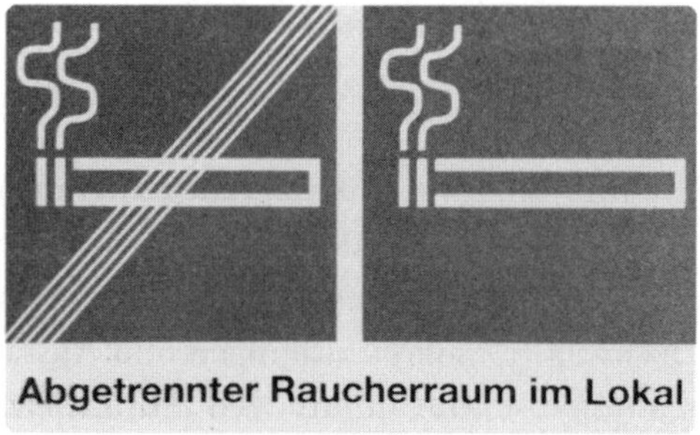

№58

Geschichten aus dem Schilderwald, Teil 1:

Rauchverbot & Rauchgebot

Rauchverbot versus Rauchgebot. Neben allen möglichen und unmöglichen Eigenschaften ist der Österreicher gleichzeitig durch zwei herausragende, ziemlich schizophrene Charakteristika geprägt: Einerseits besteht eine an Unterwürfigkeit und Servilität gemahnende Obrigkeitsgläubigkeit, andererseits eine impertinente Renitenz.

Diese offenbart sich in Hass und Liebe zu Mitmenschen, zu Emigranten, Immigranten, Zugereisten und Einheimischen. Typisch untypisch. Unpolitisch politisch. Historische Zeitzeugnisse dafür sind mannigfaltig: die Servilität, gepaart mit gleichzeitiger Skepsis gegenüber der Monarchie, später der Demokratie. Die braunen jubelnden Massen am Heldenplatz 1938 sowie die theatralische Höchstleistung, sich nur sieben Jahre später als politisches Opfer zu gerieren und verkaufen zu können.

Normativ gilt es, gemäß der austriakischen Mentalität, in stoischer, unauffälliger Gleichmut, die in Wahrheit eher als Agonie zu bezeichnen ist, das Leben zu nehmen, wie es sich darstellt. „Wie's ist, ist's ..." Hin und wieder aber schlägt die Langmut à la Delirium tremens dem Rechtsstaat gegenüber in persönlich motivierte Rechtschaffenheit um. Charakterlosigkeit bis zur Selbstreinigung, oder aber „en contraire": mit Handlungen und Aussagen, die wiederum hehren moralischen Grundsätzen und Zielen entsprechen, gemäß ehrlichem, ethischem Gewissen.

Ein klassisches Paradoxon dieser verbalen und persuasiven, beinahe promiskuitiven Achtung gesetzgebender Instanzen, und unter subversiver, weil subkutan ausgeführter Missachtung alias „nationaler Kompromiss" ist die Durchführung der international akkordierten Raucherschutzbestimmung. Offiziell entspricht man den international akkordierten, modernen medizinischen Erkenntnissen folgenden Vorgaben, de facto konterkariert man sie aber sublim in der subtil grotesken Umsetzung. Ein Klassiker.

Rauchverbot wird kombiniert mit Raucherlaubnis. All inclusive. Real einem Rauchgebot entsprechend. Wider die Vernunft, wider internationale Gesetze, wider gebotene Rücksicht. Entsprechend der während der Waldheim-Affäre im Sinne eines nationalen Schulterschlusses postulierten – und ausgeführten – Doktrin „Wir wählen, wen wir wollen". Als prinzipiell generöse Ausformung eines ernsthaften, als Missverständnis des Selbstbewusstseins ausformulierten „Mir san mir!".

Normalerweise existieren europa-, nein weltweit in der Gesundheitsfrage des Nichtraucherschutzes im öffentlichen Raum entweder Verbot oder Erlaubnis. Nur in Österreich sind – als Missverständnis individueller Freiheit, toleranter Vielfalt und gelebter Diversität – in trauter Zweisamkeit, in einfältiger Eintracht direkt nebeneinander sowohl Piktogramme für Verbot als auch Erlaubnis affichiert. Eine janusköpfige, gleichzeitig blinkende rot-grüne Ampel-Allianz. Eine Raumordnung der unheimlichen Art. Ein realer Schildbürgerstreich einer populistisch motivierten Judikatur mit akuter Entscheidungsallergie.

№59

Geschichten aus dem Schilderwald, Teil 2:

Kärntner (zweisprachige) Ortstafeln

Chronologie einer unangekündigten, schon als unerwartbar eingestuften Einigung. Nach einer jahrzehntelangen Polit-Groteske in der Qualität einer provinziellen Stegreifbühne kam es im Frühjahr 2011 zu einer Einigung zwischen der Republik Österreich, dem Bundesland Kärnten und den Volksgruppenvertretern der slowenischen und kroatischen Minoritäten. Anfang Juli 2011 trat das aus der Einigung resultierende Gesetz, trotz anhaltender Befindlichkeiten auf beiden Seiten, trotz fortwährender Querschläge von revanchistischen konservativen Politikern und Stammtischbruderschaften, in Kraft. Die kurz gefasste Dokumentation ist bizarre Realität. Jegliche zynische oder literarische Überhöhung der Realsatire war nicht vonnöten:

1955: Im Österreichischen Staatsvertag sichert Österreich Slowenien und Kroatien zweisprachige Ortstafeln in gemischtsprachigen Gebieten zu – ohne dies näher zu definieren.

Juli 1972: Die Bundesregierung unter Bruno Kreisky (SPÖ) beschließt, zweisprachige Ortstafeln in 205 Kärntner Ortschaften mit einem slowenischen Bevölkerungsanteil von mindestens 20 Prozent aufzustellen.

September 1972: Deutschsprachige Kärntner reißen die ersten aufgestellten Tafeln nieder. Die Aktion geht als „Ortstafelsturm" in die Geschichte ein.

Juli 1976: Das Volksgruppengesetz legt einen slowenischen Anteil von 25 Prozent als Voraussetzung zweisprachiger Ortstafeln fest.

Mai 1977: Eine entsprechende Topografie-Verordnung sieht 91 Schilder vor. Vorerst werden aber nur 72 zweisprachige Ortstafeln aufgestellt.

2001: Slowenen-Vertreter Rudi Vouk ficht ein Strafmandat wegen Schnellfahrens an, das er im einsprachig beschilderten Ortsgebiet von St. Kanzian / Skocijan absichtlich kassiert hat. Der Verfassungsgerichtshof VfGH hebt Teile der Regelungen von 1976/77 auf, bezeichnet die 25-Prozent-Quote als zu hoch und nennt eine Grenze von zehn Prozent. Wütende Proteste von Landeshauptmann Jörg Haider (FPÖ) folgen.

2002: Die von Bundeskanzler Wolfgang Schüssel (ÖVP) einberufenen „Konsenskonferenzen" scheitern am Nein der Slowenen zu 147 zweisprachigen Ortstafeln.

2005/2006: Jörg Haider umgeht VfGH-Urteile, indem er Ortstafeln versetzt oder existente zweisprachige Schilder wieder abmontieren lässt. Als besondere Farce werden kleinere Tafeln in slowenischer Sprache unter die großen, deutschsprachigen montiert. Von Kabarettisten werden diese als „Minimundus-Lösung" tituliert.

Juni 2007: SPÖ-Bundeskanzler Alfred Gusenbauer schlägt 163 Tafeln vor und scheitert letztlich am kategorischen Nein der ÖVP.

Oktober 2009: Jörg Haiders Nachfolger Gerhard Dörfler (BZÖ) will die 25-Prozent-Grenze in die Verfassung schreiben lassen.

Mai 2010: Die Bundesregierung proklamiert eine Lösung binnen zwei Jahren.

Jänner 2011: Gerhard Dörflers FPK rückt von einigen Forderungen – etwa einer Minderheitenfeststellung – ab.

März 2011: Die Slowenen-Vertreter legen eine umstrittene Liste mit 273 zweisprachigen Ortstafeln vor.

April 2011: Eine Einigung zeichnet sich ab: Ab einem slowenischsprachigen Anteil von 17,5 Prozent der Bevölkerung soll es zweisprachige Ortstafeln geben. In Summe werden es letztendlich 164 Orte.

Juli 2011: Der Nationalrat beschließt mit den Stimmen aller im Parlament vertretenen Parteien das Gesetz, das zur Beilegung des leidigen, mehrere Jahrzehnte andauernden „Ortstafelstreites" führt. Infolge werden 164 zweisprachige Ortstafeln in Kärnten aufgestellt. „Dober Dan, Koroska!"

№60

Geschichten aus dem Schilderwald, Teil 3:

Adresse ohne Anschrift: „Bruno Kreisky Gasse“

Novität ist das Faktum, dass in Wien-Simmering eine Strache-Gasse existiert, seit dem Wahlkampf anno 2010 zur Wiener Landtagswahl nicht mehr. Dass diese aber nicht nach H. C., dem Bürgermeisterkandidaten der Freiheitlichen Partei, sondern, honoris causa (h. c.), nach dem Gas- und Feuerungstechniker Hugo Strache (1865–1927) benannt wurde, ist dem aktuellen Lexikon der Wiener Straßennamen zu entnehmen. Sie ist, wie der Wiener nonchalant meint, sozusagen „für den Hugo“ …

Bedeutung, Herkunft und Genesis von Straßennamen als Möglichkeit des kollektiven Gedächtnisses einer Stadt, als identitätsstiftendes Element ist ungebrochen. Naturgemäß entlarvt die Benennung eines Ortes die Wertschätzung, im Positiven wie auch Negativen: Es hat absolut Relevanz, ob eine Straße, ein Boulevard, ein Platz im Zentrum der Stadt den Namen einer verstorbenen Person trägt oder ein Beserlpark in Transdanubien.

Besonders perfid wiehert aber der sprichwörtliche Amtsschimmel im so treffend von Herzmanovsky-Orlando beschriebenen, wahrscheinlich von Fürst Metternich und seinem Beamtenstaat inthronisierten „Amt für Straßennomenklatura“, wenn Österreichs ehemaliger Sonnenkönig alias Bundeskanzler Bruno Kreisky (1911–1990) mit einem schönen rot umrandeten Straßenschild an einer Adresse bedacht wird, die aber keine Anschrift bietet.

Der zwischen Ballhausplatz und Minoritenplatz, zwischen Bundeskanzleramt, Innen- und Außenministerium angesiedelte Leerraum wurde feierlich als „Bruno Kreisky Gasse“ apostrophiert und als solche ausgeschildert. Trotzdem die Schilder schön und kunstvoll aussehen, muten sie aber durch den verwendeten klassizistischen Schrifthybrid aus Antiqua und Barock-Fraktur auch eigenartig an. Fast scheint es so, als wollte hier ein findiger Schilderproduzent dem oft als Sonnenkönig apostrophierten Staatsmann mittels der extravaganten Schriftart im stilisierten Louis-Quinze-Stil seine Reverenz erweisen.

An dieser Adresse aber existiert weder Hauseingang noch Postanschrift. Lediglich ein ungepflegtes Blumenrabattl und ein Springbrunnen – nein, nennen wir ihn Plätscherbrunnen, analog zum zwischenkriegszeitlichen Tröpferlbad – behübscht den verkehrsberuhigten, als Hundetoilette missbrauchten Treppelweg. Wenngleich der Ort auch lange Jahre im Radius des Wirkens von Bundeskanzler Kreisky war, ist es doch beschämend, dass hier ohne Empathie, mit halber Kraft, der Wertschätzung posthum Ausdruck verliehen wurde. Ein Schildbürgerstreich par excellence.

Das Faktum, dass die Wiener Stadtregierung 2012 den Entschluss gefasst hatte, den repräsentativen Abschnitt der Ringstraße vor der Universität von „Dr. Karl Lueger-Ring“ – benannt nach dem von 1897 bis 1910 mit starker Hand regierenden Bürgermeister; mit antisemitischen und wissenschaftsfeindlichen Tendenzen (sodass Kaiser Franz Joseph sich sogar mehrmals geweigert hatte, ihn zu vereidigen) – umzubenennen, ist dennoch als sträflich vergebene Chance zu werten. Die uninspirierte Umbenennung in „Universitätsring“ ist ein erbärmliches Musterbeispiel für Feigheit und die offenbar hochinfektiöse Entscheidungsallergie der Politik, Farbe zu bekennen und eventuell den verstorbenen Altkanzler mittels einer Hauptverkehrsader würdig zu ehren. War dieser doch, nebst zahlreichen Meriten im Sozialbereich – wie der Selbstbestimmung und Gleichstellung von Frauen und anderen unterprivilegierter Mitgliedern der Gesellschaft – auch maßgeblich am freien Zugang zu Bildung, einem chancengleichen Arbeitsmarkt und für eine veritable Erneuerung im universitären und wissenschaftlichen Betrieb Richtung Moderne verantwortlich. Will man, was prinzipiell nachvollziehbar ist, politische Konnotationen vermeiden, gäbe es aber auch noch etliche andere Möglichkeiten, hervorragende Persönlichkeiten, große Töchter und Söhne der Stadt zu ehren. So wurde beispielsweise auch Sigmund Freud von Seiten seiner Heimatstadt immer noch nicht adäquat seiner Bedeutung bedacht. Schließlich prägt Freud als Gründervater der Psychoanalyse heute maßgeblich unser aller Leben und Denken.

Theoretisch könnte man aber auch gleich noch weiter gehen und im Sinne praktizierter Provinzialität den ganzen Ring als Hauptstraße titulieren oder im Sinne vollkommen überzogener „political correctness“ den Stephansplatz zum Stadtplatz degradieren.

№61

Ein Anti-Atomkraft-Button

Die „lachende Sonne“ stellt das erste öffentlich zur Schau getragene Zeichen zivilen Ungehorsams dar. Der Frage nach „Atomkraft?“ folgt ein mehr oder minder freundliches „Nein danke!“. Als Button am Revers getragen wurde sie Mitte der 1970er-Jahre zum Symbol der Zivilcourage, des basisdemokratischen Widerstandes. Die „Anti-Atomkraft-Bewegung“ ist de facto Österreichs erste soziale Bewegung jenseits von Parteigrenzen. De facto stellt sie die Urmutter heutiger Mut- und Wutbürger dar. Vor allem die juvenile, Wert und Sinn des Lebens hinterfragende Bourgeoisie, die begonnen hatte, sich mit Recht und Unrecht, mit Demokratie, Rechten und Pflichten der zum entrechteten, aber brav Steuern zahlenden Stimmvieh degradierten Bevölkerung auseinanderzusetzen, mutierte zur aktiven Bürgergesellschaft. Langsam, aber stetig entstand eine Art Bürgerrechtsbewegung, eine intellektuell und emotional geleitete geistige Resistance.

Wider das Establishment, gegen Ressentiments, gegen Intoleranz und Bevormundung. Gegen das Vorrecht des Kapitalismus und des rein nach utilitaristischen Parametern ausgerichteten Lebens. Wider Zerstörung, Ausbeutung und Vernichtung der Natur, wider Verschwendung natürlicher Ressourcen. Wider soziale Ungerechtigkeit und Vorurteile. Gegen Krieg und Unterdrückung.

Im Gegensatz zu heutigen Politikern bedeutete das sonore, stets mit Bedacht formulierte „Ich bin der Meinung ..." von Bundeskanzler Bruno Kreisky auch wirklich, dass er eine solche besaß – sie artikulierte und mit aller Konsequenz auch dazu stand.

Abseits parteipolitischer Aspekte führte die Volksabstimmung 1978 um die Inbetriebnahme des Kernkraftwerkes in Zwentendorf, gefolgt von den Ereignissen um die Besetzung der Hainburger Au einige Jahre später, zu einem Wendepunkt des Demokratieverständnisses in Österreich. Erstmals in der gerne Unbequemes unter den Teppich kehrenden Geschichte der Zweiten Republik deklarierte man sich öffentlich. Pro & Contra. Ein Novum in einem von Opportunismus, bigotter Obrigkeitsgläubigkeit, Parteisoldatentum und persönlicher Meinungslosigkeit geprägten Land.

Wie es dazu kam? Anfang der 1970er-Jahre verunsicherte eine erste Energiekrise die konsumorientierte und auf Fortschritt indoktrinierte Bevölkerung. Im Zuge dessen beschlossen Wirtschaft und Staat das Energiesystem zu erweitern und zu erneuern. Ausbau von Wasserkraft und Erneuerung mittels der international gehypten Atomkraft standen mit dem Nimbus der Innovation zur Wahl. In Zwentendorf wurde Österreichs erstes Atomkraftwerk gebaut. Mit dem Heranwachsen der 68er-Generation, junger Revolutionäre, Punks, Hippies und Bürgerrechtler und einer neuen, selbstbewussten, selbst bestimmenden und für die Freiheit des Individuums eintretenden Generation aber kam es zur Entwicklung einer bürgerlichen Bewegung, die sich in Richtung Ökologie und Nachhaltigkeit, Naturschutz und Konsumentenbewusstsein engagierte. Termini, die – Gott und vor allem der Bewegung sei Dank – heute als selbstverständlich gelten, waren zarte ökologische, gesundheitsbewusste Pflänzchen, die erstmals austrieben. Trotzdem sie teils heftig gestutzt und als Unkraut bekämpft wurden, waren sie nicht aufzuhalten und erblühten.

Das Atomkraftwerk in Zwentendorf wurde niemals in Betrieb genommen, ein ökologisch fatales und auch ökonomisch fragwürdiges Wasserkraftwerk in Hainburg wurde von den die Donau-Au besetzenden Aktivisten verhindert. Im Gegensatz zu heutigen Politikern zog der in sozialen Belangen zweifellos wichtige Visionär Bruno Kreisky die Konsequenzen aus den Niederlagen und der offenkundig falschen Einschätzungen einer mehrheitstauglichen Entscheidung.

Entsetzlich, dass die nachfolgenden Generationen der Politiker in Österreich kaum Verantwortungsbewusstsein oder gar kein Rechts- und Unrechtsverständnis besitzen. Konsequenzen aus Fehlern, Fehltritten und Fehleinschätzungen gibt es de facto nicht. Eine Rücktrittskultur, wie im benachbarten westlichen Ausland, inexistent. Das Fatale aber ist, dass eine durch Gewissen, Rechts- und Unrechtsbewusstsein geprägte Rücktrittskultur prinzipiell Rückgrat und moralische Integrität voraussetzen würde. Die daraus folgende Verdrossenheit der mittlerweile grosso modo mündigen Bevölkerung mit den arrivierten Parteien ist evident. Die Rechnung erhalten sie stetig. Realitätsverweigernd und veränderungsresistent sind sie, wider besseres Wissen, dennoch. Am Revers sind die kleinen, aber schrillen Protestbuttons verschwunden. Im Gegenzug eines schmerzhaften Prozesses aber werden sie, langsam aber sicher, verinnerlicht.

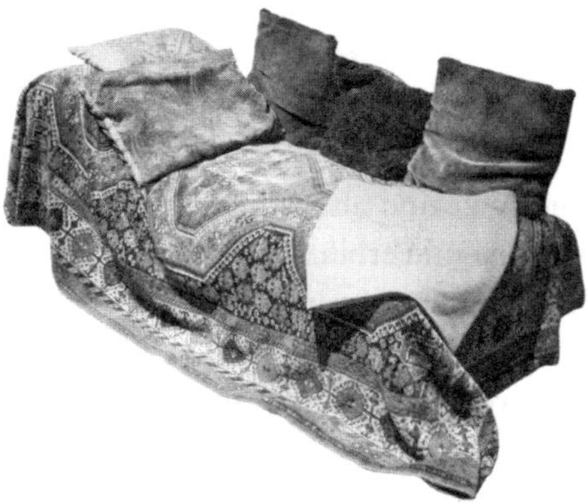

№62

Sigmund Freuds Couch

Das Original steht heute in Londons Stadtteil Hampstead. Bis zu Sigmund Freuds Flucht vor dem Naziregime 1938 nach Großbritannien stand das für Geschichte und Methodik der Psychotherapie enorm wichtige Möbel in Freuds Ordination in der Wiener Berggasse 19. Die Rede ist von der Couch, auf der Freud (1856–1939) seine Patienten mittels Gesprächstherapie heilte.

Als Erkenntnis seiner langjährigen Studien in Bezug auf psychische Auffälligkeiten und persönlichkeitsbezogene Krankheiten entstand die von ihm erarbeitete räumliche Anordnung. Die ideale Situation zur von Freud entwickelten Gesprächstherapie sah vor, dass der Patient – den Blick abgewandt vom neben ihm auf einem Sessel sitzenden Therapeuten – auf einer Couch entspannt ausgebreitet lag und dem Zuhörenden – frei assoziierend – Erlebnisse, Träume, Ängste, Begierden, sexuelle Wünsche, triebhafte Fantasien und Traumatisierungen offenbarte.

Das Möbelstück selbst ist eine Melange aus einer Chaiselongue und einem west-östlichen Diwan und war stets übersät mit dicken, weichen Decken in freundlichen, aber gedeckten Farbtönen: klassisch-britische, changierende, teils karierte Plaids in rot, purpur, braun, beige. Indem er ein Ambiente des Wohlfühlens und der Geborgenheit schuf, ermöglichte der Begründer der Psychotherapie, den Patienten, sich etwaige psychische Irritationen frei „von der Seele" zu reden. Die (be)freie(nde) Äußerung evozierte emotionale Öffnung. Träume, Ängste, Begierden, Verletzungen, Kränkungen, Entwertungen und Blockaden konnte der Gründervater der Psychoanalyse derart vernehmen, diagnostizieren und in weiterer Folge therapieren.

Fantastisch, was dieses obskure Objekt an Geschichte in sich birgt. Welche Geschichten es erlebt hat, welche Vielzahl an Emotionen wie Libido, Liebe, Verzweiflung, Hass, welche sexuelle Spannung es verspürt hat, welche Erkenntnisse es für die Objektivierung der Subjektivität geliefert hat. Offenbarungen des Bewussten, des Unbewussten und des Unterbewussten.

Sämtliche Typologien psychoanalytischer Thesen und Lehren sind einst ad personam auf der Couch gelegen: Patienten, die Ödipus, Narziss, Eros, Tannathos und viele andere Synonyme der psychoanalytischen Theorie wie auch „Es, Ich und Über-Ich" personifizierten.

Längst ist die Redewendung, sich „auf die Couch zu legen" im alltäglichen Sprachgebrauch angekommen und umschreibt eindeutig, dass man sich etwas „von der Seele redet", „sich in Therapie begibt", in die Obhut eines wissenschaftlich ausgebildeten Seelenheilers. Man gibt sein Innerstes preis, entblößt sich. Wortwörtlich hat dies 2011 Jürgen Teller genommen und eine Fotoserie publiziert, auf dem sich ein juveniles, äußerst attraktives Modell nackt auf der originalen Couch im Londoner Freud-Museum räkelt. Höchst lasziv und erotisch. Freud hätte wohl seine Freude gehabt.

Beschämend, dass seit Ende des Zweiten Weltkriegs nichts, und wenn, dann nur halbherzig, unternommen wurde, Freuds historisch relevantes Interieur nach Wien, in die Heimat der Traumdeutung und der Psychoanalyse zurückzuholen. Aber auch diese Unterlassung sagt etwas aus über Österreich, seinen Umgang mit Kulturgut, mit Geistesgrößen, und über die Bewältigung seiner Vergangenheit.

№63

Arthur Schnitzlers „Vatermörder“

Konventionen, Tabus und Tabubrüche studierte und sezierte Arthur Schnitzler (1862–1931) Zeit seines Lebens. Sowohl in seiner Profession als Mediziner als auch als Literat beobachtete er das Individuum in durchaus divergierenden Rollen innerhalb der Gesellschaft. Sozialpsychologische Momentaufnahmen sind beinahe alle seine literarischen Werke. Sein gesamtes Œuvre ist durchdrungen von Zwängen und oft schizophrenen Auswirkungen von Tradition, Konvention, Religion und unterdrückten Obsessionen.

Schnitzlers „Reigen“ zum Beispiel ist mehr als ein kollektiviertes Beziehungsdrama. Vielmehr hinterfragt es Verhaltens-, Sprach- und Statusnormen. Die Topografie des „Liebesreigen“ steckt den sozialen Radius der Protagonisten und deren Determinanten ab. Zudem definieren die Handlungsabläufe der einzelnen Episoden, wer bei den unterschiedlichen Affären „das Sagen“ hat. Unabhängig vom eigentlichen Status, unabhängig vom sozialen Rang. Kleidung und die Reihenfolge des Ablegens derselben bestimmen über pekuniäre oder emotionale Abhängigkeiten, Ängste, Begierden und Machtverhältnisse. Wer bestimmt, selbst Vatermörder, Bluse und Korsett auszuziehen, ist selbstbestimmt. Wer (oft auch nonverbale) Befehle auszuführen hat, ist Untertan. Adel und Armee, Schauspieler und Prostituierte, distinguierte Hofräte und junge Stubenmädchen, Dienstboten und feine Damen der Gesellschaft: ihre Position, ihre Ehre, ihr Ethos sind klar definiert.

Arthur Schnitzler, als Sohn eines Mediziners in der bourgeoisen Dekadenz beheimatet, war, gemäß der Zeit, stets in Anzug oder Frack mit steifem Kragen, Fliege oder Krawatte und Vatermörder gekleidet. „Vatermörder“ – die leicht despektierliche Nomenklatur für die steife Hemdbrust, die über ein meist weites Hemd getragen wurde. Ein Terminus, der von Freud stammen könnte. Zucht und Ordnung repräsentierend. Zumindest oberflächlich, nach außen.

Schnitzler legte mit seinen höchst sensiblen Milieustudien und intensiven, einfühlsamen Texten – im übertragenen Sinne – den Vatermörder und den steifen Kragen ab, akzeptierte Normen nicht und artikulierte Wünsche, Träume und Obsessionen, die normativ eigentlich nicht einmal denkbar waren. Sündig, frivol, erotisch. Aus der Perspektive von Männern wie Frauen. Leutnant Gustl oder Fräulein Else, Professor Girardi etc.: all seine beschriebenen Figuren sind im Prinzip seit ihrer Geburt Gefangene ihrer selbst.

Als Chronist des Fin de Siècle dekuvrierte und konterkarierte er Geschlechterrollen, Intimitäten, Emotionen, auch Krankheiten. Psychischer und physischer Natur. Angst vor Wahnsinn ist in seinem Werk allgegenwärtig. Die Ansteckungsgefahr von Syphilis dämmerte den Kleinbürgerlichen wie auch Adligen, Prostituierten wie auch gnädigen Damen der feinen Gesellschaft. Das Sittenbild, das Schnitzler in seinem Reigen, aber auch in vielen anderen Texten zum Ausdruck brachte, entsprach absolut der gesellschaftlichen Norm. Der Reigen realer Liebschaften resultierte aus einem bigotten Glauben, einer tradierten Gottesfurcht einerseits und einer repressiven, von Angst und Demut geprägten Gesellschaft andererseits. Zudem war sexueller Lustgewinn offiziell immer noch verpönt, vor allem für Frauen unvorstellbar, galt als obszön und schamlos. Weit verbreitet waren damals, aufgrund katastrophaler hygienischer Bedingungen, Geschlechtskrankheiten.

Arthur Schnitzler wusste als praktizierender Arzt – er arbeitete unter anderem an der Wiener Poliklinik in der Abteilung für Haut- und Geschlechtskrankheiten – präzise Bescheid ob der enorm hohen Infektionsrate bei Syphilis. Diese erfasste große Teile der Bevölkerung – von der Prostituierten bis zu Mitgliedern des Kaiserhauses. Zudem waren einige Personen seines Freundeskreises betroffen. Dennoch setzte er sich selbst aufgrund seines promiskuitiven Lebenswandels und häufig wechselnder Sexualpartnerinnen dem Risiko aus. Haut- und Geschlechtskrankheiten waren nur ein Teil der medizinischen Probleme, mit Sicherheit aber eines der wesentlichsten. Affären en masse waren für große Teile der aristokratischen und bürgerlichen Gesellschaft legitim, gehörten zum guten Ton und galten als Kavaliersdelikt. Die Mischung von Aufbruch und Endzeitstimmung trug das ihre bei. Chronisten der versinkenden Donaumonarchie wie Felix von Salten, Alexander von Sacher-Masoch, Peter Altenberg, Arthur Schnitzler, Sigmund Freud, Robert Musil oder auch Joseph Roth dekuvrieren in ihren Werken in einprägsamer Weise die diametralen Parameter einer in sich verfallenden, einer zwischen Moral und Erotik, einer zwischen Ethik und Egalität, Lust und Last, zwischen ängstlicher Vorsicht und sexueller Obsession, zwischen Lethargie und Befreiung sowie Findung des Individuums, zwischen Delirium und Begehren oszillierenden Gesellschaft. Gleichgültig ob der Konsequenzen. Fatalistisch, kompromiss- und verantwortungslos.

Schnitzlers Analysen wie auch seine Dialoge gelten ungemindert bis heute. Von zeitloser Schönheit und erschreckender Direktheit imitieren seine Charaktere die Wirklichkeit. Subversive Akte persiflieren tradierte Rollenklischees. Es bedarf nicht einmal artifizieller Transkription, um Gültigkeit zu beweisen. Signifikant Zeugnis dafür legen Stanley Kubricks filmische Version der „Traumnovelle“, „Eyes wide shut“, klassische Inszenierungen im Theater in der Josefstadt mit dem Ehepaar Cervik/Föttinger sowie die szenische Adaptierung der Avantgarde-Gruppe um Lucy McEvil, die das Beziehungsdrama in der Kaisersuite des Stundenhotel Orient ansiedelte. Was bleibt, sind Befangenheit und Aufbegehren gegenüber Konventionen und Traditionen sowie der Rückfall in dieselben. Selbst der Versuch heutiger Verweigerung klassischer Bekleidungsvorschriften endet de facto im kollektiven uniformen Konformismus statt im unterbewusst/bewusst angestrebten Individualismus. Schizophren, aber wahr. Denn „die Seele ist ein weites Land“ ...

№64

Die Klingel im Foyer, an der Rezeption des Hotel Orient

Ein Dramolett

Donnerstagmittag, 12:30 Uhr, Wien, am Tiefen Graben. Ein hübsches Fräulein in zarter, leicht transparenter Spitzenbluse, Anfang 20, betritt das Foyer des Hotel Orient. Sie betätigt, sehr verhalten, die Klingel an der Rezeption. Eine Concierge erscheint aus dem Halbdunkel des kleinen Verschlags, in dem die Zimmerschlüssel hängen.

„Eine Suite bitte."

„Wie immer?"

„Ja, wie immer bitte."

„Bitte schön – 1001 Nacht ... Oder soll's das römische sein diesmal?"

„1001 Nacht bitte – wenn's frei is'!"

Die Concierge reicht den Schlüssel aus der engen Portiersloge.

„Der Herr Hof... ähm, meine Begleitung kommt in fünf Minuten."

„Wie immer ..."
„Wie immer, ja."
Das Fräulein nimmt den Schlüssel, zeppelt in ihrem engen Rock zur Treppe, dreht sich am Absatz aber noch einmal um.
„Ein Glas Champagner?"
„Woher wissen Sie?"
„Wie immer ..."
Das Fräulein lächelt, leicht verlegen, leicht frivol und verwegen; geht an den schwarzen Holzvertäfelungen mit den massiven Messingbeschlägen vorbei zur kleinen Bar links vom Entree. Sie lehnt sich an die rot-güldene Brokattapete, wartet. Ein schon leicht betagtes Zimmermädchen, gekleidet in schwarz, mit weißem Spitzenschürzchen und weiß berüschtem Haarreif, befüllt eine Champagnerschale, reicht sie am Silbertablett.
„Herzlichen Dank."
„Nichts zu danken."
Das hübsche Fräulein entschwebt aufs Zimmer. Fünf Minuten später betritt ein Herr, Ende 40, äußerst distinguiert in Habitus und Kleidung, das Foyer. Er klopft an die Portiersloge, betätigt die Klingel. Ohne aufzusehen reagiert die Concierge.
„1001 Nacht, gnä Herr!"
„Perfekt. Meine Begleitung ..."
„... wartet bereits auf Sie."
„Ah ..."
„Wünschen der Herr etwas zum Trinken?"
„Champagner bitte, und ein poar Canapés mit Lachs und Caviár ..."
„'s wird ein bisserl dauern ..."
„Pas de probleme ..."
Der noble Herr entschwindet flugs, streift noch rasch einen Ring vom Finger und folgt seiner Begleitung ins Zimmer.
Eine knappe viertel Stunde später klopft selbiges Zimmermädchen an die Tür der Suite.

„Zimmerservice!"
„Herein" tönt es dumpf durch die schallgedämmte Doppeltür.
„Ist versperrt ..."
„Komme gleich ..."
Das junge Fräulein öffnet nackt, notdürftig die Scham mit einem Laken bedeckend. Das Zimmermädchen geht diskret an ihr vorbei, stellt, ohne zur Seite zu blicken, das Silbertablett am Tisch ab. Sie ignoriert das weiße Pulver am Glastisch und den an den Bettenden mit Lederriemen fixierten entkleideten Herrn Hofrat.
Nach einer guten Stunde erscheint der Herr Hofrat, wieder mit seinem Ehering am Finger, bei der Portiersloge, läutet, bezahlt und geht.
„G'schamster Diener ..."
„Au revoir!"
Auf der Straße, Ecke Freyung/Naglergasse trifft der Hofrat einen Kollegen aus dem Amt.
„Mahlzeit!"
„Mahlzeit, Herr Kollege ... und Grüße an die Frau Gemahlin!"

Vindobona, anno domini 1812, 1912, 2012.

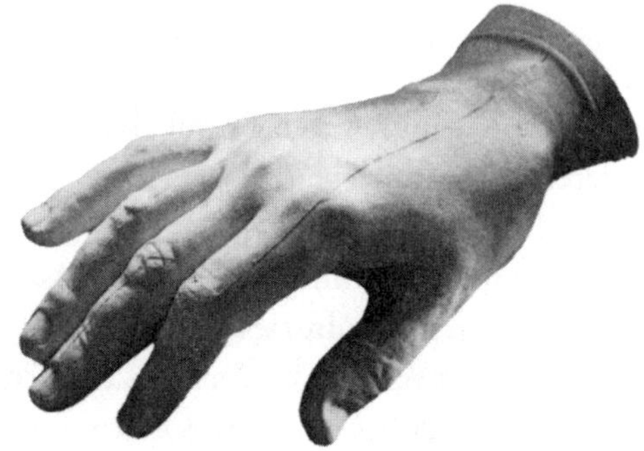

№65

Theodor Billroths Hand als Gipsbüste

Es waren wahrlich magische Hände, deren Abdruck in Gips erhalten ist. Helfende Hände, die für zahlreiche Heilmethoden, zahlreiche Schöpfungen und Erfindungen medizinischer Natur verantwortlich sind. Der Gipsabdruck, dessen Original sich im Privatbesitz der Nachkommen befindet, stammt von Theodor Billroth, dem Begründer der bis heute gerühmten „Wiener Medizinischen Schule", dem Gründervater der weltweit ersten Krankenpflegeschule und damit Erfinder des modernen Spitalswesens sowie dem Gottseibeiuns moderner Medizin, explizit der Chirurgie.

Der in Gips erhaltene Abdruck der heilbringenden „helping hand" entstand wahrscheinlich aufgrund der obsessiven Neigung des musisch orientierten Humanisten, das Schöne und Gute mit dem Nützlichen zu verbinden. Als Liebhaber klassischer Musik, der Literatur aber auch zu seiner Zeit neuer Medien wie der Camera obscura und Ähnlichem kann der Gipsabdruck seiner Hand auch als Selbstverständnis einer Kunst verstanden werden – der Kunst des Heilens. Eine profane Reliquie.

Die Wiener Gründerzeit und das daran anschließende Fin de Siècle waren nicht nur durch Promiskuität und ein pulsierendes, prosperierendes Kulturleben geprägt, sondern auch in Bezug auf Wissenschaft – in beinahe allen Sparten – enorm innovativ. Entdeckungen und Entwicklungen, Erfindungen, Forschungen in den Bereichen der Architektur, des Bauwesens, der Statik einerseits, der Biologie, Philosophie, der Technik, der Chemie, der Pharmazie, aber auch der Philosophie und Psychologie und der Medizin im Allgemeinen wurden in einem Ausmaß von Wien aus geprägt und geleitet, dass man Wien getrost als geistiges Epizentrum des Planeten bezeichnen durfte. Was für eine Epoche. Eine Ära der Metamorphosen. Die unendlichen Weiten des Netzwerkes unter den diversen Richtungen in Wiener Kreisen beschrieb Carl Schorske kongenial. Er dekuvrierte in konzentrischen Kreisen die sich gegenseitig befruchtenden Wissenschaften und Künste.

Wesentliche Innovationen in der Medizin sind auf den im deutschen Bergen auf Rügen geborenen Theodor Billroth (1829–1894) zurückzuführen. Der Sohn eines Pastors, zweifelsfrei einer der bedeutendsten Chirurgen des 19. Jahrhunderts, erlernte in der Berliner Charité als Assistent von Bernhard von Hagenbeck die Grundlagen plastischer Chirurgie und der Konstruktion chirurgischer Instrumente, arbeitete in Paris und Zürich und übersiedelte 1867 nach Wien, wo er die 2. Chirurgische Lehrkanzel übernahm, welcher er sein Leben lang vorstand. Nach Erfahrungen im deutsch-französischen Krieg 1870/71 widmete er sich wieder seiner Berufung als Arzt. Beeindruckt durch das erlebte Leid, sein ausgeprägtes soziales Gewissen und humanitäres Engagement, sind ihm einige Meilensteine der Medizingeschichte zu verdanken. Der passionierte Amateur-Pianist und Violinist führte an Krebspatienten die erste Entfernung der Speiseröhre, des Kehlkopfs und des Magens durch. Infolge wurden zwei Arten der Magenresektion (Billroth I. und Billroth II.) nach ihm benannt. Seine Forschungsergebnisse zeitigten auch einen wasserdichten Verbandsstoff – den nach ihm benannten Billroth-Batist. Neben seiner Tätigkeit als Chirurg beschäftige er sich eingehend mit Mikrobiologie. So gelang ihm die Entdeckung der Streptokokken als Ursache für Wundinfektionen. Die Einführung der Antisepsis und des sorgsamen Umgangs mit Wunden und Verbänden in Ambulanzen, Ordinationen und Hospitalen revolutionierten den Krankenhausbetrieb nachhaltig.

Etliche der von ihm entwickelten Operationstechniken werden, wenngleich leicht modifiziert, heute noch praktiziert, zahllose Gerätschaften sind nach ihm benannt. Das von ihm gegründete Privatspital Rudolfinerhaus – ansässig in der legendären Billrothstraße! – und die immer noch gemäß der von ihm entwickelten Statuten eingerichtete Krankenpflegeschule haben nach wie vor Bestand und Relevanz. Weltweit eilt den Schwestern, den sogenannten „Rudolfinerinnen" der Ruf voraus, die Besten ihres Fachs, die crème de la crème zu sein. Zu Recht.

№66

Eine Phonographen-Aufnahme von Bertha von Suttner

Die Waffen nieder!" forderte einst Bertha von Suttner als Aktivistin der Friedensbewegung, als Vorreiterin des Pazifismus. Am 23. Mai 1904 hatte Bertha von Suttner (1843–1914) lapidar in ihrem Tagebuch den Eintrag „Spreche in den Phonographen!" vermerkt. Diese handschriftliche Notiz belegt nun ein historisch bemerkenswertes Fundstück: die Echtheit der mit hoher Wahrscheinlichkeit einzigen Aufnahme der impulsiven und mächtigen Stimme der österreichischen Friedensnobelpreisträgerin.

Die in von Suttners Notat genannte Aufnahme befindet sich auf einer 2011 im Nachlass des 2008 verstorbenen Radiomoderators und Schellack-Spezialisten Günther „Howdy" Schifter (1923–2008), der – bestehend aus über 20.000 Schellacks und 30 Wachswalzen – von der „Österreichischen Mediathek" aufgearbeitet wurde, entdeckten Phonographenrolle aus Wachs. Diese empfindliche Rolle wurde, wie üblich und notwendig, zum Schutz in einer runden Holzrolle aufbewahrt wird. Auf dem Deckel der runden Holzkassette steht, einer ordentlichen Archivierung gemäß, mit Tinte der handschriftliche Vermerk: ‚Gespräch von „Tante Boulotte", Ebenfurth, 23. Mai 1904'. Unter den Pseudonymen „Tante Boulotte" und „B. Oulot" hatte die Pazifistin, Friedensforscherin und Schriftstellerin Bertha von Suttner seinerzeit etliche ihrer Werke publiziert.

Trotzdem die über hundert Jahre alte, historische Aufnahme naturgemäß von schlechter Qualität ist, lassen sich Bertha von Suttners programmatisches Postulat „Die Waffen nieder!" und ein leicht verstümmelter Satz à la „der Wunsch ist Vater des Gedankens" identifizieren.

1889 hatte Bertha von Suttner ihren pazifistischen Roman mit dem Titel „Die Waffen nieder" publiziert. Darin hatte sie die Schrecken des Krieges aus der Sicht einer Ehefrau beschrieben und definitiv den Nerv der Gesellschaft getroffen, die zu dieser Zeit in heftigen Diskussionen über Militarismus und Krieg begriffen war. Von Suttner definierte Frieden als völkerrechtlich einklagbaren, naturrechtlich verbürgten Normalzustand, im Gegensatz zu Krieg als eine Folge menschlichen „Irrwahns". 1891 gründete Bertha Sophia Felicita Baronin von Suttner (geborene Gräfin Kinsky von Wchinitz und Tettau) die „Österreichische Gesellschaft der Friedensfreunde", deren Präsidentin sie Zeit ihres Lebens blieb, sowie die „Friedensgesellschaft Venedig". Im selben Jahr wurde sie anlässlich des Weltfriedenskongresses in Rom zur Vizepräsidentin des Internationalen Friedensbüros gewählt und 1892 gründete sie die „Deutsche Friedensgesellschaft". Aufgrund ihrer Initiative fanden zahlreiche „interparlamentarische Konferenzen" statt, aus deren Folge 1910 die „Interparlamentarische Union" entstand.

1905 wurde sie von Alfred Nobel – als erste Frau – mit dem Friedensnobelpreis ausgezeichnet. Ihr Konterfei zierte jahrelang Österreichs Tausend-Schilling-Banknote, zahlreiche internationale Gedenkmünzen, Briefmarken sowie seit 2002 Österreichs

2-Euro-Münze. Recherchen der Wiener Ton-Expertin Gabriele Fröschl und der Wiener Akademie der Wissenschaft bescheinigen die Authentizität des Tondokuments. Bertha von Suttner hatte sich zu jenem Zeitpunkt in Breitenfurth befunden, die handschriftliche Tagebuchnotiz darüber ist Indiz und Beleg. 1888 hatte Thomas Alva Edison den Phonographen erfunden. Auf Wachswalzen wurden damit erstmalig Aufnahmen von Stimmen oder kurzen Musikstücken dokumentiert.

Wenige Wochen nach Bertha von Suttners Tod begann der erste Weltkrieg. Pazifismus und Diplomatie hatten kläglich versagt. Die Waffen hatten final das Kommando übernommen.

995

Staatsgesetzblatt

für die Republik Österreich

Jahrgang 1920 Ausgegeben am 21. Juli 1920 90. Stück

Inhalt: Nr. 303. Staatsvertrag von Saint-Germain-en-Laye.

303.

Staatsvertrag von Saint-Germain-en-Laye vom 10. September 1919.

Nachdem der am 10. September 1919 in Saint-Germain-en-Laye unterzeichnete Staatsvertrag zwischen der Republik Österreich und den alliierten und assoziierten Mächten sowie die dazugehörigen am gleichen Tage unterzeichneten Erklärungen und ein Protokoll, welche also lauten:

№67

Vertrag von Saint-Germain

Atmosphärisch stimmig illustriert eine zeitgenössische Karikatur, datiert mit September 1919, die emotionale Großwetterlage in Österreich nach der Unterzeichnung des „Vertrages von Saint-Germain“: „Mit der enormen Erhöhung der Buchpreise habe ich ja gerechnet, aber auf einen solch gemeinen Preis war ich nicht gefasst!“ meint Staatskanzler Dr. Karl Renner konsterniert zu seinem Vis-à-vis, den in Leinen gebundenen Vertrag, der formal die Auflösung Österreich-Ungarns und den Anbeginn der Republik Österreich dekretierte, in Händen haltend.

Von Skepsis begleitet war der staatliche Neubeginn nach dem Zerfall der österreichisch-ungarischen Doppelmonarchie. Billiger Populismus, Demagogie, soziale Unruhen, politische Finten, wechselseitige parteipolitische Schuldzuweisungen und ideologische Scheuklappen führten, akkordiert und multipliziert durch die globale wie auch nationale wirtschaftlich prekäre Lage, in das Desaster des Untergangs der jungen Republik.

Im Mai 1919 war eine österreichische Delegation nach Saint-Germain-en-Laye gereist, eine direkte Teilnahme an den Gesprächen wurde ihr allerdings verweigert. Lediglich schriftliche Vorschläge konnten unterbreitet werden. Dem Habsburger Herrscherhaus von Österreich-Ungarn und dem Deutschen Kaiserreich wurde die Alleinschuld am Krieg zugewiesen.

Der Vertrag von Saint-Germain regelte nach dem Ersten Weltkrieg die Auflösung der österreichischen Reichshälfte (die im Reichsrat vertretenen Königreiche und Länder) Österreich-Ungarns und die Bedingungen für die neue „Republik Deutschösterreich". Der separat verhandelte Vertrag von Trianon regelte die Situation Ungarns, des anderen Teilstaates der vormaligen Doppelmonarchie. Der am 2. September 1919 den österreichischen Delegierten überreichte Vertrag wurde am 10. September 1919 im Schloss Saint-Germain-en-Laye unterzeichnet. Der Vertrag beendete formal den Ersten Weltkrieg und wurde zwischen Österreich und 27 alliierten und assoziierten Mitgliedern abgeschlossen.

Die wichtigsten Bestimmungen der 381 Artikel des Vertrages von Saint-Germain besagten: Böhmen, Mähren, Österreichisch-Schlesien und einige Gemeinden Niederösterreichs gehen an die neu gegründete Tschechoslowakei. Galizien geht an Polen. Südtirol, Istrien, Welschtirol und das Kanaltal gehen an Italien. Die Bukowina geht an Rumänien. Dalmatien, Teile der Untersteiermark sowie das Kärntner Mießtal und das Seeland gehen an das neue Königreich der Serben, Kroaten und Slowenen. Über Südkärnten ist eine Volksabstimmung darüber, ob es künftig zu Österreich oder zu Jugoslawien gehören möchte, durchzuführen. Westungarn geht an Österreich und erhält den Namen Burgenland. Die Verwendung von „Deutschösterreich" als Staatsname wird verboten. Der Anschluss an das Deutsche Reich wird untersagt. „Österreich" wird zu Reparationszahlungen verpflichtet. Die allgemeine Wehrpflicht wird verboten; erlaubt wird nur ein Berufsheer von 30.000 Mann. Sämtliche Rüstungsfabriken und Waffen müssen zerstört werden. Nach Abtrennung der oben genannten Gebiete blieb von „Österreich" – dem ehemaligen Cisleithanien – ein Reststaat mit etwa 6,5 Millionen Einwohnern. Ungarn – dem ehemaligen Transleithanien der kaiserlich und königlichen Doppelmonarchie – wurden ähnlich harte Bedingungen und Reparationen wie Österreich auferlegt. Sinngemäß entsprach der Vertrag von Saint-Germain dem Versailler Vertrag.

Der Vertrag von Saint-Germain trat am 16. Juli 1920 formell in Kraft und bestätigte auch völkerrechtlich die Auflösung Österreich-Ungarns. Anlässlich des 90-jährigen Jubiläums der Republik Österreich hätte das Original des Vertrags von Saint-Germain in Wien ausgestellt werden sollen. Die nach der Unterzeichnung in Frankreich aufbewahrten Originale konnten in französischen Archiven aber nicht mehr aufgefunden werden. Im Zweiten Weltkrieg war der Vertrag nach Berlin gebracht und dort ausgestellt worden. Wahrscheinlich wurde er dort bei einem Bombenangriff zerstört.

№68

Das „Tischgebet“

gemalt von Albin Egger-Lienz

Die Szene ist archaisch, karg, ärmlich, dennoch feierlich. In Demut, mit gesenktem Haupt und ernster Miene stehen drei Menschen – eine Frau und zwei Männer – andächtig um einen Tisch gruppiert. In der Mitte des Holztisches steht eine Schüssel. Sie ist leer. Ob sie erst befüllt wird oder schon geleert ist, ist bei der gebotenen Ansicht nicht auszunehmen. Anzunehmen aber ist, dass sie leer war und bleibt. Die Bauern, die mit zum Gebet gefalteten Händen inmitten der schmucklosen Stube stehen, haben den Blick in sich gekehrt, erforschen ihr Inneres. 1921 vollendete Albin Egger-Lienz sein „Tischgebet“ als Abbild des alltäglichen Lebens der Bergwelt. Er selbst nannte seine Komposition „einen Raum, der vom Geist der Andacht tönt“.

„Atta unser tu in himminan ...“, „gesegnet werde Dein Name, Dein Reich komme, Dein Wille geschehe ...“ (...) „in dominus sanctus“.

Lange Zeit galt das Werk als verschollen. Der obsessive Kunstsammler Rudolf Leopold soll über fünfzehn Jahre lang danach gesucht haben. Fündig aber wurde, nach akribischen Recherchen und einem Tipp vonseiten eines Tiroler Historikers, der in der Wiener Gluckgasse ansässige Kunst- und Antiquitätenhändler Josef Schütz. Er begab sich auf eine Pilgerfahrt nach Mailand, prüfte das Objekt der Begierde, kaufte – nach zähen Verhandlungen mit den Besitzern – das Gemälde und verschaffte, nach einer Odyssee betreffend Provenienz und Ausfuhrgenehmigung, dem „Tischgebet" eine späte „Heimkehr" nach Österreich. Die Rückkehr dieser einzigartigen, in wesentlichen Details von späteren Versionen divergierenden ersten Fassung des Bildes, und der Höchstpreis von 1,3 Millionen Euro – dem höchsten Preis, der je für ein Werk von Egger-Lienz gezahlt worden war – stellten eine Sensation dar. Davor lag die höchste Summe bei 912.000 Euro, um die 2006 der „Totentanz anno 09" im Wiener Dorotheum ersteigert wurde.

Vor fast einem ganzen Jahrhundert hatte der auf den Namen Ingenuin Albuin Trojer getaufte Albin Egger-Lienz (1868–1926) besagtes Gemälde erschaffen. Datiert ist diese erste Fassung des „Tischgebetes" mit 1921. Der Erste Weltkrieg war gerade vorüber, das Land verwüstet, die Äcker verödet, die Situation für die Bevölkerung ernst, bedrohlich. Die von Egger-Lienz dargestellten Menschen aber wirken ruhig, sind beseelt von Demut. Gottergeben, ohne Hader oder Zorn, sich dem Schicksal ergebend. Diese erste Fassung des Tischgebets repräsentiert luzide den Stil von Egger-Lienz' später Schaffensperiode, der durch eine strenge Reduktion der Formierung im Figuralen geprägt war. Der in Stribach bei Lienz Geborene, in Justina bei Bozen Verstorbene artikulierte seine künstlerische Position mit den Worten „Ich male Formen, keine Bauern" – formal inspiriert von Kubismus und Expressionismus, vom Secessionismus sowie internationalen Künstlern wie Auguste Rodin, Jean-Francois Millet oder Giovanni Segantini. Charakteristisch sind die verwendeten Farben, die Nuancen warmer Erd- und Naturtöne. Trotzdem die gedrungene, fast leere, karge Stube düster und schmucklos ist, erscheint sie doch von Licht durchdrungen. Ein Szenario, das die Lebensumstände der bäuerlichen Bevölkerung realistisch und gesellschaftskritisch durchleuchtet. Trotz einer gewissen Tristezza strahlt das um den Essplatz gruppierte Dreigestirn etwas Feierliches aus. Diese Festlichkeit erwirkt beim Betrachter eine sakrale Aura, eine kontemplative Mystik und Spiritualität. Reflexion seiner Beschäftigung mit den elementaren Themen des Daseins, existenziellen Fragen im Spannungsfeld zwischen Schicksal, Werden und Vergehen, Endlichkeit und Ewigkeit.

Unter Experten und Connaisseuren gilt die erste Fassung des Tischgebets als „wahrhaftig und originär". Das auf 1921 datierte, am linken unteren Rand von Egger-Lienz signierte, 135 x 190 cm große Ölgemälde wurde erstmals auf der XIII. Biennale Internationale d'Arte di Venezia präsentiert, gewann 1923 bei der Biennale in Mailand den ersten Preis und war seit 1929 in einer Privatsammlung in einem Mailänder Palazzo verortet. Das Sujet des Tischgebets variierte Egger-Lienz infolge noch mehrmals. Die 1923 entstandene zweite Fassung befindet sich in einer deutschen Sammlung. Weitere sind im Tiroler Ferdinandeum und im Wiener Belvedere Exponate der ständigen Sammlungen.

Zu Lebzeiten international äußerst erfolgreich – von Leo Trotzki wurde er als „vollkommen", von Carlo Carrà, einem Theoretiker des Futurismus, als einer der „bedeutendsten Sterne" apostrophiert – war die Rezeption Egger-Lienz' nach seinem Tod stark von politischen Kriterien beeinflusst. Vielfach wird sein Œuvre der „Sphäre einer konservativen, faschistischen Ästhetik" zugerechnet. Während österreichische Kritiker ihn der Moderne und dem Pazifismus zurechnen, deuten ihn internationale Experten, wegen seiner Erdverbundenheit, seiner Bodenständigkeit und seiner Ernsthaftigkeit als Vorläufer nationalsozialistischer Malerei. Diese Konnotation mit der „Blut und Boden-Ideologie" war Egger-

Lienz posthum, aufgrund der kolportierten persönlichen Wertschätzung Adolf Hitlers und anderer Nazi-Bonzen unfreiwillig angediehen. Zu Egger-Lienz-Verteidigung muss aber festgestellt werden, dass er – beispielsweise als Mitglied von Secession und Hagenbund – nichts mit derartigen Ideen zu tun hatte. Inspiriert war er formal von Kubismus, Expressionismus, ideell von Pazifismus, Moderne und Gesellschaftskritik. In den letzten Jahren fand eine entideologisierte, rein dem künstlerischen Wert Rechnung tragende Aufarbeitung zugunsten seiner Reputation statt. Retrospektiven etwa im Ferdinandeum, im Belvedere und im Leopold Museum zeugen von der neuen Beurteilung und der Wertschätzung abseits revanchistischer Ideologien, als Chronist der Verbrechen des Krieges und des archaischen Lebens in den Alpen. Die vordergründige Idylle hat bei näherer Betrachtung nicht immer Bestand. Im Gegenteil: Martialische, archaisch-strenge Gemälde wie Totentanz, Finale, Mütter, die Namenlosen, das Mittagessen und das Tischgebet bestechen durch kritische Gedankenwelten. Eindeutig belegen sie eine eingehende, tiefgreifende Beschäftigung mit dem Elementaren per se.

Mit der Einfuhr nach Österreich gelang dem aus Linz stammenden Kunstexperten Josef Schütz bereits zum wiederholten Mal ein sensationeller Coup. Zuletzt hatte 2011 die von ihm und seiner Frau Irene kuratierte und organisierte Retrospektive des Wiener Expressionisten Willy Eisenschitz im National Art Museum of China in Peking international für Aufsehen und Furore gesorgt. Mittels der Personale wurde dem lange Zeit unter Wert gehandelten Eisenschitz ein gerechter Platz in der Kunstgeschichte zugeführt; in einer Ebene mit Dalí, Goya, Picasso oder Miró, die davor im Namoc zu Gast waren. Der Schätzwert entspricht nun auch der Wertschätzung. Mit Akribie, Verve und Empathie gelang es Schütz – vor allem auch mittels seiner unaufgeregten Art und seines diplomatischen Fingerspitzengefühls –

innert weniger Monate ein imposantes Netzwerk aufzubauen, Brücken zu Menschen vordergründig anderer Mentalität, divergierenden Temperaments zu bauen und damit ein auf Wertschätzung basierendes Fundament für zukünftig bilateralen Kulturaustausch auf Augenhöhe zu legen. Zurück auf dem europäischen Kontinent, war es nur eine Frage der Zeit, bis Schütz weiterhin österreichische Kunst und Antiquitäten in der Welt präsentiert und verbreitet. „Um an die Quelle zu kommen, muss man gegen den Strom schwimmen" meinte bereits Konfuzius. Dies dürfte Schütz verinnerlicht haben.

„Schütz Fine Art" hat mit Aktivitäten wie der Ausstellung in Asiens renommiertestem Museum und der Transaktion der Erstfassung des „Tischgebets" ihre Position in der internationalen Liga des arrivierten Kunst- und Antiquitäten-Handels manifestiert und verfestigt. Kurz nach dem Ankauf durch Schütz hat das „Tischgebet" wieder den Besitzer gewechselt. Es ist nun Teil einer in Wien verorteten Privatsammlung eines anonym bleiben wollenden Kunstliebhabers. Über den Kaufpreis breiteten Käufer und Verkäufer den Mantel des Schweigens. Fest steht, dass das passenderweise zum Pfingstfest 2012 übersiedelte Opus sich in einen Kanon von sechs weiteren Egger-Lienz-Gemälden – unter ihnen auch die Erstfassung des „Sämanns" – gesellte.

Das Tischgebet bedeutet gleichsam Dank und Segen. Das christliche Tischgebet entstammt direkt der jüdischen Tradition der „Berachá", welche im Buch Mose verwurzelt ist. In Kapitel 8, Vers 10 heißt es: „Und du sollst essen und satt werden und segnen den Ewigen deinen Gott für das gute Land, das er dir gegeben hat." In der christlichen Liturgie entsprechen Dank, Segen und Gotteslob dem feierlichen „Gloria Patri" und dem „Angelus"-Gebet. „Gepriesen bist du, unser Gott, Schöpfer der Welt, für Speise und Trank: Durch sie gewährst du uns Leben und Freude. Gepriesen bist du in Ewigkeit." „Amen."

№69

Armlehnstuhl von Kolo Moser

Traditionellerweise verwenden die Österreicher – zumindest die Wiener – gerne den öffentlichen Raum als verlängertes Wohnzimmer. Ganze Generationen, ganze Legionen von Kaffeehausliteraten verbrachten mehr Zeit im Café als zu Hause bei Frau und Familie. Diesem Umstand Rechnung tragend, entstanden gerade zur Zeit des Secessionismus und des Fin de Siècle, unendlich viele Sitzmöbel.

Ein heute zu den Klassikern der Moderne zählender Sessel ist der für die 18. Ausstellung der Secession von Kolo Moser entworfene Armlehnstuhl. Die Ausführung stammt von Prag-Rudniker, gefertigt 1903 in Wien. Historische Aufnahmen belegen seine Verwendung im Entree des Purkersdorfer Sanatoriums und – zentral als Teil der Exposition positioniert – im Hauptsaal der 18. Ausstellung in der Wiener Secession. Der Armlehnstuhl, dessen Korpus ganz in Weiß gehalten, und dessen Sitzfläche in Form eines Schachbrettes Schwarz-Weiß gewürfelt ist, war de facto Teil der Ausstellung. Nicht nur als Dekoration, sondern als integrativer Bestandteil des räumlichen, des künstlerischen Gesamtkonzepts.

Der Stuhl entspricht klar strukturierten, ausgewählten geometrischen Linien und orthogonalen Flächenstrukturen. Die Quadrate der Sitzfläche reflektierten Quadrate in Klimts Gemälden, wiederholten sich immer wieder auch bei Porträts und anderen Interieurs, die zur Architektur abgestimmt war. Sogar eine als Sesselleiste drapierte Zierleiste entsprach den Stab- und Schablonendekors und den sparsam eingesetzten Ornamentformen.

Nur wenige Jahre später sollte Gustav Klimt, etwas launig, in einer Korrespondenz an Josef Hoffmann konstatieren: „Aus ist's mit den Quadrateln, naturalistisch ist Trumpf". Was allerdings nicht bedeutete, dass das von der Avantgarde postulierte Ziel des Gesamtkunstwerkes aufgegeben worden wäre. Es erfuhr nur eine Neuausrichtung. Der Einfluss einer 1909 getätigten Reise nach Paris zeigte offensichtlich Wirkung. Cézanne, Manet, Monet, Ausstellungen im Bois de Boulogne sowie Werke von Matisse, Braque und vor allem von asiatischen Künstlern machten Eindruck und hinterließen ihre Spuren in Klimts Œuvre. Gustav Klimt und Carl Moll versuchten diesen Orientierungswechsel als Naturalismus zu definieren, der sich, in unserer heutigen Einschätzung, in stark expressiven Werken manifestiert.

Der als dekadenter Dekorationsstil in Verruf geratene Stil wurde lange Zeit kunsthistorisch vernachlässigt. Das betrifft sowohl die Rezeption der Malerei als auch die Möbel des Jugendstils und des Secessionismus. Heute gelten die Designentwürfe der Möbel zu Recht als eigenständige Kunstwerke und zählen zu herausragenden Klassikern der Moderne. Historischen Verfehlungen zufolge aber wurden viele Stoffe und Möbel zerstört.

Ein Original des von Kolo Moser entworfenen Armlehnstuhls, der im Gebäude der Wiener Secession seinen originären Platz hatte, befindet sich heute unter Inventar Nummer 4354 im Leopold Museum Wien. Als integrativer Bestandteil der großartigen

Sammlung des passionierten Sammlers Rudolf Leopold (1925–2010), der genau die Idee, das Konzept und die Vision der genialen Künstler des Jugendstil, des Fin de Siècle, verstand und wieder vereinte: als Gesamtkunstwerk.

№70

Das Enzi

Eine Oase kontemplativer Ruhe, absolut untypisch für Österreich: das MQ, ein städtebauliches Juwel auf dem Gelände der einst von Fischer von Erlach erbauten ehemaligen k. u. k. Hofstallungen, das die ideale Symbiose von Tradition und Moderne darstellt. Im Ambiente des MQ, dem MuseumsQuartier Wien, herrscht eine derart gelöste, entspannte Atmosphäre, dass man nicht den Eindruck hat, in Österreich zu sein. Inmitten der tosenden, pulsierenden, pluralistischen, kosmopolitisch denkenden und agierenden Großstadt, zu der Wien im positiven Sinne in den letzten zwei Jahrzehnten mutiert ist, stellt die Location ein urbanes Refugium dar. Smooth, cool, kosmopolitisch. Die Höfe des einzigartigen Konvoluts an Museen, Hallen und der breiten, interessierten Öffentlichkeit für Ausstellungen, Experimente, Events, Modeschauen, Theater, Konzerte, Workshops, kreative Prozesse und alles Erdenkliche mehr zur Verfügung stehenden Räumlichkeiten sind Teil eines Kreativkonzeptes, das Interaktion und Kunst im öffentlichen Raum ermöglicht.

Zentralgestirn der urbanen Relax-Zone ist ein Designobjekt, das speziell dafür entwickelt wurde. Das Enzi – ein Möbel als künstlerische Intervention. Als das Wiener MQ 2002 die unter PPAG firmierenden Architekten Podelka und Paduschka gebeten hat, für die kommende Wintersaison Ideen für die „Bespielung“ des Hofes zu entwickeln, war Enzi lediglich der Name der Prokuristin und Kommunikationsverantwortlichen des MQ, Daniela Enzi. Sie wurde zur Namenspatin der neu entworfenen Hofmöbel. Das Team der PPAG entwickelte für den Winter völlig neue Punschstände – zusammengebaut aus einzelnen, stapelbaren Elementen. Gleichzeitig entstand aber auch die Vision, diese auch in anderen Aufstellungsvarianten respektive einzeln zu nutzen. Die Vision wurde Realität. Seitdem sind die Möbel, die Enzis, fixer Bestandteil des MQ. Im Winter und im Sommer. Untertags und abends. Zudem werden sie jedes Jahr farblich erneuert. Die „klassischen Enzis“ sind handgemachte Hartschaummöbel von sehr geringem Gewicht bei einer Größendimension von knapp 3 Metern Länge, 120 cm Tiefe, 93 cm Höhe und einer Sitzhöhe von 46 cm. Von der Seite beschreibt die Form ein stilisiertes Boot mit 10 Kanten. Die einzigartige Geometrie ermöglicht unzählige Kombinationen. Besonders beliebt sind die Enzis im Sommer. Im trendigsten Museumsviertel Europas kann man auf ihnen sitzen, liegen, chillen, plaudern, picknicken oder einfach die Sonne genießen. Kinder nutzen sie als urbane Bergwelt, Hindernisparcours und Klettergerüst. Die symbiotische Kombination aus Freizeit- und Museumslandschaft bescherte Wien eine bislang unbekannte Lebensqualität und dem MQ Rekordzahlen an Besuchern. Allein 2009 zählte man 3,6 Millionen Besucher. Eine Kreativzone – ein Areal von insgesamt 87.800 m^2 – an der man, auch absolut unösterreichisch, beispielsweise in der „Kantine“ bis 18:00 Uhr Frühstück serviert.

Jahrelang gestalteten die Besucher interaktiv die Enzis mit. Per Online/Internet-Voting entschieden sie, welche Farbe die Enzis für jeweils eine Saison tragen. Geschmackssicher fiel die Entscheidung nicht immer aus. Demokratisch war sie allemal.

Durch einen Brand im Jahr 2009 wurde ein Großteil der Enzis zerstört – die nachfolgenden, in Italien produzierten „Enzos" haben zwar rein äußerlich dieselbe Form, entsprechen aber bei Weitem weder punkto Bequemlichkeit noch Charme dem österreichischen Design- und Kult-Objekt. Im Sommer 2012 gingen die Enzos sogar fremd und suchten das Weite – als öffentliche Raststätten in Niederösterreichs Alm- und Bergwelt. Einheimische Wiener Connaisseure suchen indes – und finden die noch vereinzelt über die Höfe verteilten Restbestände der originalen Enzis. Deren Namenspatronin, die Prokuristin Daniela Enzi, verließ übrigens im August 2012 das Kulturareal MQ, um sich der Aufgabe einer Neupositionierung des traditionellen, aber heruntergekommenen Wiener Eislaufvereins zu widmen.

Aufgrund des großen Erfolges kann man auch als Privatperson Enzis in drei unterschiedlichen Dimensionen kaufen. Die Miniaturversion passt sogar in Kinderzimmer, auf kleine Terrassen und Gärten. Das ideale Lounge-Feeling aber kommt erst in Wiens größtem Wohnzimmer unter freiem Himmel, inklusive überdimensionaler Dachterrasse auf. Urban Lifestyle. Very stylish. Trés chic! Oder, um im juvenilen Jargon der smoothen Hipsters und Bobos zu bleiben: ur-cool!

№71

Ein Geldkoffer

„Es gilt die Unschuldsvermutung"

Es war einmal ... vor gar nicht allzu langer Zeit, in einem Land, von dem man sagte, es läge im Herzen Europas, ein Aktenkoffer. Sein Äußeres war von anmutiger Erscheinung und schlichter Eleganz. Das für seine Produktion verwendete Material war feinstes, behutsam gegerbtes Schweinsleder. Sein gesamter gepolsterter Korpus war, gemäß traditionellem Taschnergewerbe, in einer Manufaktur per Hand aus einem einzigen Stück schwarz gefärbten Leders überzogen und mit feinen, zarten Nähten abgesteppt worden. Elegant, aber ergonomisch geformt der ebenfalls mit Leder überzogene Tragegriff. Ein goldenes Schloss mit Zahlenkombination sicherte vor unbefugtem Zugriff. Auch sein Innenleben war stilvoll. Mit Seide bezogene Fächer ermöglichten Ordnung und Überblick. In Dimension und Format entsprach er der Norm, um Aktenordner, Dokumente und dergleichen transportieren zu können.

Eines Tages trat er in den Dienst eines feinen Herrn mit guten Manieren. Glaubt man den Berichten, mauserte er sich zu einem wahrhaft polyglotten Koffer. Weitgereist und allseits beliebt. Heiß ersehnt und oft begehrt. Es kam nämlich dazu, dass er mit anderen Koffern in Verbindung trat. Vermittler hatten Kontakte hergestellt, es kam zu einem regen interaktiven Austausch, in der Folge zu einer intensiven Beziehung. Rein geschäftlich, hochprofessionell, versteht sich! Er lieferte Aufträge, ein anderer Kuverts. Ein andermal überbrachte der Koffer abgezählte Geldbündel – im Austausch für Informationen, Dokumente, Verträge. War der Koffer leer, wurde er flugs wieder gefüllt. Es war ein Treiben, dass es eine rechte Freude war. Der Koffer wechselte Inhalt und Besitzer, Identität und Nationalität.

Zunächst unternahm der Koffer Exkursionen in Amtshäuser, Kanzleien, Büros, öffentliche Spitäler, Vorstandsbüros und Ministerien. Der Koffer wurde auf Yachten mitgenommen und auf Jagdausflüge. Bald reiste er von hier nach dort, quer durch die Welt, rund um den Globus. Von Wien reiste er nach Zürich und Vaduz, von Kärnten aus unternahm er Kurztrips an die Adria, folgte Einladungen nach Moskau, Jersey, Guernsey und Zypern, auch auf die Cayman Islands, die Bahamas und die Bermudas. Ein beneidenswertes Leben in Saus und Braus. Alles lief wie geschmiert.

Eines Tages erkannte der Koffer, dass er eine Jahrhunderte währende Genealogie aufweisen konnte und weltweit Verwandte besaß. Kardinalsrote, schwarze, braune, blaue, rote, grüne und orangefarbige, konservative und alternative, mit Fransen besetzte, stoffüberzogen oder cool designte – alternierend nach Mode, Destination und Kulturkreis. Aus Metall, Kunststoff und Leder. Selten aber war einer seiner, ebenfalls in geheimer Mission befindlichen Artgenossen so erfolgreich wie er.

Zornig reagierte der Koffer nur ein einziges Mal, als ihm nachgesagt wurde, dass er Unrechtes täte, gar korrupt sei. Was für eine impertinente Unterstellung! Sogleich reagierte er, schlug den Rechtsweg ein und klagte auf Verleumdung, Unterlassung und

Rufschädigung. Mit Inbrunst empörte er sich über Ungerechtigkeit und Undankbarkeit der Welt. Schnell wurde amtlich beschieden, dass immer alles rechtens und richtig gewesen sei, dass er immer nur zum Wohl der Allgemeinheit agiert hätte. Somit wurden die inkriminierenden Ankläger zu Koffern ersten Ranges degradiert.

Still um den Geldkoffer wurde es – kurzzeitig – im Zuge der Globalisierung der Weltwirtschaft und des Finanzwesens. Nun übernahmen, sehr zu seinem Leidwesen, und zu dem der personifizierten Kofferträger, virtuelle Online-Überweisungen über äußerst verzweigte und vernetzte Firmengeflechte und Transaktionskonstellationen die komplexe Aufgabe der Informations- und Geldströme. Es schien schon, dass er – „Gott behüte!“ – und seine internationale Verwandtschaft vom Aussterben bedroht seien. Bald aber stellte man fest, dass die persönliche Note des Koffers verlässlicher und vor allem verschwiegener und vertraulicher ist, als der anonyme, aber Spuren hinterlassende Datastream.

Und wenn er nicht gestorben ist, dann wandert er auch heute noch, leicht ramponiert, von Hand zu Hand. Als wichtig aber gilt es, ein unumstößliches Faktum festzuhalten: „Für alle Genannten sowie alle auch nicht explizit Genannten gilt selbstverständlich die Unschuldsvermutung!“

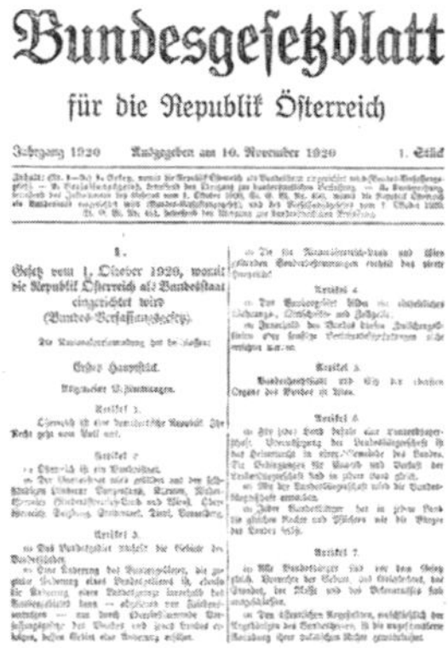
Bundesgesetzblatt

für die Republik Österreich

Jahrgang 1920 Ausgegeben am 10. November 1920 1. Stück

1.

Gesetz vom 1. Oktober 1920, womit die Republik Österreich als Bundesstaat eingerichtet wird (Bundes-Verfassungsgesetz).

Erstes Hauptstück.

Artikel 4

Artikel 5

Artikel 6

Artikel 7

№72

Das Bundes-Verfassungsgesetz

Traum und Wirklichkeit hehrer Ziele. Ob all die Rechte, die am 1. Oktober 1920 im Österreichischen Parlament als Bundes-Verfassungsgesetz beschlossen wurden – infolgedessen die Republik Österreich als Bundesstaat eingerichtet wurde –, heute wirklich zur Realität unseres alltäglichen Lebens, unseres Handelns, Denkens und Arbeitens geworden sind, gilt für mündige StaatsbürgerInnen stets zu überprüfen und kritisch zu hinterfragen.

Abseits „Artikel 1: Österreich ist eine demokratische Republik. Ihr Recht geht vom Volke aus.“ sind vor allem die in Artikel 7 genannten Rechte des Individuums von Wert und Bestand, von Relevanz, bisweilen aber von Brisanz. Genannter Artikel 7 besagt auszugsweise: „Alle Staatsbürger sind vor dem Gesetz gleich. Vorrechte der Geburt, des Geschlechtes, des Standes, der Klasse und des Bekenntnisses sind ausgeschlossen. Niemand darf wegen einer Behinderung benachteiligt werden. Die Republik (Bund, Länder und Gemeinden) bekennt sich dazu, die Gleichbehandlung von behinderten und nichtbehinderten Menschen in allen Bereichen des täglichen Lebens zu gewährleisten. Bund, Länder und Gemeinden bekennen sich zur tatsächlichen Gleichstellung von Mann und Frau. Maßnahmen zur Förderung der faktischen Gleichstellung von Frauen und Männern insbesondere durch Beseitigung tatsächlich bestehender Ungleichheiten sind zulässig."

Das Bundes-Verfassungsgesetz, kurz B-VG, ist ein im Verfassungsrang stehendes österreichisches Bundesgesetz. Es stellt zwar den Kern der österreichischen Bundesverfassung dar, ist allerdings nicht das einzige Verfassungsdokument. Viele weitere Verfassungsbestimmungen sind in unterschiedlichen anderen Gesetzen enthalten. Die Schreibweise mit Bindestrich unterscheidet das Bundes-Verfassungsgesetz von anderen Bundesverfassungsgesetzen.

Das B-VG wurde am 1. Oktober 1920 von der Konstituierenden Nationalversammlung als Gesetz vom 1. Oktober 1920, womit die Republik Österreich als Bundesstaat eingerichtet wurde, beschlossen. Es löste damit ein fast zwei Jahre geltendes Verfassungsprovisorium ab, das nach dem Ende des Ersten Weltkrieges von der Provisorischen Nationalversammlung eingerichtet worden war. Über wichtige Teile des formellen Verfassungsrechtes konnte jedoch vorerst keine Einigkeit erzielt werden. So enthielt diese Urfassung keine Regelungen zur Kompetenzverteilung zwischen Bund und Ländern, zur Finanzverfassung oder den Grundrechten. Im Bundes-Verfassungsgesetz wurden all diese Punkte des Föderalismus-Prinzips, bezüglich der Kompetenz-Verteilung von Bund und Ländern, detailliert geregelt.

Inhaltlich und stilistisch ist die Österreichische Verfassung stark geprägt von ihrem Autor Hans Kelsen, wichtige weitere Beiträge stammen von Karl Renner, Michael Mayr, anderen Politikern und Rechtsgelehrten. Der interessierten Öffentlichkeit wurde es, wie gewohnt, in Form eines publizierten „Bundesgesetzblattes für die Republik Österreich" kundgetan. Datiert ist es mit dem 10. November 1920.

Mehr als neun Jahrzehnte nach Erstellung und Beschluss der Verfassung entsprechen viele der klar formulierten, quasi als kategorischer Imperativ des Handelns, postulierten Ziele nicht der Realität. Ein Verfassungskonvent konnte keinen Konsens über die Grenzen der im Parlament vertretenen Parteien hinweg bringen, dringend anstehende Reformen im Pensions-, Beamten- und im Sozialbereich, im Gesundheits- und Pflegewesen sowie – pro futura – im Bereich der Universitäten und der Schulbildung bleiben offen. Zunehmend regieren Ratlosigkeit und Entscheidungsallergie, kombiniert mit Veränderungsresistenz.

Gesellschaftlichen Metamorphosen wird nur langsam Rechnung getragen. Die im Gesetz verankerte Gleichstellung von Mann und Frau im Alltag, im Berufsleben und in der Höhe des Gehalts steht real auch im frühen 21. Jahrhundert immer noch aus. Benachteiligungen punkto Besetzung und Bezahlung sind realiter gang und gäbe. Degoutant. Eine Frage von Wertschätzung und Geringschätzung. Von Emanzipation, Freiheit und Unabhängigkeit.

Handlungsbedarf besteht auch bezüglich Akzeptanz, Toleranz sowie einer rechtlichen Gleichstellung gleichgeschlechtlicher Liebe. Der ehemalige Lieblings-Schwiegersohn der Nation, der wunderbar kämpferische, zu seinem Wort und seiner Meinung, auch wider besseres Wissen, gegen seinen Vorteil, stehende Alfons Haider hat einmal, stark verkürzt, in „Willkommen Österreich", der genialen, von Christoph Grissemann und Dirk Stermann moderierten satirischen TV-Show, Österreich als „verlogenes und beschissenes Land" bezeichnet. Wie recht er mit seinem provokativen Statement haben sollte, zeigte sich in der empörten Reaktion der breiten Masse. Das wahrlich Empörende in der zur Causa stilisierten Sache war aber, dass man, vorurteilsbehaftet, gar nicht komplett zuhörte und der Boulevard bewusst nur die Hälfte zitierte. Worum es Haider eigentlich ging, nämlich um die Bigotterie, dass seine Mutter als Folge seines persönlichen Outings geschmäht wurde, wurde im Zuge der Diskussion der Öffentlichkeit weitgehend unterschlagen.

Positiv zu vermerken ist dennoch zunehmende Zivilcourage. Das Verschließen von Augen und Ohren vor Ungerechtigkeit und Unrecht nimmt ab. Wachsam ist man heute – Gottlob – gegenüber dem immer noch latent vorhandenen Antisemitismus. Verantwortungsbewusstes Denken und Handeln in Bezug auf Minderheiten, Unterprivilegierte und sozial Schwache ist – Gott sei Dank – weitgehend vorhanden. Desaströs konterkarieren aber hin und wieder diese grosso modo vorhandene und gelebte globale Verantwortung Inserate, die zu Geldspenden auffordern mit dem sinngemäß desavouierenden Slogan, dass „man heimische Tiere nicht vernachlässigen darf, selbst wenn es Menschen irgendwo auf der Welt schlecht geht". Das „Hunderl" ist wichtiger als der Mensch. Dekadent.

Wie heißt es doch in Bezug auf die Rechte des Individuums in Artikel 7: „Alle Staatsbürger sind vor dem Gesetz gleich. Vorrechte der Geburt, des Geschlechtes, des Standes, der Klasse und des Bekenntnisses sind ausgeschlossen." Es ist noch viel zu tun, das Gesetz den Menschen zu vermitteln – und zu verinnerlichen!

№73
Die Österreichische Kaiserkrone

Mit dem 11. November 1918 wurde sie zum rein musealen Exponat degradiert. Seit dem 11. November 1918 ist sie im Besitz der Republik Österreich. Seit dem 11. November 1918, dem Datum der Abdankung und der unterfertigten Verzichtserklärung Kaiser Karls I. „auf jeden Anteil an Staatsgeschäften" behielt sie trotz des Verlustes jeglicher realer Bedeutung einen immens hohen ideologischen, ideellen, identitätsstiftenden und kunsthistorischen Charakter.

Bei der Ausrufung des Kaisertums Österreich anno 1804 wurde als österreichische Kaiserkrone die Privatkrone Kaiser Rudolfs II. bestimmt. Sie blieb auch nach dem Österreichisch-Ungarischen Ausgleich 1867 bis 1918 die Krone des Kaisers von Österreich – allerdings nur mehr für den Reichsteil Cisleithanien.

Die Rudolfskrone wurde 1602 in Prag gefertigt – durch den Goldschmied Jan Vermeyen (1559–1606) nach dem Vorbild der Krone Kaiser Maximilians I., die Albrecht Dürer auf einem Kupferstich verewigt hatte. Sie besteht, dem Typus der an Bischofsmützen erinnernden Mitrenkronen folgend, aus drei Teilen: einem Kronreif, einer Mitra und einem Kronbügel.

Der Kronreif bildet von seiner Form her für sich genommen schon eine Krone – die Mitra und der Bügel sind de facto hineingestülpt. Er symbolisiert somit die Königswürde. Aus dem Reif ragen acht Lilien hervor, inspiriert von den Lilien der Valois sowie der böhmischen Wenzelskrone. Die symbolische Ziffer 8 ist von der Reichskrone übernommen, deren Reif ebenfalls aus 8 Platten besteht. Der Kronreif trägt 8 Diamanten, die Christus, den der Kaiser auf Erden vertritt, symbolisieren sollen. Die 8 steht als verdoppelte 4 – sie ist die Zahl der materiellen, geschaffenen Welt: Vier Himmelsrichtungen, vier Jahreszeiten, etc. – als Synonym für das Vollkommene. Diamanten wurden deshalb gewählt, weil deren altgriechische Transkription „adámas" der „Unbezwingliche" bedeutet.

Im Reif sind rote Spinelle, im Tafelschliff abgeflachte Zirkone und einfache weiße Perlen eingearbeitet. Zentral, oberhalb der Stirn, prangt ein Rubin. Vermutlich, um auszudrücken, dass der Träger der Krone vom Feuer des Heiligen Geistes und damit mit Weisheit erfüllt ist. Auch in den kleinen Lilien des Kronreifes findet sich die rote Farbe. Dort sind die roten Steine wie Obelisken angeordnet, was abermals als Weisheitssymbol zu deuten ist.

Die Mitra symbolisiert das Gottesgnadentum und auch den geistlichen Rang des Kaisers: Er wurde bei seiner Krönung symbolisch auch zum Diakon geweiht. Sie ist um 90° gedreht, die Flächen zeigen zur Seite, sodass der Bügel wie bei der Reichskrone von der Vorderseite ausgeht. Die Mitra ist aus Gold mit emaillierten Streifen verziert, auf denen Vögel und Pflanzen zu sehen sind. Die Mitra selbst ist in vier Teile geteilt, die die vier Würden Rudolfs II. zeigen: erstens der kniende Empfang der Reichskrone in Regensburg (Kaiser des Heiligen Römischen Reiches), zweitens der Ritt auf dem Krönungshügel in Pressburg (König von Ungarn), drittens die Krönungsprozession durch Prag (König von Böhmen) und viertens eine Allegorie auf den Sieg über die Türken.

Der Kronbügel, der an die römisch-deutsche Kaiserkrone erinnert, trägt einen blauen Saphir, da nach der Offenbarung die Grundsteine des himmlischen Jerusalem aus Saphiren bestehen werden. Kaiser Rudolf II., der mit der alten Steinallegorese vertraut war, wollte durch die Position des Saphirs über dem Kreuz seinen gläubigen Untertanen mitteilen, dass die göttliche Herrlichkeit, also der Himmel, über den Weg des Kreuzes zu erreichen ist.

Die wertvolle Preziose, die ihre Funktion und Bestimmung mit dem Zusammenbruch der Monarchie und der Ausrufung der Republik Österreich verloren hatte, befindet sich heute, nebst Zepter und Reichsapfel, den zur Krone zugehörigen Insignien der Macht der Habsburgermonarchie, in der Weltlichen Schatzkammer der Hofburg in Wien.

№74

Eine Depesche Joseph Roths

Sein Leben steht als Synonym. Geboren in Brody, fühlte er sich stets als Österreicher, lebte in Wien, Berlin, Paris. Wirkte als Kosmopolit, als wehmütiger, melancholischer, der sozialen Gerechtigkeit verpflichteter Demokrat, Sozialist, Monarchist und Antifaschist. Verstarb auf der Flucht vor dem verbrecherischen Naziregime, das er als „Hölle, vom Teufel regiert" apostrophierte, im erzwungenen Exil in Paris. Verarmt, alleine, gebrochen.

Die Dichotomie von Gut und Böse, von Recht und Unrecht, von Wahrheit und Unwahrheit, von Liebe und Hass, von Himmel und Hölle beschäftigte den allzu Sensiblen ein Leben lang. Wie kaum ein anderer schaffte er es, einerseits analytisch pointiert politische und gesellschaftliche Metamorphosen zu erkennen, vorherzusehen und zu diagnostizieren, andererseits schuf er, in Form seiner Romane und Erzählungen, ein selten melancholisches, von verdichteter Realität, von Emotionen und wahren Empfindungen geprägtes Werk.

Würden Graphologen seine Manuskripte untersuchen, würde man wohl aus den kleinen, runden Buchstaben einiges herauslesen können. Von seinem als Hauptwerk in die Literaturgeschichte eingegangenen Roman „Radetzkymarsch“ sind nur wenige Seiten des Originalmanuskripts erhalten. Hat Moses Joseph Roth (1894–1939) als Journalist das Gros seiner Texte auf Schreibmaschine getippt, entstanden, im Gegensatz dazu, seine literarischen Werke fast ausschließlich handschriftlich.

Menschenkenntnis, philosophische, tiefschürfende Gedanken, von Emotionen getragene Gedankenwelten, Melancholie, Schönheit der Sprache, Ratlosigkeit und Sehnsucht prägen seine Romanfiguren. Sie repräsentieren die Ausweglosigkeit des Individuums, gleichzeitig aber die unabdingbare Notwendigkeit im Streben des Individuums nach Freiheit, Geborgenheit, Liebe und Heimat. Als vergeistigte Essenz seines Denkens, seines sozialen Engagements, seines von Humanismus getriebenen philosophischen Ansatzes und politischen Beobachtens, ist sein Œuvre zu sehen.

In einer am 30. Jänner 1933, dem Tag Adolf Hitlers Machtübernahme in Deutschland, verfassten Depesche prognostizierte Roth Stefan Zweig den bevorstehenden Untergang: „Inzwischen wird es Ihnen klar sein, daß wir großen Katastrophen zutreiben. Abgesehen von den privaten – unsere literarische und materielle Existenz ist ja vernichtet – führt das Ganze zum neuen Krieg. Ich gebe keinen Heller mehr für unser Leben. Es ist gelungen, die Barbarei regieren zu lassen. Machen Sie sich keine Illusionen. Die Hölle regiert.“

Seine Zerrissenheit in religiösen Fragen, in Liebesangelegenheiten, in persönlichen, rein auf subjektive Perspektiven vertrauenden Belangen spiegelt das Schicksal Österreichs wieder. Die Melancholie, einst Epizentrum der europäischen Machtverhältnisse, einst aber auch geistiges, kulturelles Zentrum einer sich rasch verändernden Welt zu sein, durchdringt Roths Figuren- und Gedankenwelt. Sein Werk, das von Heimatlosigkeit – geistig wie auch politisch, wie auch national –, Exil sowie innerer Emigration durchsetzt ist, gibt zweifelsfrei Essenz und Extrakt des austriakisch-kakanischen Seins jener Epoche des Umbruchs wieder. Einzigartig gefühlsbetont, eloquent, elaboriert, klar formuliert, stets pointiert.

Sein elaboriertes Œuvre erinnert an den schmerzlichen Verlust hunderttausender jüdischer Mitbürger, die durch die systematische Vernichtungsmaschinerie des Naziregimes ums Leben gekommen sind. Roths deskriptive und poetische Texte dekuvrieren die Maxime jüdischer Tradition, deren Philosophie, Denkweise und Kultur, die Spuren jüdischer Tradition und Gegenwart im Schmelztiegel der k. u. k. Donaumonarchie – den Schtetln in ostgalizischen, polnischen, osteuropäischen Provinzen sowie der Wiener Leopoldstadt alias Mazzesinsel. Ausgehend von der historischen Komponente – der Entwicklung der jüdischen Gemeinde, die in extremem Ausmaß für die intellektuelle, kulturelle sowie wissenschaftliche Hochblüte Österreichs vom Fin de Siècle bis 1938 verantwortlich war. Unter dem enormen Verlust der Intelligenzija durch die systematische, verbrecherische Vernichtung und Vertreibung leidet dieses Land bis heute.

Die innere Wahrheit seiner subjektiven Allegorien und seiner ins Mystifizierende ausschweifenden Reflexionen und Selbstdarstellungen kollidierten mit der Realität. So objektiv und analytisch er als Journalist die Realität darstellte, blieb seine Darstellung in Form der Neuen Sachlichkeit nicht immer stringent. Ein Spiegelbild der kakanischen Seele. Ein changierender Vexierspiegel innerer Metamorphosen unter dem Einfluss äußerer Widrigkeiten. Seine Denkweise, oszillierend zwischen jüdischer Tradition, katholischer Assimilation und atheistischem Nihilismus ist nicht zuletzt ein Produkt der schizophrenen austriakisch-kakanischen Zerrissenheit. In höchster literarischer Vollendung. Genial. Voller Pathos, Sentiment und Empathie. Zudem höchst philosophisch, inspirierend, spiritualisierend, prophetisch.

№75

Ein diffuser Schattenriss der Silhouette von André Heller,

dessen Gestik gerade den Flügelschlag einer Biedermeierlibelle imitiert

Er ist nicht greifbar, fragil und diffus, der Schatten eines Mannes, dessen Universalität sich wie die eines begeisterungsfähigen Renaissance-Fürsten ausmacht, dessen Neugier schier endlos zu sein scheint und dessen Wille, etwas Imaginäres, im Kopf Geborenes, zur Wirklichkeit zu machen und zum Göttlichen zu erhöhen, selbst vor dem Firmament nicht haltmachen will.

Er wirft einen großen Schatten. Er ist einer der wenigen in diesem Land, der sich mit keinerlei mediokren Kompromissen zufrieden gibt, ein Talent besitzt, Sprache, Worte, Töne und Bilder zu Kaskaden des Surrealistischen, des Fantastischen und Irrealen zusammenzufügen und, im Zeitalter der Ankündigung, als Realisator, als poetischer Verwirklicher alle in Staunen versetzt. Gleichzeitig aber ist er klar, luzide, prägnant und pointiert in seiner politischen und gesellschaftlichen Analyse, unbeirrbar in seiner von Ethik, Würde und Moral inspirierten Welt. Er ist sich der Verantwortung des Menschen für seine Umwelt, sein Leben und die Gesellschaft bewusst – und fordert dies auch unermüdlich von seinen Mitmenschen ein. In Pathos und Melancholie unübertrefflich ist er ein begnadeter Redner, ein Jongleur der Worte. André Heller, der vermeintlich selbstverliebte Narziss, der missverstandene Provokateur, der genial Wortkaskaden aneinanderfügt zu einem großen Ganzen, der vor knapp drei Jahrzehnten mit seiner ersten Bilanz in Form der „Trilogie der möglichen Wunder" Zeugnis von der Ermöglichung des Unmöglichen gelegt, und diese Trilogie mittlerweile zu einem Universum weltweiter Wunder erweitert hat.

Der 1947 als Francis Charles Georges Jean André Heller-Hueart in Wien geborene Poet – Spross der jüdisch-katholischen Dynastie der „Heller-Zuckerln" – reüssierte bereits in jungen Jahren als exzentrischer Autor, Schauspieler und Regisseur, war Gründungsmitglied des Radiosenders Ö3, verteilte dort Zitronen für herausragende Geschmacklosigkeiten und provozierte damit erste Skandale, war Co-Autor der TV-Sendung „Wünsch Dir was", Moderator und Chansonnier. Insgesamt produzierte Heller über 15 Langspielplatten, schuf zahllose Theaterstücke, wunderbare Prosa und Lyrik, Filme, fellineske Shows, zirzensische Abenteuer, fantastische Skulpturen, Interventionen und Installationen. Mit „Roncalli" bewirkte er die Auferstehung des Circus-Genres, mit „Flic-Flac" und „Wintergarden" revitalisierte er das Varieté. Reverenz erwies er dem Burgtheater mit „Sein und Schein". Unendlich viele seiner Werke – Kopfgeburten der Fantasie – sprengen die Grenzen herkömmlicher Nomenklaturen und Vorstellungswelten. Seine surrealistischen Bilderwelten kollidierten aber stets mit einer programmatischen kopflastigen Reflexion der Vergangenheit, der Verantwortung und – im Endeffekt mit den elementaren Fragen des Seins. Als Equilibrist der Kunst per se verstand er es, einerseits zu polarisieren, zu provozieren, und andererseits geniale Künstler zu konspirativen künstlerischen Interventionen des Geistes – gegen den Ungeist der Geistlosigkeit – zu versammeln. Waren dies anfangs lokale Genien austriakischer Provenienz wie H. C. Artmann, Hilde Spiel, Elias Canetti, Friedrich Torberg, Hans Weigel oder der enge Freund Helmut Qualtinger, ist die heute endlose Liste übersät mit Namen wie Andy Warhol, John Lennon, Brian Eno, Daniel Spoerri, Paul Bowles, Hans Magnus Enzensberger, John Cage, Roland Topor, David Hockney, Roy Liechtenstein, Keith Haring, Astor Piazolla, Frank Zappa et alii. Ein Kaleidoskop erfinderischer Grenzgänger. Im Auge des Taifuns Heller als Zentralgestirn, Kopf und Herz des Ganzen, als Prototyp eines intellektuellen und modernen Künstlers. Grenzüberschreitend, empathisch, fantasievoll, begabt, vernetzt, ermutigend, zweifelnd, bewundernd und querdenkend. Mondän, sonderbar und wunderbar.

Als Impresario der Träume führt er uns die Nichtigkeit des Daseins vor Augen. Zumindest die Nichtigkeit des Normativen, des Alltäglichen, des utilitaristisch Notwendigen. Durch Kreativität, Spiritualität und Inspiration. Wider den Stillstand. Wider Unwissenheit und Schwachsinn. Er entwirft Kathedralen des Wissens, des Staunens, der Lust und der Leidenschaft, des Denkens, Bedenkens und Gedenkens, der Verantwortung und Integrität, der Vergangenheit und der Zukunft. Verpflichtet Tradition und Moderne, Abendland und Morgenland. In Einheit und Frieden.

Das Untypische ist André Hellers Norm, ist sein Normativ. Das Grenzenlose und Grenzüberschreitende. Wider Agonie. Wider Lethargie. In Demut und tiefer Spiritualität, die eine kosmopolitische, eine offene Sicht des Seins ermöglicht. Er ist Alchemist des Wissens, des Erfahrens, des Erkennens, des Suchens, des Findens, des Sich-Verlierens, des Sich-Wiederfindens und Sich-Erfindens. Die Wunder irdischen Daseins in der ihm eigenen Poesie formt er, voller Charisma, voller Ehrfurcht und unter Einhaltung originärer Charaktere, zu zirzensischen Spektakeln als Kaleidoskop der Erinnerung und der Unendlichkeit.

Greifbar ist er dennoch nicht, der Schatten des Künstlers, des Poeten, des Sängers, des Direktors der Träume, des Königs der Lüfte und Impresarios zahlloser Talente. Etwas Ätherisches haftet seiner Person an, eine Aura des Irrealen, trotz der Verve, Empathie und Leidenschaft, öffentlich zu Meinungen, Aktionen, Kunstwerken und politischen Statements Stellung zu nehmen und, ohne Rücksicht auf Nachteil und Verlust, Positionen auch standhaft zu vertreten. Kritik und Neid sind ihm ständige Begleiter. Im Land der Ignoranz und der Intrige kein Wunder. Er selbst aber, mit fast infantilem Vertrauen, Glauben an das Gute, an Liebe und Neugier ausgestattet, ist dennoch unbeirrbar beseelt davon, weiterhin Schatztruhen und Wunderkammern, Verwunschenes, Verzaubertes, Natürliches und Kreatürliches, Seltsames und Seltenes, traumhafte und alptraumhafte Bildsequenzen sowie surreale, bizarre Bilderwelten zu erschaffen und mit all jenen zu teilen, die sich die segensreiche Gabe bewahrt haben, von anderen zu nehmen, zu antizipieren und zu staunen.

Sowohl das weite Land der Seele als auch die unerschöpfliche Weite des Meeres der Fantasie durchkämmt der begnadete Wortschöpfer und vollendete Sprachakrobat als Spiritus Rector, als Creator, als Ingeniosus, Beobachter, Editor und Schöpfer. Allein seine begnadete Stimme – sein gleichsam sonores wie fragiles, helles Timbre – als auch die Gestik voller Pathos und Bedacht – seine wechselhaft tanzenden und in einander ruhenden Hände – sind wert, eine Hommage anzustimmen. In der Demut affirmativen Schweigens.

Staunen. Leben. Lieben. Imaginieren. Träumen. Schatten werfen im diffusen Licht einer uninspirierten Gesellschaft. Den Flügelschlag eines imaginären Zauberwesens als Schattenriss nachzeichnend. Alchemie, Wissen und Glauben oszillierend.

№76

Das Plakat der 2. Ausstellung der „Secession“

Der Zeit ihre Kunst. Der Kunst ihre Zeit“. Dieses Postulat von zeitloser Schönheit und zeitloser Relevanz prangt auf dem Gebäude der Wiener Secession. Als Reaktion auf die konservative Haltung traditioneller Wiener Künstlervereinigungen, allen voran des Künstlerhauses, gründete eine Künstlerriege ein Pendant: der Moderne verschrieben sich Gustav Klimt, Ernst Stöhr, Johann Viktor Krämer, Koloman Moser, Carl Moll, Rudolf Bacher, Julius Mayreder, Joseph Maria Olbrich, Rudolf von Alt, Josef Hoffmann und Otto Wagner. Die Sehnsucht, unabhängig künstlerisch zu schaffen, führte unter der Ägide des ersten Präsidenten der Künstlerriege, Gustav Klimt, im Mai 1897 zur „Vereinigung bildender Künstler Österreichs – Secession“. Ein Meilenstein der Kulturgeschichte.

Fand ihre erste Ausstellung im Mai 1898 noch im Gebäude der k.k. Gartenbaugesellschaft am Parkring statt, erfolgte mit der zweiten Ausstellung eine Zäsur. Das Plakat der Exposition gestaltete Joseph Maria Olbrich (1867–1908) und zeigt, neben der typografisch relativ unaufgeregten Ankündigung von Ort und Dauer der Ausstellung, das von ihm als Architekt entworfene Gebäude. Die Farblithografie zeigt die Frontansicht des einzigartigen Secessionsgebäudes. Der ab April 1898 errichtete Bau war schon als Entwurf bemerkenswert. Der Hauptkörper des zwei Ausstellungsräume umfassenden Bauwerks besteht aus zwei gemauerten Blöcken, zwischen denen eine Glasmembran gespannt ist. Auf der Seite des kubusförmigen Entrees steht ein pavillonartiger Vorbau, dessen Portal von einem fächerartigen Glasdach geschützt ist. Die Eingangsachse flankieren zwei hochstrebende Pylonen, die über das Dach hinausragen. Das Portal selbst ist leicht nach hinten zurückversetzt. Als Schmuck sind Kränze aus Lorbeer, Girlanden und Friese appliziert. Das Entree selbst ist ornamental von zahllosen goldenen Blättern bekränzt, Medusenköpfe bewachen das Geschehen am Eingang. Gekrönt wird der Bau durch eine riesige vergoldete Kuppel – ein Blätterwerk aus vergoldeter Bronze. Eine Art Blätterkrone. In Ausstattung, Form und der schier grenzenlosen Verwendung von Gold gewissermaßen Anmaßung und Provokation gegenüber jeglicher weltlichen und religiösen Herrschaft.

Rechts vom Eingang prangen in riesigen goldenen Lettern die Worte „Ver Sacrum", das Motto verkündend. Die gleichnamige Zeitschrift wurde von der Vereinigung regelmäßig publiziert. Das Konzept der Secession war, nationale Künstler mit internationalen Entwicklungen zu vernetzten, Verbindungen und Synergien herzustellen, Kollaborationen zu fördern sowie das Wiener Publikum mit Moderne und Avantgarde zu konfrontieren.

Die Secession als Hort der Moderne und Avantgarde prägte über viele Jahrzehnte die Bildende Kunst in Österreich. International beachtet und verehrt. Gemäß den Metamorphosen der Zeit sind Kooperationen und Kollaborationen, auch mit Künstlern anderer Sparten unabdingbar. Kunst im Öffentlichen Raum als Irritation, als Stachel im Fleisch der Saturiertheit, als Provokation gegen spießigen Provinzialismus. Die Secession war temporär auch Spielstätte des seit Ende der 1980er-Jahre international agierenden „museum in progress“. Unter der Ägide des unermüdlichen, viel zu früh verstorbenen Joseph Ortner, sowie Kathrin Messner und Roman Berka, verbindet und hinterfragt es, als unverortetes Museum, als künstlerischer Agent Provocateur, moderne Stilmittel, elektronische Medien, Printmedien wie „Standard“ oder „Profil“, internationale Künstler sowie Künstler in situ traditionelle und neu zu definierende Kunstbegriffe und künstlerische Positionen.

Aufregung erzielte die Secession aber zuletzt mit einer nicht rein künstlerischen Aktion. „Element 6“, ein von einem freigeistigen Ehepaar betriebener Swingerclub, mietete sich 2010 für ein paar Monate in den ehrwürdigen Räumlichkeiten der Secession ein, während ihre angestammte Spielwiese im 7. Bezirk renoviert wurde. Die künstlerische Installation war selbsternannten gestrengen Sittenwächtern und beamteten Kunstbeauftragten sowie dem geifernden, zugleich sabbernden Publikum zu real – und viel zu erotisch. Gustav Klimt, dessen Beethoven-Fries das Herz des Gebäudes ausmacht, hätte sicher nichts gegen die erotisierten, aphrodisierend tanzenden, expliziter Nacktheit huldigenden und dem Hedonismus frönenden Musen gehabt. „Der Zeit ihre Kunst. Der Kunst ihre Zeit.“ Quod erat demonstrandum.

№77

Valie Exports „Tapp- und Tastkino“

Doppelmoral zu entlarven war dezidiert Ziel der Provokationen der Wiener Aktionisten. Die spießige, bornierte Verklemmtheit des Alpenlandes in den 1960er-Jahren war derart präsent, dass es allerdings ein leichtes war, aufzufallen. Ein phänomenales, weil subtiles Kunstobjekt – als Kunst im öffentlichen Raum – stellt Valie Exports „Tapp- und Tastkino“ dar. Weil es interaktiv als Irritation auf die Reaktion der Öffentlichkeit, des aktiv auf der Straße angesprochenen Publikums angewiesen war, dekuvrierte es, in Erwartung – und Erfüllung – sexuelle Erregung einerseits und die „Erregung öffentlichen Ärgernisses“ anderseits. Wobei diese nicht in der expliziten Zur-Schau-Stellung von Nacktheit oder Promiskuität lag, sondern in der Aufforderung zu „unsittlichem Handeln“.

Das von Valie Export 1968 gefertigte, quasi als Kleidungsstück tragbare Design- und Kunstobjekt namens „Tapp- und Tastkino“ bestand aus einem würfelförmigen, aus Sperrholz gezimmerten Kasten, welcher an der Rückseite ganz offen war, oben eine Aussparung für den Kopf, seitlich Aussparungen für die Arme hatte. Die Vorderseite des Kastens war mit einem zweiteiligen Vorhang verschlossen. Export, damals eine wahre Sixties-Beauty, schnallte sich den Würfel vor die, wie sich mittels Tasten herausstellen sollte, entblößte, nackte Brust und lud Passanten dazu ein, in den Kasten zu greifen und zu erkunden, wie sich der Inhalt darböte und anfühlte. Die explizit formulierte Einladung, ihr öffentlich an die nackte Brust zu greifen, führte naturgemäß zu dem intendierten Skandal. Thematisch zu interpretieren ist die Aktion als Denunziation der männlich dominierten Gesellschaft, die Frauen zum Sexualobjekt degradiert und im Alltag auf sexuelle Reize sowie auf ihre Rolle als „Frau und Mutter“ reduziert. Zudem als Aufruf zur sexuellen Freiheit und Emanzipation, für eine eigenständige weibliche Libido.

Ein Zeichen der Emanzipation, mit den Mitteln der Selbstdarstellung, des theoretischen Verkaufs seines Körpers, seiner Seele, seines Selbst. Die längst fällige Gleichstellung, nein, überfällige Gleichstellung der Frau ist aber auch vier Jahrzehnte nach dieser drastischen Aktion nicht gelungen. Immer noch wird der weibliche Körper als Sexualobjekt diffamiert. Selbst die virtuelle Umkehr der Rollenklischees macht real halt vor relevanten Gesellschaftsschichten. Chauvinistische Männerbünde agieren in degoutanter Art und Weise wie zu Zeiten des Feudalwesens. Gerade das „Recht der ersten Nacht“ wird nicht mehr aktiv betrieben, aber sonst ...

Interessant und bemerkenswert an Exports Aktion ist, dass diese auf das Faktum von Ungerechtigkeiten mittels Selbstbewusstsein, mittels bewusster Aktion, mit ihrer schönen Körperlichkeit, ihrer sexuellen Aura hinwies, und nicht unter Verleugnung der Weiblichkeit blind wütend Frauenrechte emanzipatorisch gendergerecht Geschlechterrollen konterkarierte.

Die Fixierung der Weiblichkeit, die Konnotation und Reduktion auf Sexualität zeugt von einem rückständigen Denken. Quoten sind sicher nicht wünschenswert, können zumindest krasse Benachteiligung und revanchistisches, regressives Agieren in Wirtschaft und im alltäglichen Leben verhindern, zumindest reduzieren. Provokation und Stimulans sind einfache Mittel in einer immer noch sehr triebgesteuerten Männerwelt voller Alltagsdiskriminierungen, sexueller Anspielungen, voller verbaler und körperlicher Übergriffe.

Eine aktive Aggressivität durch das Aufzeigen eben dieser durch Testosteron gesteuerten Mechanismen war und ist von höchster Bedeutung. Gerade in einem Land, das bigott Wasser predigt und Wein trinkt. Das in moralischen Vorstellungen teilweise im Mittelalter verblieben scheint. Zumindest was Rechte und Pflichten von Frauen angeht. Oder auch was Toleranz gegenüber unkonventionell Agierenden, Fühlenden, anders Seienden ausmacht. Jenseits der klassischen Norm einer biederen, spießigen vierköpfigen Familie, bestehend aus Vater, Mutter und zwei Kindern. Es gilt Homosexuellen, Bisexuellen oder Transsexuellen ebenso selbstverständlich zu begegnen wie tradierten, einstudierten, den Normativen entsprechenden Menschen. Jede Person hat verschiedene Gesichter, auch im Lauf des Lebens changierende und divergierende Spiegelbilder. Chacun à son gout. Vive la provocation!

№78

Die programmatische Broschüre des „Kabarett Fledermaus"

Ein Gesamtkunstwerk! Ein Manifest der Moderne: das Kabarett Fledermaus. In Theorie und Realität. Zeugnis davon legt die ästhetisch-konzeptuelle, künstlerisch-philosophische Broschüre aus dem Jahr 1907, in der es programmatisch ausformuliert, quasi als Präambel hieß: „Das Theater und Kabarett ‚Die Fledermaus' will sich in keiner Weise mit irgendwelcher bestehenden, scheinbar ähnlichen Unternehmung vergleichen." In dem mutmaßlich von Peter Altenberg getexteten Programmheft wurde die besondere ästhetische Wirkung aller Kunstgattungen in ihrer Beziehung untereinander thematisiert. Allein die Broschüre selbst besticht in ihrer Optik. Schlicht und elegant. Gebunden in einem Umschlag aus braunem Leder, verziert mit rotem Lesebändchen. Die Typografie fein abgestimmt mit dem Logo der Fledermaus am Frontispiz. Die Rückseite ziert das Signet der Wiener Werkstätten.

Das Theater selbst, eine Kleinkunstbühne im Kontext der europäischen Avantgarde, verstand sich als neu definiertes, originäres Gesamtkunstwerk. Die von Koloman Moser und Josef Hoffmann

1903 gegründete, aus den künstlerischen Idealen der Secession hervorgegangene Wiener Werkstätte stellte sich, ganz im Sinne des modernen Wiener Fin de Siècle, der Aufgabe, in Wien ein Kabarett einzurichten, komplett auszustatten und auch künstlerisch zu leiten. Architektur, Interieur, Möbel, Stoffdesigns, Teppiche, Fliesen und sämtliche Dekorationselemente stammten aus der Feder von Josef Hoffmann und Mitarbeitern der Wiener Werkstätte, unter ihnen Gustav Klimt, Oskar Kokoschka, Emil Orlik, C. O. Czeschka und Koloman Moser. Plakate und Programme wurden von Bertold Löffler gestaltet. Das literarische Konzept wurde von Peter Altenberg, Hermann Bahr, Egon Friedell und Alfred Polgar geschmiedet. Selbst Tafelgeschirr, Bestecksets und Aschenbecher wurden eigens designt.

Die spezielle Konstellation künstlerischer Allianzen förderte den Elan, etwas komplett Neuartiges, etwas Einzigartiges zu gestalten. Das Kabarett Fledermaus geriet zum Lieblingsprojekt der Wiener Werkstätte, es war ein Ort grenzenloser Möglichkeiten. Ideen konnten ohne Einschränkung realisiert werden. Es war Proberaum und Prototyp eines neuartigen Konzepts miteinander verbundener, interaktiver Kunstsparten. Unter Ägide der Protagonisten der Wiener Werkstätte, den Prinzipien der Secession treu, stellte man sich und auserwählten Künstlern die Aufgabe, die Bühne auszustatten und zu bespielen.

Das Etablissement stellte aber nicht nur in Bezug auf sein Äußeres enorm hohe Ansprüche, auch das dargebotene Programm wurde im prinzipiell ausformulierten Konzept bereits mit berücksichtigt. Theaterstücke, Lesungen, Dramolette sowie Varieténummern und Tanzeinlagen neuer Dimension fanden hier ihre Verortung. Grete Wiesenthals erste frivole Auftritte waren beispielsweise in der Fledermaus. Bertha Zuckerkandl beschrieb in der Allgemeinen Zeitung vom 19. Oktober 1907 das Kabarett Fledermaus „als künstlerischer Versuchsboden, als Sammelstelle raffinierter und seltener Sinnesepisoden, das Kabarett als Heim der Künstler-Groteske, der koloristischen Ekstase und der aphoristischen Lebensbeleuchtung…" Ähnliche Konzepte sollten erst im Berlin der 1920er-Jahre im Dadaismus Nachahmer finden.

Im Gegensatz zum künstlerischen Erfolg – das artifizielle Potpourri per se wurde Magnet einer lebenshungrigen, urbanen Elite – geriet das Unternehmen zum finanziellen Desaster. Ein melancholischer Vorbote des dräuenden gesellschaftlichen und kulturellen Untergangs, ein Synonym des Verfalls.

№79

Die Sockenhalter von Hans Moser

„Wo sind meine Sockenhalter? Wo sind schon wieder meine Sockenhalter? Mariann'!" herrscht Hans Moser als Zauberkönig in einer legendären, aus dem Jahr 1961 datierenden, Inszenierung Ödön von Horvaths „Geschichten aus dem Wienerwald" seine Tochter an. Der cholerische Ausbruch markiert einen hysterischen Akt der Verzweiflung des gutbürgerlichen Geschäftsmannes gegen den Untergang, gegen den Verlust der Moral, der Ethik, des Aufbegehrens wider das Entschwinden einer geordneten Welt mit Recht und Ordnung, Wissen und Gewissen.

Des „ehrenwerten Zauberkönigs" Sockenhalter – ein Gebilde aus elastischem Gummiband in Hosenträgerbreite, ergänzt durch einen Metallverschluss und einen Kunststoffhalter mit Lederschlaufe – stellt in Ödön von Horvaths Volksschauspiel quasi ein Symbol dar – für die gutbürgerliche Angst vor dem Abrutschen, dem Abgleiten, dem sozialen Abstieg, dem finanziellen Ruin, vor allem aber vor der gesellschaftlichen Schmach. Was „die Leit'", die

Nachbarn, die Anderen denken ist dem bourgeois determinierten alleinerziehenden Vater wichtiger als Gefühle gegenüber seiner eigenen, einzigen, in Wahrheit abgöttisch geliebten Tochter. Eine einfühlsame, großartige, tiefenpsychologische Studie der Gesellschaft. Ein Sittenbild der in den Untergang tanzenden, in die Katastrophe des verbrecherischen Naziregimes mündenden postmonarchistisch pubertierenden Demokratie. Es ist eine der wenigen dezidiert tragischen Rollen des grandiosen Tragöden – dennoch nicht wirklich en contraire zu den anderen von Hans Moser verkörperten Figuren.

Der als Jean Julier (1880–1964) Geborene personifizierte den typischen Wiener par excellence – wie kein anderer vor oder nach ihm. Als Idealtypus eines aufmerksamen Menschendarstellers traf er den Ton eines grantelnden, oft eigenwilligen, eigenartigen Kauzes, der in seiner sehr eigenen, eigenwilligen Welt lebt. Wundersam, verschroben, im Endeffekt aber geprägt von Herzensgüte und Menschenliebe. Zynisch, launisch, grantig, wortkarg, charmant, melancholisch, nachdenklich. Hin und wieder in seinen imaginären Bart nuschelnd, subversiv und eigensinnig. Einzigartig in seiner gedrungenen Physiognomie. Oszillierend zwischen Genuss und Vorschrift. Fein nuanciert in Dialekt wie auch Hochsprache. „G'schamster Diener ..."

Jean Julier, Sohn eines Bildhauers, der als Künstler den Namen seines Lehrers, des Hofschauspielers Josef Moser angenommen hatte, personifizierte in Hunderten Theaterstücken und Filmen meist den „kleinen Mann": In seinem Repertoire fanden sich immer wieder Diener, Beamte, Dienstboten, Butler, Kellner, Tanzlehrer, Hausboten, Dienstmänner, Hausbesorger, auch Beamte, Lehrer und Fiaker etc., etc. Stets korrekt gekleidet in Frack, Smoking, Anzug mit Krawatte oder Fliege. Gebildet, vorbildlich in Etikette und Stil. Ein Gentleman vom akkurat gezogenen Scheitel bis zu den Sockenhaltern. In Livree konnte er ungehemmt raunzen, jammern, auch in sich gekehrt nuscheln und spötteln, zuweilen aufbrausend poltern, um wieder liebenswert herumzukichern und singend, fast tirilierend von dannen zu ziehen. Um gleich larmoyant trankelnd wieder in melancholisch-weinerliche Weinseligkeit zu verfallen: „I muaß im früher'n Leb'n a Reblaus g'wesen sein …"

Als Komiker verkannt, dekuvrierten seine „lustigen" Charaktere aber stets auch ernste Seiten. Die reine, heile Welt war ihm fremd. In all seinen Rollen handelt es sich um von Sorgen und Existenzängsten bedrängte Individuen. Im subtilen Umgang mit Schicksalsschlägen und Katastrophen lag seine Besonderheit. Subversiv im Dialog mit Herrschaft und Obrigkeit. Nach außen hin immer Recht und Ordnung Untertan, siegt de facto aber immer das Gewissen, das Herz – das „goldene Wiener Herz", inklusive der Dämonie der Idylle. Ein Original. Ein Gott im Zelluloidhimmel. Ein Fixstern am Pappmaché-Firmament der Wiener Wein- und Walzerseligkeit. Ein genialer genius loci. „Jessas, Kinder!"

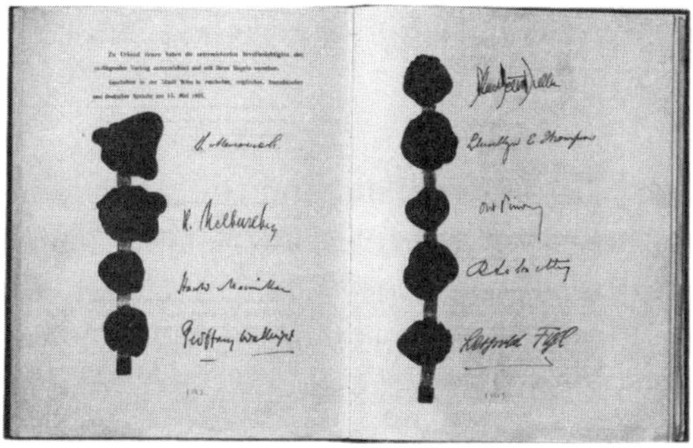

№80
Der Österreichische Staatsvertrag

„Österreich ist frei!" Mit diesen wahrlich historischen Worten präsentierte Außenminister Leopold Figl (1902–1965) am 15. Mai 1955 den soeben unterfertigten sogenannten Staatsvertrag den jubelnden Zuschauern vom Balkon des Schloss Belvedere aus. Dort nahm er die Hände der Vertreter der Alliierten, der vier Außenminister Dulles, Molotow, MacMillan und Pinay und legte sie ineinander. Ein symbolischer Akt. Eine Inszenierung, wie sie selbst auf den renommierten Bühnen des Landes nicht besser gelingen könnte.

Vorangegangen waren dem befreienden, Österreich seine staatliche Souveränität wiedergebenden Vertag, lange und zähe Verhandlungen. Mit allen Mitteln und Überredungskünsten, mit Charme, Wissen, Belesenheit und Intellekt hatte die Delegation versucht, die Alliierten zur Rückgabe der nationalen Selbstständigkeit Österreichs zu bewegen. Legendär auch der körperliche Einsatz – inklusive Wein und Gesang, gipfelnd in einer Karikatur – angeblich der Realität entliehen – auf der Leopold

Figl mit einem Glas in der Hand und einer Zither am Tisch, im Kreis der vier Besatzungsmächte als Sieger des Zweiten Weltkrieges, mit leichtem Zungenschlag fabuliert: „Und jetzt sing' ma ihna no die Reblaus, und dann kömma unterzeichnen". Nun, daran allein mag es wohl nicht gelegen haben, das Ergebnis aber ist relevant bis heute.

Der Österreichische Staatsvertrag, im Original „Staatsvertrag betreffend die Wiederherstellung eines unabhängigen und demokratischen Österreich, gegeben zu Wien am 15. Mai 1955", juristisch kurz Staatsvertrag von Wien, wurde im Festsaal des Schloss Belvedere in Wien von Vertretern der alliierten Besatzungsmächte USA, Sowjetunion, Frankreich und Großbritannien sowie der österreichischen Bundesregierung unterzeichnet und trat am 27. Juli 1955 offiziell in Kraft. Gegenstand des Vertrages war die Wiederherstellung der souveränen und demokratischen Republik Österreich nach der nationalsozialistischen Herrschaft in Österreich (1938–1945), dem Ende des Zweiten Weltkrieges und der darauf folgenden Besatzungszeit (1945–1955), in der Österreich zwar formal wiederhergestellt, aber nicht eigenständig souverän war.

Der Staatsvertrag gilt auch als Kernindikationsfaktor für die Entwicklung eines eigenständigen Österreichbewusstseins. Bereits am 20. Dezember 1945, nach den ersten Nationalratswahlen der „Zweiten Republik", war Leopold Figl zum Bundeskanzler bestellt worden. Sein Kabinett, später bekannt als Kabinett Figl I., bestand aus einer Großen Koalition der beiden neu formierten Großparteien SPÖ und ÖVP. Nicht zuletzt aufgrund seiner persönlichen Erfahrungen in der ersten Republik und der NS-Diktatur wurde Figl zum glühenden Verfechter und Architekten des „Miteinander aller politischen Couleurs", um Katastrophen wie die des Nationalsozialismus zu vermeiden. In seiner berühmtesten Rede – der Weihnachtsansprache anno 1945 – artikulierte er den einprägsam-berührenden und pathetisch-eindringlichen Appell: „Ich kann Euch zu Weihnachten nichts geben, ich kann Euch für den Christbaum, wenn ihr überhaupt einen habt, keine Kerzen geben, kein Stück Brot, keine Kohle, kein Glas zum Einschneiden. Wir haben nichts. Ich kann Euch nur bitten, glaubt an dieses Österreich!"

№81

Vintage-Photoprints von Erich Lessing

Gerade in einer Zeit, in der jeder zweite Hobbyknipser, der das Objektiv seiner Handy- oder auf Autofokus eingestellten Digitalkamera einen Meter von seinen Pupillen entfernt in die Botanik reckt, sich für einen Künstler hält und anschließend seine Umwelt mit am TV-Flatscreen präsentierten Fotoserien ähnlich penetriert wie weiland an berüchtigten Diaabenden, ist eine virtuelle und reale Retrospektive professioneller Fotografie absolut legitim. Herausragende, virtuose Persönlichkeiten haben das visuelle Bild des kollektiven Gedächtnisses und der objektiven Erinnerung erschaffen: fantastisch der poetische Realist und famose Equilibrist, Maitre Gerhard Trumler, der dokumentierende Franz Hubmann, der nüchtern erzählende Stiassny, der Provocateur Sepp Dreissinger, die kosmopolitische Inge Morath etc., etc. – sowie der Grandseigneur in der Gilde der Fotokünstler, Erich Lessing.

Seine ikonografischen Dokumente sind ein wesentlicher Bestandteil der österreichischen und der europäischen Geschichtsschreibung. Mit einer im Alter von 88 Jahren kuratierten und präsentierten Ausstellung über Jesu Leben und Tod überraschte Erich Lessing, der Doyen österreichischer Fotografie, im Frühjahr 2012 die Öffentlichkeit.

„Nur ein überzeugter Atheist kann etwas vom Glauben verstehen." Dieses klar ausformulierte Credo überraschte, und irritierte, angesichts einer Ausstellung namens „Der Weg nach Golgatha". Im Alter von 88 Jahren hatte Erich Lessing, nach Beteiligungen an über 100 Ausstellungen und 60 Buch-Publikationen, in seiner Heimatstadt Wien erstmals eine eigene Galerie eröffnet. Die in der Weihburggasse ansässige Galerie Lessingimages.com präsentierte aber, wider Erwarten, nicht Altbekanntes aus den Archiven des Doyens austriakischer Fotokunst, sondern startete mit einer metaphysischen Reflexion. Der Fährte Jesu Christi folgend, reflektierte Lessing die überlieferte Liturgie der Passionsgeschichte anhand inszenierter Gegenüberstellungen: er besuchte und fotografierte Ausgrabungsstätten, Kirchen, Gräber, fotografierte Mosaike, Insignien, Inschriften und kunsthistorisch relevante Darstellungen des Kreuzweges. Der im Unruhestand Befindliche (be)suchte aufgrund biblischer und historischer Schilderungen Orte wie Jerusalem, Jericho, Palästina, Jordanien und Judäa. Mittels einer assoziativen Accrochage provozierte Lessing ein aktives Hinterfragen, ein Überdenken präjudizierender Standpunkte. Entgegen üblichen Usancen, das Thema des Glaubens in Kunst und Gesellschaft vom Alltag abzugrenzen, definierte Lessing die prinzipielle Wertigkeit jüdisch-christlicher Wurzeln, abendländischer Kultur.

In seinen elegischen, oft erratischen Aufnahmen gelang es Lessing, Ästhetik, Emotion und Ambiente, Stimmen und Stimmungen einzufangen. Hinter die Fassade blickend wurde in der metaphysischen Beschäftigung hier auch die persönliche Vita des 1923 in Wien geborenen, 1939 vor den Nazis geflohenen Fotoreporters spürbar.

Erich Lessings zeitgeschichtlich relevante Fotos besitzen zweifellos ikonografischen Charakter. Berühmt wurde der heute 89-jährige

Doyen der analogen Fotografie durch seine archaischen Schwarz-Weiß-Reportagen aus dem Wien der Nachkriegszeit, durch seine Serien von der Staatsvertragsunterzeichnung, vor allem aber durch seine exzentrischen Perspektiven jenseits des Normativen. Die Staaten des ehemaligen Ostblocks bereiste der seit 1951 für die renommierte Magnum-Agentur tätige Chronist – Wegbegleiter von Henri Cartier-Bresson, Robert Capa et alii – schon lange bevor sich jemand anderer dafür interessierte. Sein humanitärer Ansatz lieferte dabei den philosophischen Überbau. Wer seine hintergründigen, Alltag und Atmosphäre dekuvrierenden Serien über Berlin, Budapest und Prag gesehen hatte, hätte eigentlich weder vom Ungarnaufstand, noch vom Bau der Mauer noch vom Prager Frühling überrascht sein dürfen. Seine in den Räumlichkeiten der Exposition als Vintage-Print ausgestellten archaischen Nahaufnahmen von alltäglichen Situationen, von internationalen Politikern und Künstlern wie Herbert von Karajan oder Helmut Qualtinger zählen zu Ikonen des kollektiven Gedächtnisses. Seine „Evokationen" repräsentieren schützens- und schätzenswerte Kulturgüter.

Seit Anfang der 1960er-Jahre hatte Lessing sich der Dokumentation von Kunst und Kultur zugewandt, hatte Museen und architektonische Meisterwerke besucht und in ihrer originären Form in Szene gesetzt. Luzid wird hierbei die intensive existenzielle Beschäftigung mit antiken Mythen und Mythologien der Griechen, Römer und Ägypter, des Christen- und des Judentums. Viele der seinerzeit zugängigen Orte und Objekte sind heute verschlossen, versunken oder existieren nicht mehr.

Im Gegensatz zu den bekannten Arbeiten des Fotokünstlers rein dokumentarischen Charakters soll eine subjektiv-assoziative Interpretation stattfinden. Quasi als kontemplativer Indikator des kognitiven Bewusstseins, als elementare Sichtung des Seins, abseits politischen Kalküls, abseits konfessioneller Dogmen artifiziell konkurrierender Glaubenskongregationen.

№82

Toni Karas' Zither

Berühmter als der Donauwalzer wurde Anfang der 1950er-Jahre eine auf einer Zither gespielte Melodie: Anton „Toni" Karas (1906–1985) erregte weltweit mit seinem „Harry-Lime-Theme" Aufsehen. Das von Karas komponierte musikalische Thema überzog in zig Variationen den unter der Regie von Carol Reed gedrehten, im Wien der Nachkriegszeit angesiedelten Kriminalfilm „Der dritte Mann" wie einen rosa Zuckerguss. Piano, andante, forte, fortissimo. Picksüß, mit einem herben Nachgeschmack.

Millionen mal verkauft, prägt die Nummer global betrachtet bis heute das kollektive Gedächtnis des musikalischen Erbes Österreichs. Erstmals in der Geschichte eroberte der Tonträger eines Österreichers – im April 1950 – für elf Wochen Platz 1 der US-Single-Charts. In anglophonen Ländern wurde der Film fortan nur mehr als „The Zither Film" apostrophiert. Karas selbst absolvierte rund um den Globus mit seiner Zither Hunderte Auftritte. Seine zweifellos virtuose Performance faszinierte, nicht zuletzt aufgrund des extravaganten, exotischen Instruments.

Die verspielte Melodie mit dem Charme älplerischen wie auch urbanen Segments stellt bis heute den perfekten Soundtrack einer

Ära dar. Der Charme Desolée der grauen, zu einem großen Teil zerbombten, hoffnungslosen, dennoch lebendigen, quirligen Stadt vereinigte eine groteske Lebensfreude, die Realität negierend wie auch die Melancholie über den Verlust des Status einer global geachteten Metropole. Anarchisch Freud und Leid mitteilend betreffend der Niederlage der alten Machthaber, ebenso wie über die Anwesenheit der „befreienden Besatzungsmächte". Die Selbstinszenierung, die Positionierung als Opfer der globalen Politik funktionierte perfekt. Fast vier Jahrzehnte sollte dieser Fremd- und Selbstbetrug andauern. Umso schmerzhafter sollte das Aufbrechen dieser Wunde Ende der 1980er-Jahre ausfallen, als man – anstelle des Untergrunds der Wiener Kanalisation – in die Tiefe und Abgründe der historischen Verantwortung Österreichs während des verbrecherischen Naziregimes hinabstieg und diese kritisch hinterfragend aufzuarbeiten begann.

Wie stellt sie sich dar, die eingeborene Bevölkerung im „Dritten Mann"? Vordergründig fröhlich, gastfreundlich, weltoffen, berauscht und gleichzeitig – leicht schizophren – verschlagen, misstrauisch, mürrisch und grantelnd. Das Gegenteil eines „goldenen" Wiener Herzens. „Als g'schamster Diener" hofiert, unterwürfig lächelnd, Paul Hörbiger im Film als Hausmeister die illustren Gäste – Ermittler, Agenten, Unterweltler, adelige Damen und solche des einschlägigen Gewerbes –, zwischen dem feixenden Grinsen formuliert er nonverbal, aber unmissverständlich etwas zwischen „Schleich di!" und „Geh in Oarsch" ...

Hintergründig, tiefgründig, abgründig.

№83

Das Trachtenpärchen

Es entspringt eindeutig der Zeit des Wirtschaftswunders, als tradierte Rollenbilder betreffend Geschlechtern wie Generationen auch der Realität – und nicht nur dem Klischee derselben entsprachen: das Trachtenpärchen. 1957 war es als Synonym einer heilen Welt Pate für ein original österreichisches Getränk gestanden, den Almdudler. Selbige Limonade wird seitdem, der Fama nach, aus dem Sirup der in Eichenfässern gereiften Essenzen diverser Almkräuter nach einem streng gehüteten Geheimrezept gebraut. Kredenzt wird es in eigens kreierten Flaschen einzigartiger Form. Auf diesen Flaschen prangt seit über 55 Jahren das Trachtenpärchen.

Ein Bursch und ein Mädel halten einander eng umschlungen, als würden sie tanzen. Zumindest sind sie beschwingt. Sie geben sich glücklich, als würden sie „auf der Alm dudeln" – eine Form des Jodelns in Wiener Mundart. Gekleidet sind die Beiden traditionell – in Dirndl und Lederhose. Auf den Köpfen tragen sie breitkrempige Hüte. Ihre Gesichter strahlen Unbekümmertheit aus. Hinter ihnen liegt die unberührte Schönheit der Berge, vor ihnen eine unbegrenzte Zukunft.

„The times they are a changin'" intonierte Bob Dylan schon Mitte der 1960er-Jahre. In Österreich dauert alles etwas länger, aufzuhalten sind gesellschaftliche Metamorphosen realiter aber nicht. Im Lauf der Jahrzehnte mutierten tradierte Rollenbilder vom Mann als alleiniger Ernährer und der Frau als Hausfrau und Mutter zu gleichberechtigten, emanzipierten, selbstbestimmten, eigenständigen Partnern. In Diskrepanz zur Realität gerieten manche Klischees zum Abziehbild einer in der Vergangenheit verhafteten Welt. Dass das Trachtenpärchen und damit die Marke Almdudler den Sprung ins 21. Jahrhundert geschafft hat – und als einziger heimischer Softdrinkhersteller gegen die Übermacht globaler Konzerne reüssiert –, ist das Verdienst von Thomas Klein, dem Sohn des Firmengründers Erwin Klein.

Aufgewachsen „in einer Gesellschaft, in der Anpassung an oberster Stelle stand", übernahm Thomas Klein im Alter von 19 Jahren, nach dem Suizid seines Vaters, den Usancen entsprechend, das Kräuterlimonadenimperium und folgte auch privat zunächst klassischen Familienstrukturen. Mit 23, als er sich seiner homosexuellen Neigung sicher wird, ist er bereits verheiratet und Vater. Den Vorurteilen des kleinkarierten Alpenvolkes, dessen in Wahrheit einzig einende Nationaltracht die Niedertracht ist, Vorschub leistend, verbirgt der Unternehmer lange Zeit seine sexuelle Vorliebe – noch dazu als Vertreter eines Nationalgetränks mit dem Symbol eines Trachtenpärchens. Als Verdrängung und Verneinung seiner wahren Identität, seines wahren Ichs unerträglich wird, outet er sich.

Auch das Trachtenpärchen führt er gekonnt, mit Verve und Augenzwinkern, ins junge 21. Jahrhundert. Als Veranstalter von Events wie dem alljährlichen Trachtenpärchen-Ball konterkariert er das durch den Mief der Jahrhunderte geprägte Lederhosen-Image. Den latenten Sexismus – Holz vor der Hütte balkonisierter Dirndl-Dekolletés – desavouiert er in subtiler, fein ironisierender Form genauso wie die homophobe Engstirnigkeit ewig Gestriger, die sich aber gerne öffentlich daran ergötzen, anderen Männern (in der Krachledernen beim Schuhplatteln) an den Arsch zu gehen.

Wer auch immer die erratische, gleichsam scheue, exzentrische wie auch introvertierte Person je bei einem der zum Teil von ihm selbst initiierten, exzessiv dem Hedonismus frönenden Clubbings wie dem genialen, heißen, elektrisierenden, erotisierenden, leider auf Eis gelegten „Drama" beobachtet hat, würde à priori nicht auf die Idee kommen, dass der paradiesisch-bunte Szenevogel ein erfolgreicher Unternehmer ist. Eher ahnt man hinter den bizarren Inszenierungen und facettenreichen Masken des bekennenden Homo- bzw. Bisexuellen den verdrängten Berufswunsch des Schauspielers. Der Spiegel – Vexierbild der Seele – dekuvriert oft mehrere Gesichter, abseits tradierter Klischees und Geschlechterrollen. Das charmante Trachtenpärchen verliert aber, wider Erwarten, nicht sein Gesicht, sondern gewinnt an Kontur und Charakter. Eine der kunstvollsten Versionen des Trachtenpärchens ziert den Silberknauf eines Spazierstockes, den der introvertierte Exzentriker als perfekter Dandy meist mit sich führt.

Soziale Kompetenz erweist sich oft im zivilisierten Umgang mit Krisen und Trennungen. Thomas Kleins Lebensentwurf kann getrost als modernes, personifiziertes Patchwork-Modell apostrophiert werden. Nicht geschieden, lebt er „Ethik und Moral verpflichtet" mit seiner ältesten Tochter zusammen; seine Frau, die er stets als Liebe seines Lebens bezeichnet, mit einem neuen Lebensgefährten, der zweiten gemeinsamen Tochter und ihrem, aus einer früheren Beziehung stammenden, von Klein adoptierten Sohn. „Wir führen eine moderne Ehe und haben unsere Freiheiten gemeinsam hart erkämpft." Gelebte Diversität, geprägt von Rücksichtnahme, Respekt und Verantwortung. Chapeau!

№84

Die Büste Ingeborg Bachmanns

Die Wahrheit ist dem Menschen zumutbar." Dieser Feststellung von Ingeborg Bachmann (1926–1973) ist eigentlich nichts mehr hinzuzufügen. Es fasst in perlustrierender Form zusammen, was das Wesen des philosophisch-literarisch-psychologisch-elaborierten Werkes der in Klagenfurt geborenen Lyrikerin ausmacht.

„Denn wir wollen alle sehend werden. Und jener geheime Schmerz macht uns erst für die Erfahrung empfindlich und insbesondere für die der Wahrheit. Wir sagen sehr einfach und richtig, wenn wir in diesen Zustand kommen, den hellen, wehen, in dem der Schmerz fruchtbar wird: Mir sind die Augen aufgegangen. Wir sagen das nicht, weil wir eine Sache oder einen Vorfall äußerlich wahrgenommen haben, sondern weil wir begreifen, was wir doch nicht sehen können. Und das sollte die Kunst zuwege bringen: dass uns, in diesem Sinne, die Augen aufgehen."

In ihren Briefwechseln mit dem Lyriker Paul Celan, den Schriftstellern Jörg Mauthe, Peter Weiser und Max Frisch, dem

Komponisten Hans Werner Henze, dem Wissenschaftstheoretiker Victor Kraft, einer der wenigen Überlebenden des Wiener Kreises, Kollegen wie Ilse Aichinger, Gisèle Celan-Lestrange, Jack Hamesh und Klaus Demus sowie in den zahlreichen dokumentierten Gesprächen und Interviews wird augenscheinlich, dass ihr zentrales Thema das der fundamentalen Wahrheitsfindung, der elementaren Suche nach Wahrheit war.

Das Suchen, das Finden, das Fortgehen und Wiederkehren, das In-sich-Kehren und Aus-sich-Herausgehen, das Scheitern und Sich-Verlieren. Allesamt Zeugnis des Strebens nach ultimativer, objektiver Wahrheit.

Wahrheit wird in Österreich oft als etwas Subjektives wahrgenommen. Dem Status des „Sowohl-als-auch" Rechnung tragend, bewegt sich das Volk, begnadet für das Schöne, zwischen Realitätsverweigerung, Destruktion und einer willfährigen Beugung nach subjektivem Bedarf und zugunsten einer objektivierbar-freundlicheren Wirkung. Das betrifft historische Fakten, historische Verstrickungen und Verwicklungen, Verantwortlichkeiten ebenso wie Courage und wertenden Weitblick – pro futura. Vor allem ihr persönlicher Einsatz, Verbrechen und Verbrecher des Nazi-Regimes einer gerechten Strafe zuzuführen und die moralische Verantwortung wissender Mitläufer an systematisch durchgeführten Pogromen und dem Holocaust zu thematisieren, war Teil ihres Prozesses auf der kollektiven Suche nach einem kognitivem Wahrheits-Gedächtnis.

Als Würdigung der weltweit Verehrten steht in Klagenfurts Norbert-Artner-Park eine lebensgroße goldfarbene Büste des Kopfes von Ingeborg Bachmann. Die Gesichtszüge, die relativ realistisch der wahren Form von Kopf und Antlitz entsprechen, dekuvrieren eindringlich, nonverbal, das Ringen, das Suchen um Wahrheit. „Wir müssen wahre Sätze finden" formulierte die kosmopolitisch Lebende. Ihr selbst war angesichts der unter den

Teppich gekehrten Wahrheiten des Daseins Erfüllung nicht gegönnt. In artifizieller Abtötung innerer, seelischer Schmerzen starb die Kämpferin für historische Wahrheitsfindung und politische Verantwortung – auch und vor allem in moralisch-gesellschaftlicher Sicht – an der Ignoranz der Öffentlichkeit, paradoxerweise aber körperlich schmerzunempfindlich.

Seit 1977 findet in Klagenfurt, ihrer Heimatstadt, ein nach ihr – als bedeutendste deutschsprachige Schriftstellerin und Lyrikerin geltend – benannter literarischer Wettstreit alias „Ingeborg-Bachmann-Preis“ statt. Er gilt seit seiner Initialisierung, trotzdem formal umstritten, als wichtigster Literaturpreis im deutschsprachigen Raum. „Die Wahrheit ist dem Menschen zumutbar.“ Sic est!

№85

Eine „Haggada“ von Aaron Wolf Herlingen

Mit über 60 gemalten Illustrationen – Zierfeldern mit Initialwörtern – stellt die 1725 von Aaron Wolf Herlingen illustrierte „Haggada“ ein wirklich herausragendes Schmuckstück hebräischer Schriftkunst dar. Aaron Wolf Herlingen, seines Zeichens „kayserlich königlicher Bibliothec-Schreiber in Wienn“ kopierte und illustrierte die traditionelle Haggada als opulentes, kunstvolles Meisterwerk.

Die „Haggada“ (hebräisch הדגה, Verbalnomen von der Wortwurzel דגנ; dt. „erzählen“, „berichten“) ist im Rahmen des religiösen jüdischen Lebens Erzählung und Handlungsanweisung für den Sedarabend, der Abend, bevor Pessach beginnt, das Fest der ungesäuerten Brote. Die Haggada ist ein meist reich bebildertes Büchlein, aus dem beim Festmahl mit der Familie gemeinsam gelesen und gesungen wird.

Das Wiederaufblühen der Illustrierung hebräischer Handschriften in Mitteleuropa begann – nach Jahrhunderten der Unterdrückung – der Überlieferung nach mit einer 1712 in Wien transkribierten Handschrift, die der Schreiber Arje ben Juda Leib aus Trebitsch in Mähren angefertigt hatte. Infolge entstanden Hunderte Schriftdokumente, von denen über 500 bis heute erhalten sind. Eine dünne Schicht wohlhabender jüdischer Bürger – Finanziers und Hoflieferanten – legten Wert auf den Besitz wertvoller Gebetsbücher, als Demonstration ihres Glaubens.

Das von Herlingen kopierte und illustrierte Werk – ein Höhepunkt in seinem Œuvre – besteht aus 29 Pergamenten, die von einer rotgefärbten Pergamentbindung mit Silberprägung umfasst sind. Das Frontispiz zeigt die Figuren von Moses und Aaron sowie den Zug der Israeliten durch die Wüste, während Manna vom Himmel fiel. Der Text aus dem babylonischen Talmud, teilweise auf Aramäisch, teilweise auf Hebräisch geschrieben, beschreibt die Vorgänge des Buches Exodus: Exil in Ägypten und Auszug in die Freiheit; akkordiert von zahlreichen Liedern, rabbinischen Ausschmückungen und Interpretationen sowie jiddischen Übersetzungen und Anweisungen für Sederabend und Pessachfest. Den traditionellen Abschluss der „Haggada“ bildet das Lied „Chad gadja“.

Die von Aaron Wolf Herlingen in Wien produzierte, reich illustrierte „Haggada“ befindet sich heute im Besitz der nach ihrem Sammler benannten „Braginsky-Collection“, laut New York Times „die wohl bemerkenswerteste Privatsammlung illustrierter hebräischer Manuskripte der Welt“. Sie enthält drei Hauptgruppen hebräischer Schriftdokumente: Bücher, Ketubbot (private, illustrierte Heiratsverträge) und Megillot (illustrierte Estherrollen in eleganten, oft vergoldeten, geschmiedeten Hülsen).

Die Synagoge in der Seitenstettengasse, das Schoah-Mahnmal der Künstlerin Rachel Whiteread am Judenplatz, das von Danielle Spera geleitete Jüdische Museum sowie die Holocaust-Gedenkstätte Alfred Hrdlickas vor der Albertina erinnern heute in Wien an den schmerzlichen Verlust, den Österreich durch die

Ermordung Hunderttausender jüdischer Mitbürger durch die systematische Vernichtungsmaschinerie des Naziregimes erlitten hat. Ausgehend von der historischen Komponente – dass Mitglieder der jüdischen Gemeinde in extremem Ausmaß für die intellektuelle, kulturelle sowie wissenschaftliche Hochblüte Österreichs bis 1938 verantwortlich waren – repräsentieren die Maxime jüdischer Tradition, Philosophie, Denkweise und Kultur stumme, aber relevante Zeitzeugen. Unter dem enormen Verlust der Intelligenzija durch die systematische Vernichtung und Vertreibung leidet das Land bis heute.

Die zahlreichen im Wiener Jüdischen Museum ausgestellten Exponate des Alltags – Gebetsbücher nach italienischen, sefardischen Riten, Kodizes, Schriften der Diaspora, Pinkas (Protokollbücher) der Synagogengemeinden, Ketubbot und Estherrollen – dekuvrieren eindrucksvoll Aspekte jüdischen Lebens, europäischer Kunstgeschichte wie auch den mit unterschiedlichen Religionsgemeinschaften kanonisierten Wertekatalog des Abendlandes. Opulentes Weltkulturerbe.

№86

Das Trojanische Pferd Alfred Hrdlickas

Das Original war über sechs Meter hoch, komplett aus Holz und subsummiert als stilisierte Nachbildung des mythologischen „Trojanischen Pferdes" aus Homers „Ilias" den Themenkreis, um den sich das Universum des Wiener Bildhauers Alfred Hrdlicka (1929–2009) Zeit seines Lebens drehte. Es war der visualisierte Protest gegen Krieg, Gewalt und Faschismus – und gegen die Negation historischer Wahrheiten.

Im Vorfeld der Wahl zum Bundespräsidenten 1986 war es zu Kontroversen um die Vergangenheit von Kurt Waldheim (1918–2007) während des Zweiten Weltkrieges gekommen. Die Ungereimtheiten und Aussparungen in der Vita des ehemaligen UNO-Generalsekretärs hatten zu einer höchst emotionalen und diskursiven Diskussion um die Täter- und Opferrolle sowohl Einzelner als auch Österreichs per se geführt. Als Reaktion auf die im Wahlkampf zu Tage getretenen Ungeheuerlichkeiten und ewig gestrigen Ressentiments gestaltete Hrdlicka zusammen mit dem Dramatiker Peter Turrini und dem Cartoonisten Manfred Deix ein sechs Meter hohes Pferd, angelehnt an Bundeskanzler Alfred Sinowatz' rechtlich abgesicherte Conclusio, „dass nicht Waldheim bei der SA war, sondern nur sein Pferd". Auf dem Kopf trug das Pferd eine von Deix gemalte SA-Kappe. Aus dem Bauch des Pferdes sollten die Gespenster der Vergangenheit kriechen ...

Die Waldheim-Affäre war Anlass, nicht aber Ursache für das Aufbrechen einer längst notwendigen Auseinandersetzung mit der Geschichte Österreichs und der teilweise involvierten Bevölkerung während der NS-Zeit. Virulent aufkeimender Antisemitismus, Chauvinismus, Negation historischer Fakten, jahrzehntelanges „Unter-den-Teppich-kehren" politisch-historischer Verantwortung und das Verweigern einer kritischen Auseinandersetzung und Aufarbeitung der nationalsozialistischen Diktatur waren Realität. Sorglos auch der Umgang mit Wahrheit – auch bezüglich des schmerzlichen Verlustes der jüdischen Bevölkerung, die das Gros der Intelligenzija Österreichs und Deutschlands vor dem Naziregime ausgemacht hatte. Das Trojanische Pferd Hrdlickas war ein wichtiges Zeichen des Aufbegehrens, ein sichtbarer Appell für ein kritisches, neues demokratisches Bewusstsein. Gegen Alltagsfaschismus und Ausgrenzung. Wider Unwissenheit und Ignoranz. Wider Rassismus und Xenophobie.

Das heute erhaltene Modell ist etwa einen Meter groß und entspricht den originären Entwurfsskizzen des, per Eigendefinition „Urstalinisten" und Antifaschisten Hrdlicka. Entstanden ist das verkleinerte Modell 1988 und ist gern gesehener Gast bei Ausstellungen, die sich kritisch mit der Vergangenheit während der Ära des Nationalsozialismus auseinandersetzen. Das überdimensionale Original lagert heute, zusammengelegt, in Einzelteilen, in den Wiener Räumlichkeiten des „Republikanischen Club – Neues Österreich", einer überparteilichen Vereinigung.

Hrdlicka reflektierte bewusst Macht und Ohnmacht, Unterdrückung des Individuums, Ausbeutung der „kleinen Leute" in seinen Skizzen, Werkserien und monumentalen, treffsicheren bildhauerischen Arbeiten. Beispielhaft dafür das am Wiener Albertinaplatz positionierte Mahnmal gegen Krieg und Faschismus. Hrdlickas Grundanliegen war es, das Unmenschliche um der verlorengegangenen Menschlichkeit willen ungeschminkt darzustellen. Er entblößte, im Sinne eines schonungslosen Humanismus, Gewalt, Terror und sexuelle Brutalität mit expressiven Mitteln und schockierender Drastik. Sein Œuvre war stets expressiv-figurativ und gegenständlich, um Aussagen über die conditio humana dezidiert und klar vor Augen zu führen.

Kurt Waldheim wurde, im Sinne des Slogans „Jetzt erst recht!" und „Wir Österreicher wählen wen wir wollen!" zum Staatsoberhaupt gewählt. Das Pferd begleitete – ungefragt und ungebeten – Waldheim auf seinen diplomatischen Reisen nach Salzburg und Rom, wo das demokratisch gewählte Staatsoberhaupt zur Papst-Audienz geladen war. Ein Ausritt in die USA war auch schon geplant, allein die „Watchlist"-Entscheidung der US-Regierung gegen Kurt Waldheim verhinderte diesen.

PS: Weitere Auswirkungen der Waldheim-Affäre waren, als Folge einer impulsiven Diskussion mit Fritz Molden, die Rückkehr des in New York als Künstler reüssierenden Gründers von Trend und Profil Oscar Bronner nach Wien und die grundlegende Veränderung der Medienlandschaft 1988 durch die Gründung der liberalen Tageszeitung „Der Standard" – als der Wahrheit verpflichtetes Zentralorgan der Integrität und Unabhängigkeit.

PPS: Die aufgrund der Waldheim-Affäre national und international ins Rollen gebrachte Debatte führte partiell – zumindest längerfristig zu einem Umdenken, einem Bedenken und mehr Sensibilität im Umgang mit der Vergangenheit, mit Minderheiten und der Einhaltung von Menschenrechten. Dennoch bestätigt sich immer wieder die alte Weisheit, dass „jedes Land die Politiker hat, die es verdient." Erschreckend und ernüchternd.

№87

Der Thomas Bernhard kredenzte Misthaufen

Es lässt doch sehr tief blicken und hat einigermaßen Aussagekraft über die Psyche, den kranken Zustand der Seele eines Landes und seiner Bevölkerung, wenn jemand, der noch dazu nicht in der Landwirtschaft tätig ist, einem Künstler zur Premiere seines Theaterstückes eine ganze Lastwagenladung Müll in Form eines fauligen Misthaufen vor die Haustüre liefert. Der aus Fäkalien, Stroh, Erde, vermodernden, stinkenden Abfällen und sperrigem Unrat bestehende Mist war dem als „Nestbeschmutzer und Vaterlandsverräter" apostrophierten Schriftsteller Thomas Bernhard anlässlich der Uraufführung seines Stückes „Heldenplatz" direkt vor die Feststiege des Wiener Burgtheaters serviert worden.

Naturgemäß hatte Thomas Bernhard (1931–1989) seinem Heimatland Österreich literarisch einen Spiegel vors Gesicht gehalten, hatte einmal mehr, ungefragt und ungebeten, die Hand auf Wunden gelegt, die weder ansprechend verarztet, geschweige denn richtig verheilt waren. Die klaffende Wunde betraf im Falle des Stückes „Heldenplatz" die selbst fünf Jahrzehnte nach dem „Anschluss Österreichs" an Hitler-Deutschland immer noch nicht aufgearbeitete politische Vergangenheit. Bernhard hinterfragte in seinem Drama die Rolle des offiziellen Österreichs, vor allem aber die Rolle der „kleinen Leute", deren Wegsehen, deren Missachtung, deren Angst und Populismus, deren utilitaristischen Opportunismus. Allein die Frage von Schuld und Sühne, von Mitschuld, von Verantwortung moralischer Natur, von Courage und zivilem Ungehorsam in den Raum zu stellen, entsprach einem inkriminierenden Sakrileg. Bis auf einige wenige Personen – realiter die involvierten Dramaturgen, Regisseure und Schauspieler – hatte bis zur Premiere niemand in der Öffentlichkeit den Text gelesen oder gehört. Aber angesichts der Kenntnis der Protagonisten meinte man zu erahnen, bewusst oder unterbewusst schuldig, welchen Spiegel Bernhard den „Spießern, den Geschöpfen der Agonie" zu diesem verdrängten, verleugneten Thema präsentieren wird.

Der Boulevard aber witterte, angesichts der bereits als Lieblings-Feindbilder intendierten Protagonisten Peymann, Bernhard & Co. einen Skandal und inszenierte in bester Provinz-Manier einen letztklassigen Bauernschwank als Posse erster Güte. Inklusive Polit-Groteske, Kunst-Debatte und einer Diskussion über Liberalismus sowie die Freiheit der Kunst. „Da kann man sagen, was man will." Was aber ausgespart blieb, war die seit Jahrzehnten unter den Teppich des Schweigens gekehrte Frage nach Verantwortung. Entfacht wurde eine lange schon notwendige politische Diskussion um Moral, Ethik, Mitschuld, Mitverantwortung, Schuld und Sühne. Auch die Notwendigkeit einer offiziellen Entschuldigung bei den Opfern des verbrecherischen Naziregimes, wider das Vergessen, sollte erst später, nachdem die künstlichen Wogen der Entrüstung sich langsam gelegt hatten, erfolgen. Spät, teilweise halbherzig, im Endeffekt aber doch aus

Erkenntnis und Überzeugung. Zumindest partiell. In der Heimat großer Töchter, Söhne blieb der furiose Wortkaskadenschöpfer auch posthum als literarischer Agent Provocateur in Erinnerung; fortwährend mit Argusaugen betrachtet, „darüber gibt es doch gar nichts zu diskutieren".

№88

Ein Puch-Waffenrad

Thomas Bernhard hat es literarisch verewigt, Alois Brandstetter schrieb ihm „zu Lasten der Briefträger" eine Hommage und auch Alfred Komarek lässt es seine kriminologisch versierten Protagonisten zur Mörderjagd nutzen: das legendäre „Waffenrad" der Firma Puch.

Trotz seines unsympathisch-martialischen Namens ist es der Klassiker österreichischer Velosophie. Die Nomenklatur „Waffenrad" entstand, weil der Hersteller, die „Österreichische Waffenfabriks-Gesellschaft" ab Ende des 19. Jahrhunderts zwar Fahrzeuge für den zivilen Bereich produzierte, aber dafür Erfahrungen aus der Waffenproduktion nutzte. Ab 1895 wurde für die in der Grazer Strauchergasse beheimateten Puch-Werken produzierten Fahrräder der Name „Waffenrad" verwendet. Am 13. August 1896 wurde es als Markenname registriert und geschützt.

Erfinder des Zweiradprinzips war Karl Friedrich von Drais gewesen. Nachdem er schon 1813 die „Fahrmaschine", einen vierrädrigen, fußkurbelbetriebenen Wagen, der bis zu vier Personen transportieren konnte, erfunden hatte, folgte 1817 die „Laufmaschine". Sie bestand aus einem hölzernen Langbaum mit gepolstertem Sitz, einer Bremse und zwei Rädern, die in der Mitte fixiert waren. Als Weiterentwicklung folgte das Veloziped – oft kunstvoll verziert mit Enten- oder Adlerkopf – mit drei oder vier Rädern, erstmals betrieben durch Pedale. Erfinder desselben dürfte Pierre Lallement gewesen sein. Erfindungen und Innovationen, exzentrische Modelle wie Hoch- und Dreiräder, die Levocyclette (mit Gangschaltung), das Rotary Tricycle oder Feder- und Whippet-Rahmen führten die Historie der Zweiräder fort.

Trotz des Terminus „Waffenrad" war das in Graz hergestellte Zweirad nie für militärische Zwecke gedacht. Dass sich der Mythos rund um das Puch-Rad und sein Sammlerwert bis heute gehalten haben, ist der massiven, stabilen Bauweise und der klassischen Form, der ausgereiften Technik und der eleganten schwarzen Färbung zu verdanken. Von jeher ist es als Damen- und Herrenrad konzipiert und produziert worden. Abgesehen von der eleganten schwarzen Lackierung unterscheidet es sich optisch kaum von anderen klassischen Fahrrädern. Herausragend schön aber sind zwei, fast unsichtbare Details: Einerseits ist am vorderen Kotflügel eine kleine Kühlerfigur in Form eines stilisierten aerodynamischen Adlers montiert, andererseits ist das Kettenblatt aus einem rotierenden Puch-Schriftzug geschmiedet.

Johann Puch hatte seine erste Fabrik 1899 in Graz-Thondorf gegründet. Anfangs wurden Schlittschuhe und Fahrräder produziert, später auch Motoren, Motorräder und Autos. 1912 beschäftigte das Werk über 1.100 Arbeiter und produzierte über 16.000 Fahrräder, 300 Autos und ebenso viele Motorräder. 1928 entstand aus der Fusion von Austro-Daimler, Oeffag und den Puch-Werken die Austro-Daimler-Puchwerke-AG, die 1934 wiederum mit Steyr zur Steyr-Daimler-Puch AG fusionierte.

Das sogenannte „Einser-Werk" in Graz wurde vor einigen Jahren stillgelegt, 1987 die Fahrradproduktion eingestellt. Die Markenrechte besaß bis vor Kurzem der italienische Konzern Piaggio.

2012 übernahm der österreichische Importeur Faber die Rechte an der Marke Puch und brachte einige neue Modelle auf den Markt. Ein Revival erlebten im Frühjahr 2012 neben dem „Waffenrad" auch der „Kraftlackel", der „Bergmeister", „Mistral" und das Modell „Dienstmann". Als Novität gibt es auch, gemäß dem urbanen Trend, einige Modelle als Elektro-Bikes zu erwerben. Produziert wird aber nicht in Österreich, sondern in Frankreich von der Firma Cycleurop.

Abseits globaler Medienevents wie der „Tour de Pharmacie", „Giro d'Anabolica" oder der „Tour d'Epo" herrscht vor allem Interesse am aktiven Radsport. Aus Gründen nachhaltigen Agierens verzichten, vor allem im ökologisch bewussten urbanen Raum, immer mehr Menschen auf das zweifellos umweltschädliche Auto und steigen auf öffentlichen Verkehr oder Fahrräder um. Laut aktuellen Untersuchungen des Verkehrs Club Österreich, auf Basis der Statistik Austria, besitzen drei von vier Haushalten ein Fahrrad. Dem Trend nicht nur folgend, sondern ihn aktiv unterstützend, gilt es die weltweit einmalige Initiative der Stadt Wien – das „City-Bike" – lobend zu erwähnen. 1.200 Fahrräder können hier, fast gratis, zur privaten Nutzung verwendet werde. Angewandter Umweltschutz, angewandte Velosophie!

№89

Niki Laudas rotes Kapperl

Laut repräsentativen Umfragen und empirischen Forschungsergebnissen des Statistischen Zentralamtes investiert das Gros der männlichen Bevölkerung Österreichs mehr Zeit, Geld und Emotion in seine automobile Penisprothese als in zwischenmenschliche Beziehungen.

Pflege, Hingabe und Streicheleinheiten für des Österreichers liebstes Objekt der Begierde, das Auto, sind enorm und steigen mit zunehmendem Alter – und abnehmender sexueller Potenz – überproportional. War der Fetisch in Bezug auf das „Goldene Zeitalter des Automobils“ mit fantastisch-sinnlichen Rundungen und glänzenden Chromjuwelen optisch und haptisch noch nachvollziehbar, ist heutiges Imponiergehabe mittels billigen Protzens mit röhrenden, artifiziell auffrisierten Motoren, mittels virtueller – statt viriler – Potenz an Kraft und Stärke unter der hochglanzpolierten, gewichsten Kühlerhaube auf zu kompensierende Minderwertigkeitskomplexe zurückzuführen.

Als Projektionsfläche dieser zwischen manischer Selbstüberschätzung und destruktiver Inferiorität oszillierenden Autoerotik dienen der oben genannten Spezies televisionär dargebotene Helden des modernen Circus Maximus. Die für „Brot und Spiele" sorgenden modernen Gladiatoren lenken seit über sechs Jahrzehnten ihre Streitwagen in deren Königsdisziplin, der Formel 1.

Wichtig ist den Fanatikern aller Alterskategorien eine infantile Identifikation mit ihren Helden. Jochen Rindt war, trotzdem legendär aufgrund seines mythenhaften Unfalltodes, letztlich zu introvertiert, zu emotional, zu nachdenklich und bis zu einem gewissen Grad zu abweisend. Gerhard Berger gelang es als „Bauernbua" vor allem im ländlichen Biotop zu reüssieren. Als veritable, einzig wahre Ikone des austriakischen Motorsports aber kann nur Nikolaus Lauda bezeichnet werden. Schon lange bevor das Marketingtool der „Ich-AG" als anzustrebender Status Vivendi apostrophiert wurde, schaffte er es, durch sein rund um die Uhr als mobile Werbefläche getragenes „rotes Kapperl" zum Unikat zu werden. Naturgemäß nicht nur dadurch – Freaks existieren heute sonderzahl. In 171 Grand Prix-Rennen hat er 25 Siege zu verzeichnen, gekrönt von 3 Weltmeistertiteln. Der 1949 aus einer wohlhabenden Wiener Unternehmer- und Mediziner-Dynastie stammende ehemalige Rennfahrer, der Geschäftsmann und Airline-Gründer, der sich gerne hinter einer pragmatisch-analytischen Fassade verbirgt, meinte einst: „Mein Mythos bleibt nur erhalten, wenn ich ihn permanent erneuere".

Ein perfektes Testimonial seiner Selbst.

Angesichts seiner Vita ist ebenso interessant wie frappierend, dass Lauda, wenn auch nicht unumstritten, trotz seiner Zielstrebigkeit, seiner bewussten verbalen Provokationen, seines öffentlich vertretenen Meinungsspektrums jenseits opportunistischer Gleichförmigkeit, seines unternehmerischen Enthusiasmus, seiner Verve entgegen dem larmoyanten, typisch österreichischen Verharren in mediokrer

Saturiertheit, Pragmatik, Bürokratie und Obrigkeitsgläubigkeit zum Helden „Niki Nationale" avancierte und später, auch nach seiner Entscheidung, „nie mehr im Kreis zu fahren", verblieb.

Sein Geschick, persönliche, gesellschaftliche sowie ökonomische Metamorphosen nicht nur zuzulassen, sondern zu initiieren, ist wohl beispielhaft für innovatives Unternehmertum. De facto typisch untypisch.

№90

Eine Schneekugel der Empörung

Eine Schneekugel immerwährender Empörung, anstelle erhoffter und mit relativ hoher Wahrscheinlichkeit zu erwartender Goldmedaillen, erntete Karl Schranz 1972 bei den Olympischen Spielen in Sapporo. Karl Schranz war – nach einem Verstoß gegen das damalige Amateurgesetz – knapp vor Beginn der Winterspiele von IOC-Präsident Avery Brundage von der Teilnahme an den Bewerben ausgeschlossen worden. Ein dem IOC zugespieltes Foto, das Schranz in einem T-Shirt mit einer Kaffee-Werbung zeigte, war für das Internationale Olympische Comitée Indiz und Beweis, dass Schranz „kein Amateur" sei. Laut eigenen Angaben hatte Schranz dieses „corpus delicti" nur einmal anlässlich eines Benefiz-Fußballspiels getragen.

An seiner statt wurde der Schweizer Bernhard Russi Abfahrts-Olympiasieger.

Dennoch generierte Karl Schranz sich zum absoluten Helden der Nation. Gegenüber der internationalen Staatengemeinschaft herrschte reale Eiszeit. Die Erregung öffentlichen Ärgernisses kulminierte in einem veritablen Triumphzug durch Österreich. Letztendlich jubelten ihm am Ballhausplatz die Massen zu wie einst Leopold Figl bei Verkündigung der Freiheit – oder beinahe so frenetisch wie 1938 dem braunen Verführer der Massen.

Unter dem Pseudonym „Die Österreicher. i. V." veröffentlichten Georg Danzer und André Heller den parodistischen Landler „Der Karli soll leb'n". In dem als Hymne missverstandenen, rasch erfolgreichen, die damaligen „Austro-Charts" stürmenden Lied hieß es „Der Karli soll leb'n … der Brundage steht daneb'n. Wir pfeifen auf's Olympiagold. Wir haum's ned gern, waun uns wer rollt. Er glänzt auch so, der Karli Schranz, für jung und alt ist er ein Held."

Unter Negierung der Wahrheit spielte man virtuos auf der Klaviatur der nationalen Opferrolle. Und auch die Politik hatte die Erkenntnis gewonnen, wie vorteilhaft es war, sich mit den epischen Heroen und deren schillernden Pfauenfedern zu schmücken. Seite an Seite posierten Bundeskanzler Bruno Kreisky und Karl Schranz für die Gazetten des Populismus. Klar definierte sich nationale Identität via sportlicher Erfolge und Misserfolge. Perfid war nur, wie sich später herauskristallisieren sollte, die Rolle der Offiziellen Vertreter des Österreichischen Olympischen Comitées. Deren Ahnungslosigkeit war nur gespielt, wie auch Jahre später bei den – wegen Dopingverdachts – durchgeführten Hausdurchsuchungen der Nordischen in Turin. Wahrscheinlich aber sind dies nur reale Puzzlesteine für die virtuelle Vermutung, dass in Wiener Volkshochschulen, unter der Hand, die Kurse „Aufpudeln Teil 1–3" – nur für Inländer – höchst erfolgreich angeboten werden. Verbittert beendete Schranz nach dem Ausschluss seine aktive Karriere als Skirennfahrer. Seither lebt er mit seiner Familie in St. Anton am Arlberg, ist Inhaber eines Hotels, und zieht im Hintergrund weiterhin Fäden im internationalen Skisport. 1988 wurde ihm in einer feierlichen Zeremonie von IOC-Präsident Juan Antonio Samaranch eine Olympia-Ehrenmedaille überreicht, was als nachträgliche

Entschuldigung des IOC interpretierbar ist. Schranz kann insofern in gewissem Sinne auch als Vorkämpfer für die Änderung der Amateur-Regeln betrachtet werden. Eine beinahe grotesk anmutende Diskussion angesichts heutiger Verhältnisse – wo doch jeder Quadratzentimeter der Dressen der Athleten und der Rennstrecke durch bezahlte Werbung und Product-Placement gesponsert wird.

Karl Schranz wiederum war das alles – aufgrund zahlreicher Connections und kluger Ressourcennutzung rasch egal. Solange der Rubel rollt ... Und das tut er – im wahrsten Sinne des Wortes. Dafür sorgen bis heute die geschmiedeten Allianzen sozio-ökonomisch-politischer Natur. So gesehen mutierte die seinerzeit immer ehrende zur immerwährenden Schneekugel der Empörung.

Fest steht auch: Es kann absolut kein Zufall sein, dass die Schneekugel in Österreich erfunden wurde. Der pittoreske Sturm im Wasserglas – in komprimierter Form und institutionalisiert: Jedes Mal, wenn die empörte Volkseele hochkocht und Bedarf zur Erregung öffentlichen Ärgernisses – gegenüber ungerechtfertigter Einmischung und ungerechter Behandlung von außen – besteht, schüttelt man den Schnee von gestern heftig auf, mischt ihn mit reichlich heißer Luft und lässt ihn publikumswirksam zu Boden gleiten.

№91

Helmut Bergers goldener Strohhalm

Von Schneespuren ganz anderer Natur wurde hingegen die Vita von Helmut Berger gezeichnet. Wobei die Erregung öffentlichen Ärgernisses eher durch dünne Linien glänzender weißer Kristalle hervorgerufen wird. Die „thin white lines“ pflegte er, wie er in einem Interview klarstellte, nicht mit zusammengerollten Geldscheinen, sondern mittels eines aus massivem Gold gefertigten Strohhalms, den er an einer goldenen Halskette trug, dem nasalen Genuss zuzuführen. Ein kurioses Synonym der Dekadenz und des Hedonismus. Noblesse oblige. Maitresse oblige. Neige oblige.

Die Tragödie dieser durchaus mit einer lässigen Arroganz, noblen Virtuosität und selbstbewussten Virilität memorierten Reminiszenz an die Obsessionen im zügellos-hedonistischen Rom der 1960er- und 1970er-Jahre liegt an den durchwegs vernebelten wie auch verschneiten realen Auswirkungen. Personifizierte Helmut Berger in jungen Jahren doch durchaus das Ideal eines Adonis von antiker Schönheit. Handverlesen, unter Ägide, Regie und den privaten Fittichen von Lucchino Visconti verkörperte der göttliche Narziss Helmut Berger wunderbar fragile Geschöpfe, deren Darstellungen zu Recht im zeitlosen Olymp hoher cinematografischer Schauspielkunst angesiedelt sind. Aristokratie und Adel als Geisteshaltung wie auch als Sinnbild und Abbild einer filigranen Gesellschaft, deren Benehmen, Sprache und Denkweise heute beinahe befremdlich fremdartig wirkt, entrückt und jenseitig: pathetische Gefühlsregungen, abseits reinen Utilitarismus, abseits kapitalistischen Strebens, abseits proletarischen Prekariats. Unvergesslich am Firmament aus Pappmaschee.

Mit dem Tod des italienischen Adligen, dem Doyen der italienischen Nouvelle Vague, des neobarocken Neoverismo verblasste auch sein juveniles Abbild, sein Ebenbild. Aufgrund zu exzessiven Lebenshungers entschwand das Spiegelbild des Bonvivants. Überlieferter Tiefpunkt, abseits von späten Alkoholdelirien, war Bergers Fauxpas, als er ein Gala-Diner bei Monte Carlos Prinzessin Caroline nach dem Konsum schlecht verschnittenen Marschierpulvers aus der Zucht der Kokapflanze in einem blütenweißen Anzug regelrecht, wortwörtlich – verschiss.

Trotzdem kann Berger wohl mit Fug und Recht behaupten „I have lived!“. Dass er „tried all, that called out to be tried“ ist unbestritten, ebenso wie das Faktum, dass sein Leben im Jet-Set mit erotisch-orgiastischen Avancen, jeder Menge „menage à trois“ die Patina der ursprünglichen Grandezza erheblich derangiert wurde. Der ehemals distinguierte Faun geriet zum tragischen Synonym einer ganzen Dekade kollektiven Gedächtnisverlustes. Dass er wahrlich mit dem Schnee „mit dem wir alle talwärts fahren“ wie Hans Hölzel in der Figur seines Alter Ego Falco genial formulierte, fatal stürzte und mit der Nase tief in den Schnee, zu tief in den Schnee fiel – und sehr, sehr tief sank, ist aber leider auch nicht von der Hand zu weisen.

Tragisch belegt Bergers Status quo, der einst begnadete Filmstar, die Warnung „Drugs can seriously damage your health“ –

vielmehr kann man diese ausweiten zu „Drugs can seriously damage your life …“ Wiewohl: Historisch betrachtet befindet sich Berger in bester Gesellschaft. Überliefert ist, dass zahlreiche und hochrangige Mitglieder des österreichischen Kaiserhauses wie auch anderer europäischer Herrscherdynastien zur Spezies der nasalen Schneeschaufler gehörten. Sigmund Freud war kokainsüchtig sowie eine ganze Reihe an Intellektuellen, Kreativen, Musikern und Schriftstellern …

Berger, in jungen Jahren die personifizierte Reinkarnation des Narziss, dürfte besagten Schnee aber vor allem als Unterstützung des hedonistischen Lustprinzips, unter dem Aspekt des Fun-Faktors benutzt haben, ähnlich wie zu Falco, der einst angesichts von Goldfischen im U4 lapidar meinte, „Wer sich an die 80er-Jahre erinnern kann, der kann nicht dabei gewesen sein.“

Laut offiziellen Statistiken hat der Drogenkonsum im Vergleich zu den 1970er- und 1980er-Jahren allgemein zugenommen. Das hat laut offiziellen polizeilichen Untersuchungen einerseits mit stark gesunkenen Preisen des international produzierten und vertriebenen Marschierpulvers zu tun, andererseits mit dem enormen Druck, der auf vielen Menschen lastet. Das vonseiten einer rein utilitaristischen Leistungsgesellschaft geforderte immense und immer weiter gesteigerte Arbeitspensum, die ununterbrochene Forderung nach Kreativität und Output, nach Präsenz, ständiger Erreichbarkeit und sofortiger Reaktion lässt vor allem Proponenten der Konsum- und Leistungsgesellschaft, Mitglieder des hohen und mittleren Managements zu kreativitätsfördernden und aufputschenden, wachhaltenden Mitteln greifen. Theoretisch rechtlich zustehende Rekreationsphasen werden egalisiert. Während sich das Gros der Bevölkerung mit legalen, auch staatlich und regional geförderten Drogen wie Alkohol und Nikotin zudröhnt, ziehen sich immer mehr Karrieristen, Bobos und Yuppies nach anfänglichen „thin white lines“ immer breitere und längere Straßen ins Hirn, um einen Kick zum Stressabbau im tagtäglichen Murmeltiertagsdasein zu erleben oder um nach immer höheren Superlativen zu streben. Gemäß dem Postulat „Schneller, höher, stärker, besser …“ Aber nicht im Sinne des Olympischen Gedankens, dabei zu sein, sondern ultimativ noch besser und schneller zu funktionieren … Quo vadis?

№92

Der goldene Schuh von Hans Krankl

1978 war ein gutes Jahr für den österreichischen Fußball. Vor allem aber war es ein gutes Jahr für Hans Krankl. Mit 41 in der Saison 1977/78 für den SK Rapid Wien erzielten Toren wurde er von der UEFA mit dem Goldenen Schuh – der höchsten Dekoration für den besten europäischen Torschützen – ausgezeichnet. Und, was noch viel erheblicher für Nationalbewusstsein, Nationalstolz und Selbstwertgefühl der ballesterisch, ballhysterischen Nation war, und bis heute ist, erzielte der 1953 Geborene bei der Fußball-Weltmeisterschaft in Argentinien, im letzten Spiel des Österreichischen Nationalteams, zwei der entscheidenden Treffer, die zum legendären 3:2-Sieg gegen „Lieblingsgegner und Erzfeind" Deutschland führten. Beinahe so legendär wie der fulminante wie auch energische Auftritt Krankls ist bis heute der Jubelschrei des Radioreporters Edi Finger Senior beim finalen Siegestreffer: „Tor –Tor – Tor – I wer' narrisch!"

Cordoba ist bis heute ein strahlende Augen erzeugendes Zauberwort und Synonym für das einmalig real gewordene Faktum der ansonsten rein theoretischen Möglichkeit des Vermeidens peinlicher Inferiorität, des Bestehens im internationalen ballesterischen Wettbewerb. Sogar ein im Burgtheater inszeniertes Theaterstück mit Cornelius Obonja in der Hauptrolle trägt der fußballhysterischen Legende Rechnung.

Krankl selbst erreichte nach seinen exzellenten Auftritten den Fußball-Olymp, indem er in die royale spanische erste Liga wechselte. Mit dem Traditionsverein FC Barcelona wurde der zum „Goleador" Geadelte spanischer Torschützenkönig, gewann die iberische Meisterschaft und den Europacup der Pokalsieger.

Österreich, das Land mit knapp 8 Millionen sachverständigen (nein: gemäß schwerst vernebelter Selbsteinschätzung: begnadeten) Fußball-Teamchefs, vermeint unablässig, „die wichtigste Nebensache der Welt" – den Fußball, zur Hauptsache erklären zu müssen. Wird man von außen – gottlob – als Kulturnation geachtet, bejammern hierzulande selbsternannte Experten stundenlang – unter Aussparung des realistischen Könnens, unter Missachtung des offensichtlichen eigenen Unvermögens –, warum welche bösen Kräfte und widrigen Umstände das Leder auf einer schiefen Ebene immer in das heimische Tor rollen lassen. Leidenschaftlich diskutieren und schimpfen Fanscharen über „das Schieben von Wuchteln, über das Aufgeigen, Schlenzen, Gaberln, Einnetzen und Abstauben ...". Sie selbst frönen zumeist eher dem Passivsport – vor dem Fernsehapparat. Fit gehalten werden nur die Hände beim Betätigen der Fernbedienung oder durch beherztes Krügelstemmen, um den durch Bier geformten Kugelbauch in Form zu halten.

Factum aber ist: Begeisterung allein ersetzt offenbar weder Talent noch den notwendigen Fleiß. Selbst theoretisch dargebrachtes Strategiedenken übertüncht natürlichen Dilettantismus nicht dauerhaft. Mit Ausnahme des „Wunderteams" alias „Schmiranski-Teams", das anno 1932 als Europameister für den einzig wirklich nennenswerten internationalen Erfolg gesorgt hat, und abgesehen von den Sternstunden des Nachtfalken Johann K. breite man in Wahrheit einen großen, schweren, aus Brokat mit Hermelinbesatz gefertigten Mantel des Schweigens über den österreichischen Fußball.

Wobei gemunkelt wird, dass Fußball demnächst als inoffizielle Staatsreligion offiziell anerkannt werden wird – als populistischer Artenschutz. Glaubenskongregationen gibt es viele, die meisten Anhänger bekennen sich zu Rapid als einende Religionsgemeinschaft. Es heißt, Grün sei die Hoffnung … die kann man brauchen als Fan österreichischen Fußballs …

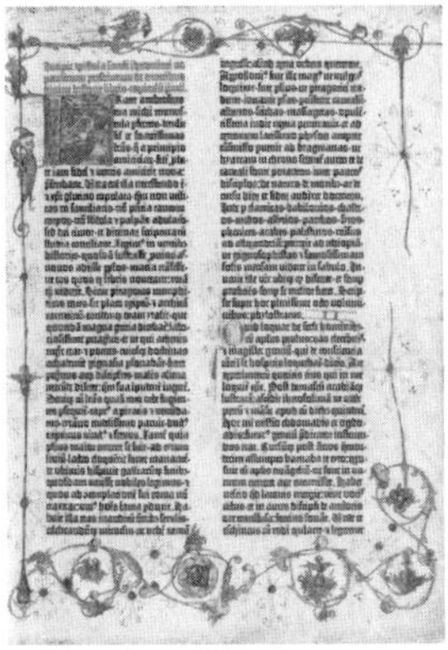

№93

Die Wiener Gutenberg-Bibel

Kein Paradoxon: eine religiöse Preziose inmitten einer Kathedrale des Wissens und der Aufklärung. Weltweit existieren heute nur noch 49 Gutenberg-Bibeln. Eines dieser raren Exemplare befindet sich im Besitz der Österreichischen Nationalbibliothek in der Wiener Hofburg. Sie ist als Zentralgestirn der Sammlung zu bezeichnen. Gedruckt und gebunden wurde sie von Johannes Gutenberg (1400–1468), dem Erfinder des Buchdrucks, in Mainz zwischen 1452 und 1454. Die 42-zeilige Gutenberg-Bibel ist sowohl aus ideellen, religiösen als auch monetären Aspekten das wertvollste Exponat der Sammlung mittelalterlicher Inkunabeln.

Mithilfe von 20 Mitarbeitern entstand in Gutenbergs Manufaktur insgesamt eine Auflage von 180 Exemplaren; 150 davon wurden auf Papier, 30 auf Pergament gedruckt. Als Vorlage der Bibel diente die „Vulgata", eine lateinische Transkription von Hieronymus aus dem 4. Jahrhundert nach Christi Geburt. Die Ausgabe besteht aus zwei Bänden: Teil eins enthält das Alte Testament, Band zwei die Propheten des Alten sowie das Neue Testaments. Der Satzspiegel hat eine Größe von 19,5 x 29 cm, Blocksatz in Form zweier Kolumnen. Gutenbergs Werkstatt benutzte Metall-Lettern in 290 Typenvariationen: 47 Groß-, 63 Kleinbuchstaben, 92 Abkürzungszeichen, 83 Ligaturen und 5 Interpunktionszeichen. Als Schriftart verwendete er die Textura, eine Variation der gotischen Minuskel, gemäß der im Mittelalter gebräuchlichen Liturgie.

Trotz des Buchdruckes stellt jedes damals produzierte Exemplar ein Unikat dar. Nach dem Druck wurde nämlich jede Seite manuell illustriert und koloriert. Blumen, Blätter und Ornamente zieren alle Seiten der Heiligen Schrift. Zudem wurde jedes Exemplar einzeln gebunden und der aus Leder gefertigte Umschlag zumeist mit den Initialen des Besitzers verziert. Im Gegensatz zu vielen der ohnehin nur mehr 49, zudem oft fragmentarisch erhaltenen Stück des historisch wertvollen Schriftwerks ist das in Wien beheimatete Exponat in einwandfreiem Zustand.

Entsprechend der Wertigkeit des Schriftstücks ist auch die Heimat: prachtvoll, imperial, pompös – der barocke Prunksaal der als „Hofbibliothek“ gegründeten „Österreichischen Nationalbibliothek“ zählt zu den schönsten historischen Bibliotheken der Welt. Kaiser Karl VI. (1685–1740) veranlasste den Bau dieses Juwels profaner Barockarchitektur. Erbaut wurde er von 1723 bis 1726 nach Plänen des berühmten Hofarchitekten Johann Bernhard Fischer von Erlach von dessen Sohn Joseph Emanuel. Deckenfresken allegorischer Inhalte, gemalt von Daniel Gran, zieren die Bibliothek, die heute fast 8 Millionen Exponate beherbergt. Als Bundesmuseum beherbergt die Nationalbibliothek auch Ausstellungen: bestehend aus dem Prunksaal, dem Papyrusmuseum, dem Karten- und Globenmuseum, der Musiksammlung, der Sammlung alter Inkunabeln und dem Esperantomuseum.

Wie bei den meisten Fürstenbibliotheken Europas reichen die Anfänge der Hofbibliothek in die zweite Hälfte des 14. Jahrhunderts zurück. Von der Sammlung Kaiser Friedrichs III. (1415–1493) sind über 50 Handschriften und einige wenige Inkunabeln erhalten. Die Österreichische Nationalbibliothek verwahrt mit 8.000 Inkunabeln – der wertvollste Teil der Kollektion – den weltweit viertgrößten Bestand. Die Sammlung ist sowohl durch wertvolle Einzelstücke als auch geschlossene Bestandsgruppen ausgezeichnet: So enthält sie unter anderem eine von insgesamt 13 erhaltenen Exemplaren der 36-zeiligen Bibel aus Bamberg aus dem Jahr 1460, einen vollständigen Pergamentdruck des Mainzer Psalters von Johann Fust und Peter Schöffer von 1457 und Beispiele fast aller bis 1500 gedruckten Bibeln.

Der Sohn Friedrichs III., Maximilian I. (1459–1519), vermehrte Handschriften und Drucke sowohl unter ihrem materiellen Aspekt als auch nach wissenschaftlichen und künstlerischen Kriterien systematisch. Als Kunstmäzen, Förderer der Wissenschaften, Humanist, aber auch in seiner Prunkverliebtheit stellte sich Maximilian einerseits als typischer Renaissanceherrscher dar, andererseits tragen seine Bemühungen zur umfassenden Popularitätssteigerung bereits Züge eines „modernen" Herrschers. Maximilians groß angelegte Dichtungen sind nicht nur ein letztes, nachklingendes Denkmal einer vergangenen Epoche, sondern teilweise auch verschlüsselte Autobiografien, die neben realen Ereignissen auch Bezug auf nie realisierte Pläne und Vorhaben des Kaisers wiedergeben. Maximilian erhielt den Beinamen „der letzte Ritter", verkörperte er noch das bereits schwindende Ideal des alten burgundischen Rittertums.

Der Bibeldruck: ein profanes Zeugnis des christlichen Glaubens und der Liturgie, gleichsam aber Symbol der Aufklärung, der Säkularisierung – des unaufhaltsamen Prozesses der Ablösung religiöser Institutionen von weltlicher Macht.

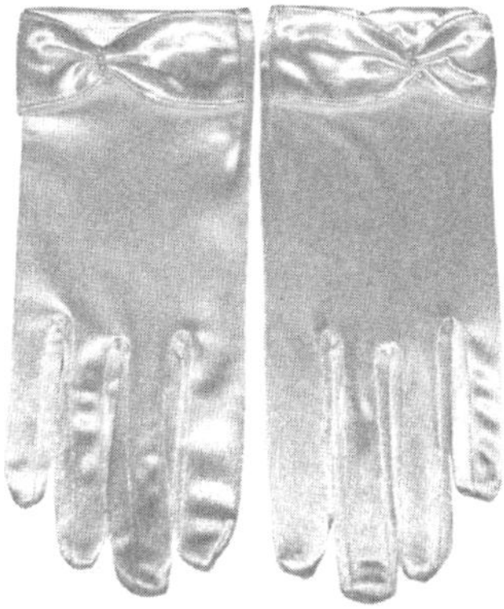

№94

Die Bibel guten Benehmens: der „Elmayer"

garniert mit weißen Zwirnhandschuhen

Ganze Generationen der auf Etikette und Stil Wert legenden, prosperierenden, juvenilen Wiener Jeunesse dorée pilgerten ins Palais Pallavicini „zum Elmayer". Analog zum Besuch der 1919 gegründeten Tanzschule galt es die von Rittmeister Willy Elmayer-Vestenbrugg verfasste Bibel zur eiligen Messe im 3/4-Takt zu inhalieren: „Gutes Benehmen wieder gefragt". Darin werden alle Regeln des alltäglichen Umgangs miteinander klar dargestellt. Dies reicht vom morgendlichen Gruß bis zum abendlichen Kuss, von privaten Situationen bis zur großen Repräsentanz, von der Geburt bis zum Umgang mit Tod und Beerdigung, von der Gratulation bis zur Kondolenz. Bei Tisch und Bett, im alltäglichen Arbeitsleben, auf Bällen, in Restaurants etc. Die Tanzschule Elmayer, deren Nachfahren und Protagonisten gelten zu Recht auch heute als Instanz richtigen Benehmens und des Anstands. Synonym für gepflegte Kultiviertheit.

Die Wiener Balltradition gilt zu Recht als einzigartig. Oszillierend zwischen Walzerseligkeit, grotesker Überzeichnung, einer Sehnsucht nach der „guten alten Zeit“ (die so gut gar nicht war), Traditionsverehrung und schlichtweg Amüsement. Ein Vexierspiegel des bourgeois definierten Hedonismus.

Wer auch immer sich vielleicht angesichts aktueller Berichterstattungen über Opernball und anderes Gewalze nach der „guten alten Zeit“ zurücksehnen mag, dem sei ein Blick in die Vergangenheit empfohlen. Auch zu einer Zeit, in der Society noch unter Gesellschaftsleben firmierte, welches sich über das Abhalten und Besuchen von Bällen anstelle von Events definierte, galt die Sehnsucht nach berauschender Walzerseligkeit als willkommenes Pendant zu politischen, wirtschaftlichen und sozialen Turbulenzen des tristen Alltagslebens. Und die Gesellschaft war nicht immer nur „fein und elegant“. Die temporäre Ausblendung der realen Verhältnisse funktionierte perfekt. Tristesse blieb ausgeblendet, Realität verleugnet, ignoriert. Die erfundene Tradition, der Glanz des Barock und Rokoko und die bittere Realität des Inflationismus spiegeln sich in den Details wieder. Ein Zeitphänomen war „seinerzeit“ schon die Integration von Revue, Cabaret und Theater ins Balltreiben. Namen wie Egon Friedell oder Alfred Polgar scheinen als Chronisten auf. Aber Achtung. Auch damals waren, zumindest auf den Illustrationen, nackte, aus zu knappen Dekolletés hüpfende Brüste und transparente Stoffe schmückendes Beiwerk der Protagonisten und ihrer Beobachter. Ein Nipplegate der Roaring Twenties sozusagen.

Kein Geringerer als Karl Kraus vermerkte einstmals lapidar „Frau Fanto trägt ein Ecru-Crème-Crepe-Souplékleid“ und Ludwig Hirschfeld konstatierte 1927 „Auf diese Repräsentationsbälle ging man, um am nächsten Tag in der Zeitung zu stehen.“ Quod erat demonstrandum. Wie auch heute.

Vor einigen Jahren hat die moderat modernisierende Opernballorganisatorin Desirée Treichl-Stürgkh mit der Tradition gebrochen, die von ihr der Redundanz bezichtigte Opernball-Eröffnung durch den sich selbst mittels Casting-Show und Society-Präsenz desavouierenden Direktor Thomas Schäfer-Elmayer dirigieren zu lassen. Auch bibliophil trat sie mit einem Ratgeber „Lebensstil – Wie Sie mit Charme und Eleganz besser durchs Leben kommen“ in Konkurrenz zu den Bibeln aus dem Hause Elmayer. Sie adaptierte die Do's und Dont's, die Musts und No-Go's in Zeiten von Handy, Internet & Co., zwischen All- und Feiertag. Legitimation und Selbstverständnis liegt in Treichl-Stürgkhs familiärer Symbiose aus styrischer Adelsprovenienz und Wiener Hochfinanz.

Manche Fragestellungen mögen antiquiert wirken, manche Antwort manieriert und präpotent, in veritas sind sie aber relevant und adäquat. Allein: Der Unterschied zum historischen Vorbild ist marginal. Gerade aber in Zeiten weitgehend fehlender Selbstkritik, mangelnder Zurückhaltung, massiv übersteigertem Geltungsdrang und aufdringlicher Mediengeilheit im Fegefeuer der Eitelkeiten, ist jedes subtil zwischen Tradition und Moderne austariertes Korrektiv, wider den Verlust von Etikette und Stil, absolut nicht obsolet. Allein die weißen Zwirnhandschuhe, die man beim Tanz zu tragen angehalten ist, sind vielleicht doch ein wenig übertrieben!? Evozieren eher Assoziationen zu Lakaien als zu Aristokratie und Bourgeoisie.

Charme und Stil, Benimm und Zeitgemäßes müssen einander nicht ausschließen. Ganz im Gegenteil. Gerade in Zeiten globalisierter Märkte wird es in Zukunft nicht nur auf rein utilitaristische Qualifikationen ankommen, sondern darauf, welche Werte, welche Ausstrahlung, welch selbstbewusstes, aber nicht artifiziell-präpotentes Gehabe man zur Schau stellt, um reüssieren zu können. Durch Selbstverständnis und Unaufgeregtheit, Selbstverständlichkeit und Mitgefühl, soziale Verantwortung und Nächstenliebe. Und nur ganz nebenbei: das Wichtigste zu lehrende, zu lernende und zu verwendende „Zauberwort mit Doppel-T“ lautet „Bitte“, nicht wie landläufig angenommen und praktiziert „flott“.

№95

Die Peitsche der „Venus im Pelz“

Liebe, Lust, Leidenschaft, Passion. Obsessives Verlangen, obsessive Hingabe. Bedingungslose Unterwerfung. Bedingungslose Liebe. Selbstverständlich, selbstbewusst, selbstverliebt. Das Suchen, das Finden, das Sich-Verlieren, sich schenken, sich hingeben, sich unterwerfen, im Bewusstsein des Sich-Auslieferns, im Selbstverständnis des Ausgeliefert-Seins. Liebe, Hingabe, Schmerz, Trauer. Das Göttliche anbetend.

Die Hohe Kunst der Liebe, der Erotik, des sexuellen Verlangens, des Spieles, oszillierend zwischen Hingabe und Entzug, Nähe und Entfernung, Zähmung und Entfremdung. Enthemmt, frei, den Begierden, der Libido frönend. Als Master and Servant. Als dominante Herrin und unterwürfiger Diener, willfähriger Sklave. Höchste Vollendung der Erotik und der Liebe, indem man einander blind und bedingungslos vertraut, einander gänzlich ausliefert.

In Leopold von Sacher-Masochs Roman „Venus im Pelz“ bleibt die psychologisch-erratische Frage nach Befindlichkeiten offen, die die Protagonisten eines fragilen Liebesspiels, fernab des ewigen Werbens, antreibt. Vielmehr ist klar, dass eine unabdingbare Liebe, vergötternde Unterwerfung einerseits und ein lüsternes Spiel mit dem Liebenden andererseits, beide verbindet. Fragil, aber von Intensität und einem enormen Vertrauen geprägt. Die hohe Kunst der Liebe, des erotischen Spieles, des Exzesses, des Reizens und Einander-Fesselns – im eindeutig zweideutigen Wortsinne – sowie des Entziehens. Das Verlangen ins schier Unendliche steigernd. Eine „Erziehung der besonderen, der anderen, sehr speziellen Art".

Verlangen. Suchen. Finden. Entsagen. Sich offenbaren, sich zeigen, sich präsentieren. Sich entziehen. Schmerz, Lust, Erregung. Wider Ignoranz. Wider Agonie. Wider Lethargie. Grenzen überschreitend im Schmerz. Grenzen überschreitend in Sanftmut und Zärtlichkeit, Demut und Gewalt, Anmut und Toleranz, Leidenschaft und Entbehrung. Lust am Schmerz, Lust durch Schmerz. Orgasmen trotz Schmerz.

1886 veröffentlichte der Psychiater Richard von Krafft-Ebing seine „psychopathia sexualis", in der er explizite Sexualpraktiken und Verhaltensweisen als Masochismus beschrieb. BDSM basiert immer noch auf Sacher-Masochs Theorie der Liebe, kombiniert mit de Sade und Gilles Deleuze. 2003 würdigte Graz als Kulturhauptstadt Europas das Spiel mit der Liebe als Destillat aus Ideal und Nicht-Ideal mittels der Kreation einer Sacher-Masoch-Torte als Variation der Sacher-Torte.

Leopold von Sacher-Masoch (1836–1895) beschrieb die Dämonie des Verlangens: „Der Sklave eines Weibes, eines schönen Weibes zu sein, das ich liebe, das ich anbete!" „Und das Sie dafür mißhandelt!" „Ja, das mich bindet und peitscht, das mir Fußtritte gibt, während es einem andern gehört." „Und das, wenn Sie durch Eifersucht wahnsinnig gemacht, dem beglückten Nebenbuhler entgegentreten, in ihrem Übermut so weit geht, Sie an denselben zu verschenken und seiner Roheit preiszugeben. Warum nicht? Gefällt Ihnen das Schlußtableau weniger?" „Sie übertreffen meine Träume!"

Als Schmerzensdienerin lehrt die Göttin, die anbetungswürdige, göttliche Domina den Mann Respekt. Sie stellt die Umkehr des pervertierten Rollenklischees dar. Aus einer Welt, in der die Frau, selbstlos, reglos, ohne Erregung sein sollte, ohne Lust zu existieren hatte. Die Rolle der Herrin entsprach einer Orientierung Richtung Emanzipation, die auf Gleichstellung ausgerichtet war. Form und Art der Peitsche, die Sacher-Masoch seine Protagonisten gemeinsam am Bazar kaufen ließ, lässt er im Bereich des Okkulten, er beschreibt sie nur als eine, bei deren Anblick es den freiwilligen, seine Fantasien auslebenden Sklaven „etwas unheimlich beschlich.“ War es eine sechs-schwänzige Katze, eine Klatsche mit kurzem Griff oder eine schwingende Reitgerte mit einem funkelnden Griff aus Strasssteinen? Vielleicht war sie nur Fantasieobjekt, nur virtuell? Symbol des Umgangs miteinander? Symbol des alltäglichen Geschlechterkampfes? Als Weg der Annäherung? Einander blind vertrauend.

Das Spiel der Verführung, des Reizens, des Schenkens und des Vorenthaltens, des grausamen Zeigens allfälliger Verlockungen kann im Endeffekt nur funktionieren, wenn beide Seiten einander blind vertrauen. Sich fallen lassen. Sich schenken. Bedingungslos. Voller Passion, obsessiv, zärtlich, brutal und sensibel.

Als Conclusio konstatierte Sacher-Masoch, dass „das Weib, wie es die Natur geschaffen und wie es der Mann gegenwärtig heranzieht, sein Feind ist und nur seine Sklavin und seine Despotin sein kann, nie aber seine Gefährtin. Dies wird sie erst dann sein können, wenn sie ihm gleich steht an Rechten, wenn sie ihm ebenbürtig ist durch Bildung und Arbeit.“ Ein überraschender, für damalige Verhältnisse höchst emanzipatorischer Ansatz, eine These mit Sprengkraft.

Nennen wir sie „Madame de la Luna“, die heute real in Wien existierende, lebende, dämonisch-sinnlich-erotische Königin der Nacht, die satanisch lachende Herrin der Dunkelheit, die gleichsam faszinierende wie erschreckende Gebieterin des Mondes, die abschreckende Schmerzensdienerin des glückseligen Unterwürfigen, des unselig Adorierenden, des Anbetenden, des armselig im Schmerz Gefallen Findenden, des – als Sinnbild, als Idealbild der selbstbewussten, starken, sensiblen Frau – ihr Hörigen. Sie umsorgt eine Heerschar williger Diener, williger Sünder, sich ausliefernd, sich unterwerfend. Zum Gros bekleiden sie im Alltag hohe Positionen des Managements, der Gesellschaft. Oft intellektuell. Als Ausgleich zum immensen Pensum der Verantwortung lassen sie sich fallen und verfallen als 24/7-er dem Fetisch, den Künsten der SM-Art, very smart. Das verruchte Versprechen des historischen Pelzes ist heute anderen Materialien gewichen: In Latex, Lack und strengem Leder gebietet sie, verführt und spielt mit zu willenlosen Wesen mutierenden Männern. Gefesselt, entfesselt, grenzenlos Grenzen überschreitend. Die Seele ist ein weites Land.

Nº96

Der Matrosenanzug

Ein typisch österreichisches Paradoxon als Klassiker: Eines der Kleidungsstücke, mit dem weltweit ad hoc Wien und Wiener Musiktradition verbunden wird, ist der Matrosenanzug. Grotesk, bizarr angesichts des Umstandes, dass Österreich ein Binnenland ist. Der Matrosenanzug, der allerdings sofort zur Assoziation verleitet, ist jener der Wiener Sängerknaben.

Im Sinne einer Uniform wurde der Matrosenanzug eigentlich für die Marine entwickelt. Er bestand aus Hemd, Hose und Mütze. Im 19. Jahrhundert wurde der Matrosenanzug auch ein beliebtes Kleidungsstück für Knaben. Oft wurde er als Schuluniform verwendet. Die Wiener Sängerknaben tragen heute noch bei ihren öffentlichen Auftritten stets einen Matrosenanzug. Dabei existieren zwei Varianten der offiziellen Kombinationen: Dunkelblau für den Alltag und für Vorstellungen im sakralen Bereich, weiß für besonders festliche Gelegenheiten – in Konzertsälen und Opernhäusern –, etwa gemeinsam mit den Wiener Philharmonikern, den Wiener Symphonikern oder anderen Orchestern.

Der Ursprung des klassischen, auch bei den Wiener Sängerknaben im Einsatz befindlichen Matrosenanzugs geht zurück bis ins frühe 18. Jahrhundert. Er wurde als Unterscheidung der staatlichen Heeresmarine zu den Seemännern der internationalen Handelsflotten ins Leben gerufen. Er bestand aus einer blauen Jacke, einer hellblauen Weste, einer weißen Hose und blauen Strümpfen. Um 1780 wurde die Matrosenhose in England erstmals auch für Kinder geschneidert. Um 1830 wurde ein marineblauer Anzug zum bevorzugten Modell, bestehend aus einer langen Hose und einem Kittel mit breitem eckigen Rückenkragen, dem sogenannten Exerzierkragen. Ein typisches Matrosenhemd hat keine Knöpfe. 1857 erhielt der Exerzierkittel der Royal Navy drei weiße Streifen, gerüchteweise als Reminiszenz an die drei gewonnenen Schlachten von Admiral Nelson gegen Napoleon. Zudem wurde die Uniform durch eine fest angenähte Krawatte komplettiert. Als Relikt des gebräuchlichen Halstuchs der zur See fahrenden Matrosen.

Mit der Nutzung des Matrosenanzugs gegen Ende des 19. Jahrhunderts für Kinder wurde erstmals Kleidung für Kinder adaptiert, die nicht als Abziehbild des Erwachsenenalltags zu definieren war. Der Anzug hatte einerseits etwas eigenständig Liebliches. Andererseits bot er als Kinderuniform den Vorgeschmack auf ein geordnetes, unterordnendes, streng hierarchisches Leben.

Der Chor der Wiener Sängerknaben kleidet die Kinder seit 1924 mit ihren unverwechselbaren Uniformen ein. Auf Fotos aus der k. u. k. Zeit sind die Knaben noch in militärischen Uniformen mit Säbeln abgelichtet. Seit 1961 ist zusätzlich an der linken Brusthälfte der Anzüge das offizielle Bundeswappen der Republik Österreich affichiert; ein schwarzer Adler mit rot-weiß-rotem Bindeschild auf weißem Hintergrund.

Der in der Tradition der „Hofsängerknaben“ stehende Chor war bereits 1498 von Kaiser Maximilian gegründet worden. Ursprüngliche Aufgabe war die musikalische Gestaltung der Heiligen Messe. Heute zählen die im Wiener Augarten beheimateten kindlichen Gesangskünstler mit über 300 Konzerten pro Jahr zu den renommiertesten Vertretern klassischer Musik. In mehreren Formationen treten sie in der Staatsoper, bei Konzerten und in Tourneen rund um den Globus auf. Gastspiele geben die Kinderstars auch beim Opernball, beim Neujahrskonzert. Frühzeitig in die Pubertät katapultiert wurden mutmaßlich jene 2009 beim Life Ball engagierten Knaben angesichts der nackten Tatsachen, vor allem aber der hocherotischen, mehr enthüllenden als verhüllenden modischen Kreationen des britischen Lingerie-Labels „Agent Provocateur" ...

Ansonsten ist der Matrosenanzug heutzutage doch ziemlich aus der Mode gekommen. Er ist ein leicht bizarres Relikt einer längst verblassten Zeit, in der Österreich noch Zugang und Hoheit über Seehäfen hatte. Heute sind sonst eigentlich nur noch Donald Duck und seine drei Neffen Tick, Trick und Track aktive Vertreter der Spezies modisch-alpin-maritimer Matrosen. Russkaja, die furiose Haus-und Hofband in Stermann/Grissemanns Late-Night-Show „Willkommen Österreich" tragen ab und zu ironisierend blitzblanke weiße Matrosenanzüge auf der Bühne. Nur hin und wieder gibt es eine augenzwinkernde Hommage an die Zauber der Montur. Modedesignerin Lena Hoschek schickte 2012 kokette Matroseninnen über den Laufsteg, Karl „der Große" Lagerfeld kreierte für Chanel eine „Cruise-Collection", von Jean-Paul Gaultiers handverlesenen, teils androgynen, teils männlich-muskelbepackten Matrosen ganz zu schweigen.

№97

Ein „Red Ribbon", getragen beim Life Ball

Im Lauf der Jahre hat es schon Patina angesetzt und an den Kanten leichte Kratzer erlitten. Vornehmlich aber ist es mit einer persönlichen Geschichte leicht sentimentalen Charakters verbunden, das „Red Ribbon", Objekt No. 97 dieser virtuellen Ausstellung austriakischen Daseins. Es wurde sogar einmal von niemand Geringerer als der Grande Dame des Showbusiness, der einzigartigen Dagmar Koller beim Cocktail-Empfang des Life Ball 1995 bewundert und als besonders hübsch bezeichnet. Das besondere dieses Red Ribbon besteht darin, dass besagtes Band nicht wie üblich aus rotem Stoff zu einer Schleife zusammengelegt und mit einer Sicherheitsnadel zusammengefaltet ist, sondern aus Metall gefertigt wurde. Die Oberfläche ist scharlachrot emailliert, an der Rückseite ist ein Dorn angebracht, der wiederum mit einem Verschlussknopf korrespondiert. Getragen wurde es schon am Revers eines Smokings, mehrmals am Chabeau eines Barockkleides und am brokatbesetzten Kragen eines Torerokostüms – original vom Corps de Ballet aus Carmen stammend, vom Fundus der Bundestheater zugunsten der Aidshilfe versteigert – theoretisch könnte es auch als Ohrschmuck dienen. Es ist ein wichtiges Zeichen der Toleranz und des Respekts.

Besucht hat dieses spezielle Red Ribbon schon oft den genialen, den einmaligen, den grandiosen, von Gery Keszler vor 20 Jahren ins Leben gerufenen Wiener Life Ball. Zweifelsfrei und wohlverdient befindet sich Keszler durch seine einmalige, kraftvolle wie kraftraubende, vielen Kraft spendende Initiative im zeitlosen Olymp der Innovatoren und Auguren gesellschaftlicher Metamorphosen. Bewundernswert ist sein Einsatz, seine Empathie. Sein exzentrisches wie exzessives Fest des Lebens, der Toleranz, des Hedonismus, der Ernsthaftigkeit und Sensibilität, der Provokation und des friedvollen Nebeneinanders, des Miteinanders, des Einsatzes gegen Krankheit, gegen Nihilismus und Saturiertheit, gegen gelangweilte Ignoranz, gegen rein persönlichen und ökonomischen Utilitarismus, für Forschung, Heilung und soziales Engagement gegenüber Armen, Kranken und Schwachen ist einzigartig, wunderbar und wertvoll. Sowohl ideell, konzeptuell als auch in der Praxis der überbordenden Exzentrik und charmant-charismatischen Opulenz. Genial!

Es gehört mit Sicherheit zu einer der Meriten des damaligen Wiener Bürgermeisters Helmut Zilk, dass er Gery Keszlers Idee, angesichts der ansteigenden Infektions- und Todesfälle an Aids infolge des HI-Virus, eine Charity zugunsten der Aids-Hilfe zu veranstalten, sofort unterstützte. Obwohl beinahe unter Ausschluss der Öffentlichkeit stattfindend erfuhr der 1993 erstmals die ehrwürdigen imperialen Säle des Rathauses rockende Ball sofort Kultstatus, und trug dem bislang als konservativ und traditionalistisch bekannten Wien den Nimbus der Modernität, des Pluralismus, der Offenheit in gesellschaftspolitisch relevanten Positionen, der Toleranz für ausgegrenzte Minderheiten ein.

Unvergessen die ersten Fashion-Shows von Galliano, Gaultier, Mugler mit subtil extravaganten, eleganten Elementen, die von Ästhetik, Enthusiasmus, Fantasie und exhibitionistischen Provokationen geprägt waren. Unvergessen Dagmar Kollers (un) beabsichtigtes Nipple-Gate, der Auftritt der Kessler-„Drillinge“, Cicciolinas Performance, oder das exzessiv-körpernahe Duett Jimmy Somervilles mit dem göttlichen Marc Almond, Donna Summers „I feel love“ interpretierend. Unvergessen die von Spontaneität und Verve geprägten Shows, deren Pannen gleichgültig waren, aufgrund des ehrlichen Bemühens um die Sache selbst. Unvergessen Falcos letzter Live-Auftritt, geprägt von Dekonstruktion und Verweigerung. Unvergessen auch Keszlers Pathos, seine liebenswürdige Er- und Aufgeregtheit, authentische Rührung bei seinen nach Worten ringenden Danksagungen an Mitwirkende, Sponsoren und gleichzeitigen Warnungen vor der Verbreitung des tödlichen Virus.

Die Fashion- und Eröffnungs-Shows waren stets großartig, imposant und bombastisch, im Endeffekt aber nur Epitheton ornans – schmückendes Beiwerk – zu den eigentlichen Protagonisten: einer symbiotischen Melange weltoffener, pluralistisch gesinnter Menschen. Die homo- und heterosexuell orientierte, oft als gay titulierte Community gefiel sich in ästhetischer Exzentrik, im Ausleben, Präsentieren verschiedener Gesichter, unterschiedlicher Identitäten, ohne die in der Öffentlichkeit des Alltags projizierten, oft notwendigen Masken, jenseits gängiger Geschlechter- und Rollenklischees. Ein wundersames Kaleidoskop offenherziger Menschen verwandelte das mieselsüchtige, bornierte und prüde Wien in ein Tollhaus zwischen Voyeurismus und Exhibitionismus. Explizite Nacktheit gab es damals wie heute. Es macht aber einen großen Unterschied, ob man sich Gleichgesinnten gegenüber exponiert, sich ver-/ent-kleidet präsentiert oder bloß als Staffage einer live im TV übertragenen Freak-Show dient.

Gery Keszler war mit dem Life Ball gelungen, dem grauen Alltag einen Kontrapunkt in Form eines schrillen, lebensbejahenden Festes entgegenzusetzen. Die Reaktionen waren von öffentlicher Erregung, von Aufregung, von kollektiver erektiler Dysfunktion der prüden Doppelmoral eines hysterischen Landes und von internationalen Hymnen an die Offenheit Wiens geprägt. Dissonanzen inklusive.

Aus der naturgemäß subjektiven Perspektive des metallenen Red Ribbon als langjähriger Besucher aber stellt sich die Frage, wie es zur Domestizierung des Life Ball kommen konnte. Wie konnte es dazu kommen, dass die genial extravagant, fantastische, hedonistische Vision des Life Ball, der als weltweit einzigartiges kosmopolitisches Statement ins Leben gerufen wurde, im Laufe der Jahre zum kosmoproletischen Event geraten konnte.

Der Life Ball erlitt im Laufe der Jahre ein österreichisches Schicksal. Wer, trotz heftiger Anfeindungen, wegen Verletzung der guten Sitten, des Anstands, der Prüderie nicht zu Fall gebracht werden kann, wird mittels vereinnahmender Umarmung zu Tode geliebt. Die Erregungen wurden kanalisiert und die psychologisch interessanten fantasievollen Konvertierungen eines Ich zu einem anderen Ich oder Über-Ich wurden mittels postulierter Mottos wie „Märchen" und „Weltall" zu Kostümierungen degradiert, pervertiert. Durch billige Pappnasen und bunte Perücken mutierte der Life Ball zum Vexierbild des Villacher Faschings.

Vor allem Politiker und B-Promis sonnen sich mittlerweile publicitygeil genüsslich in den Scheinwerfern der Fernseh- und Fotokameras. Die Plebs zieht am frühen Abend direkt von der Donauinsel hinter die Gitter der Absperrungen, begafft Menschen wie wilde Tiere. Statt eines politischen Statements wird Nacktheit zur Mutprobe. Die Neidgenossenschaft hat längst das Zepter übernommen. Porn-Chic meets Gemeindebau. Die Community der Passionierten bleibt zu Hause oder beschreitet den Seiteneingang. Einen Wendepunkt stellt die – gut gemeinte – Öffnung des Balles nach außen dar. Der Versuchung erlegen, die Spendengelder immer weiteren Superlativen zuzuführen, verlegte Keszler das Spektakel auf den Rathausplatz – und öffnete damit der Promiskuität, wortwörtlich, Tür und Tor. Ein gut gemeinter Schritt mündete leider in Anbiederung, verbunden mit dem Engagement des kantenlosen Faserschmeichlers Elton John, der den Life Ball als Werbefläche, als Projektionsfläche seiner eigenen Anliegen nutzte.

Auch kontroversielle Kritik muss möglich sein. Ansonsten desavouiert sich das grundsätzlich humanitäre und intellektuelle Anliegen des Protagonisten und dessen Schöpfung, degradiert das „Fest der Toleranz" zum populistischen Event der persönlichen Eitel- und Befindlichkeiten. Bei aller Hochachtung und Wertschätzung für Gery Keszlers Bestreben nach Optimierung der Spendengelder ist es unendlich schade, dass ein gesellschaftspolitisches Statement, das hedonistisches Treiben mit sozialem Bedenken perfekt vereint hatte, zum sich prostituierenden Event am roten Teppich verkommen ist. Das Ergebnis aber gibt Keszler recht. 2,1 Millionen Euro – so viel wie noch nie –, die nationalen und internationalen Aids-Hilfe-Projekten zugutekommen, wurden allein 2012 durch den Ball lukriert. Chapeau.

Wünschenswert wäre aber, wenn proportional zu den immer größer werdenden, publicityträchtig zur Schau gestellten, überdimensionalen, am Parlament oder Burgtheater affichierten Red Ribbons auch die Akzeptanz und Toleranz gegenüber Minderheiten realiter im Alltag zunehmen würde.

Als Conclusio aber bleibt zu hoffen, dass der einzigartige, wundervoll exzentrische Ball wieder, mittels opulenter Sinnlichkeit und der notwendigen Ernsthaftigkeit, reduziert auf die anfänglichen Ziele – Toleranz, soziale Verantwortung und Lebensfreude – mit Sinnhaftigkeit und Leben erfüllt werden möge. Vielleicht gelingt, à la longue, wieder die Metamorphose vom grotesk-bizarren Medien-Hype der Spaßgesellschaft zurück zum ursprünglich politisch-motivierten, ernsthaft-sinnlichen Kult-Happening. Wider Ignoranz und Intoleranz.

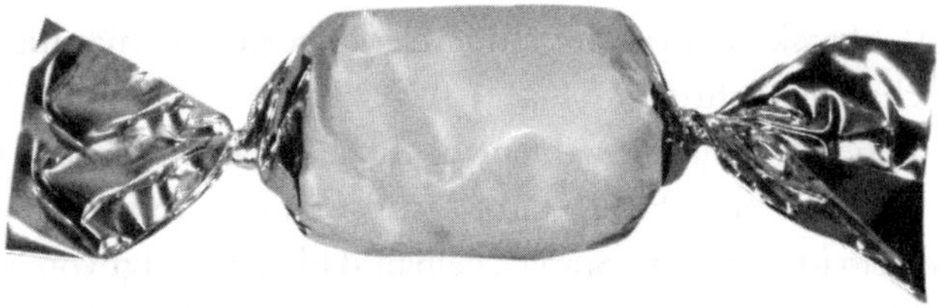

№98

Das Wahlzuckerl

Inszenierung statt Ideologie! Spiele statt Brot, Action statt Aktion. Gegen Ende des 20. Jahrhunderts wurden politische Inhalte durch Verpackung abgelöst. Anstelle Haltung und Meinung zu vertreten, gefiel sich ein Gros der um Gunst und Stimme der Wähler buhlenden Politiker aller Couleurs immer öfter in der Rolle des stets in Kameras feixenden freundlichen Vermittlers. Mangels Rückgrat und aufgrund einer global grassierenden Entscheidungsallergie. Der zunehmend sich als solcher verstehende Operettenstaat mutierte kollektiv zum Land des Lächelns. Allerdings nur vordergründig. In Wahrheit hinterfotzig. Zudem wurden aufgrund empirischer Sozialforschung und der Bestärkung durch wissenschaftlich und stets unabhängige Meinungsforschung Geschenke verteilt: Wahlzuckerln. Um das demokratische Recht der freien Wahl halbwegs schmackhaft zu machen. Anstelle von Versprechen, an die man sich ernstfalls erinnern und deren Nicht-Einhaltung man reklamieren und einmahnen könnte.

Diese reichlich in Vorwahlzeiten der pt. Wählerschaft in kleinen und großen Dosen auf Wahlkampfveranstaltungen dargebotenen Wahlzuckerln existieren in zweierlei Form und mannigfaltiger Geschmacksrichtung.

Zur beliebtesten Form zählen wirkliche Zuckerln. Je nach politischer Couleur eingefärbt in rot, grün, schwarz (oder synonym klerikal gelb und violett), orange, gelb und blau. Gefolgt von weiteren Geschenken, die einem die Entscheidung vor dem Urnengang erleichtern sollen: Feuerzeuge sollten von der brennenden Begeisterung zeugen, die man für eine Partei hegt. Luftballone umwerben Jungwähler und schlichte Gemüter, Buttons, Stofftiere mit herzigen Sprüchen sowie Kondome im urbanen Raum. Geschmacksneutral und gefühlsecht. Sperriger Schrott wie Blei-, Buntstifte oder Kugelschreiber manifestieren im Büroalltag die öffentlich zur Schau gestellte Gesinnung. Erdig und ehrlich. Zu all dem gesellen sich immer öfter CDs mit akustischem Sondermüll.

Die zweite, aber an Impertinenz und Häufigkeit stets zunehmende Ausformung ist die Worthülse, sinnentleert und inhaltslos. Unangefochten liegt an der Spitze der populistischen Dreistigkeit die wahre Aussage ersetzende und wahrhaftigen Inhalt füllende, unsägliche Floskel „Am Ende des Tages", gefolgt von aussagelosen und unverbindlichen Termini wie „Verteilungsgerechtigkeit", „unabdingbaren Notwendigkeiten" etc., etc. …

Die Welt präsentiert sich heute, mehr denn je, geprägt von massiven, tiefgreifenden und grundlegenden Metamorphosen und daraus resultierenden Krisen, in Unordnung, im Umbruch. Ungleichgewicht ist in den unterschiedlichsten Bereichen allgegenwärtig. National, international, ökonomisch, ökologisch, politisch, sozial. Das Gleichgewicht des sozialen Friedens wird subjektiv behandelt. Ideen und Visionen vonseiten der Politiker reichen maximal bis zum nächsten Urnengang. Dementsprechend werden Entscheidungen gefällt – sofern die Entscheidungsträger nicht bereits von der international grassierenden Epidemie namens Entscheidungsallergie infiziert worden sind. Bekundet wird zwar in Sonn- und Festtagsreden der meist zentralisiert NLP-geschulten gesichtslosen Würdenträger und pragmatisierten Amtsinhaber die Notwendigkeit von Reformen, de facto regiert der Stillstand als nationaler Konsens. Problemlösung mutierte zum Fremdwort. Wagt ein couragierter Mensch ausnahmsweise, in klaren Worten Position zu beziehen, unangenehme Wahrheiten zu lokalisieren, zu definieren, ja grammatikalisch sogar richtig zu artikulieren, evoziert dies ein Gezeter über das Benehmen desselben, ohne eine veritable Diskussion über Daten und Fakten auch nur im Geringsten zuzulassen. Ein Mantel kollektiven Schweigens verdeckt unangenehme Wahrheiten. Lösungen werden nicht objektiv durchleuchtet, sondern sind nur geprägt von parteipolitischer und ideologischer Propaganda. Jedes Handeln diffamiert sich innert kürzester Zeit als Klientelpolitik. Eine ordentliche Chuzpe gehört auch dazu, der Bevölkerung ein als Transparenz- und Reformpaket tituliertes Gesetz über die Parteifinanzierung als großen Wurf und Zeichen des guten Willens und der Integrität verkaufen zu wollen, das sogar rückwirkend mehr Geld als bisher in die Kassen der Parteien spülen soll. Und das in Zeiten von Sparpaketen ...

Frappierend ist, dass sich dennoch auch die als Placebo verabreichten Wahlzuckerln innerhalb kürzester Zeit als ungenießbar herausstellen. Die Streichhölzer zerbrechen, die billigen Feuerzeuge verglosen, Luftballons verpuffen wie die heiße Luft der Schenkenden, die Kondome platzen wie die Träume für eine bessere Zukunft. Der Geschmack der Zuckerln wechselt von sauer zu bitter. Zurück bleibt ein schaler Nachgeschmack des Betrogenworden-Seins.

Trotz aller Kritik an den inaktiv agierenden, lauthals deklamierenden Protagonisten steht, angesichts der Historie Österreichs, ganz im Sinne Winston Churchills, eindeutig fest, dass die Demokratie zwar die „schlechteste aller Staatsformen, ausgenommen alle anderen“ ist. Sic est!

№99

Die Venus von Wernberg

Alles Vergängliche ist nur ein Gleichnis,
das Unzulängliche, hier wird's Ereignis
das Unbeschreibliche, hier ist's getan
das Ewig-Weibliche zieht uns hinan."

Diese Sequenz aus Goethes Faust reflektiert scheinbar die repräsentative Werkserie des Bildhauers Helmut Rome: weibliche Torsi aus Edelstahl, dessen Bearbeitung von poliert, geschweißt, geflammt, gebürstet bis zu künstlich gerostet changiert. Vordergründig könnte man die lebensgroßen, künstlerisch abstrahierten Figurinen als idealisierte Frauenkörper interpretieren. In Wahrheit aber symbolisieren die Skulpturen mit ihren Verwundungen und artifiziell modifizierten Oberflächen die Vergänglichkeit juveniler Schönheit.

Ein Beispiel, wie man, widrigen Umständen zum Trotz seiner Vita eine Wendung geben kann, stellt der Lebenslauf des Künstlers Helmut Rome dar. Er zählt zu den Passionierten unter den künstlerisch begabten Menschen, dessen im Inneren schlafende Obsession, kreativ tätig zu sein im Lauf seines Lebens Oberhand gewonnen hat. In der kleinen Kärntner Ortschaft Wernberg, gelegen zwischen Villach und Velden, zählt es – normalerweise – nicht zu den üblichen Perspektiven, Künstler zu werden. Deshalb, und aus utilitaristischen sowie traditionell-familiären Gründen, erlernte der 1967 geborene Helmut Rome zunächst das Handwerk des Metall- und Karosseriebauers. Nach etlichen Berufsjahren allerdings beschloss der Vater zweier Kinder den vorgezeichneten Pfad normativer Lebenswege zu verlassen, seiner Obsession für kreatives Schaffen nachzugehen, und besuchte die Bildhauerschule Geisler-Moroder im Tiroler Elbigenalp, wo er im zweiten Bildungsweg eine Ausbildung als Restaurator und Bildhauer abschloss.

Anno 2008 machte sich der Kärntner Künstler wider alle Vernunft und entgegen „guten Ratschlägen" selbstständig. Nach ersten Arbeiten im klassischen Stil, inspiriert durch die Tradition der erlernten Profession als Restaurator, gelang es Rome rasch, eine eigene Handschrift zu entwickeln. Er vollführt als Bildhauer, vorrangig aus archaischem Edelstahl, die Visualisierung expressiver Visionen; irisierend, irritierend und ironisierend. Mittels atypischer Fusionierung unterschiedlicher Materialien, innovativer Techniken und experimenteller Anwendung chemischer Reaktionen auf artifiziell verknüpfte Materialien entstehen gleichsam nützliche Design- und dekorative Kunstobjekte. Rome evoziert durch die Nutzung aus dem Mittelalter stammender Rezepturen und Legierungen chemische Reaktionen wie Oxidation und Transformation. Durch bewusstes, künstliches Rosten verfremdet er die Oberfläche seiner Skulpturen und modifiziert somit die teilweise seriell gefertigten Exponate zu Unikaten mit changierenden, teilweise irisierenden Farbnuancen.

Die Skulptur der „Venus von Wernberg" – zentrales Exponat des bisherigen Œevres – symbolisiert in ihrer Anlehnung an idealisierte Formen eine Ode an die Weiblichkeit. Seriell betrachtet thematisiert sein künstlerischer Hymnus, trotz vollendeter Ästhetik, aber eher die Vergänglichkeit von Schönheit, die Fragilität des Lebens per se, die von Schönheitschirurgie, Werbe- und Kosmetikindustrie präferierte Körperwelten ironisierend. Romes Silhouetten kann man als Sinnbild des Weiblichen interpretieren: die Frau als Mutter, Freundin, Gemahlin, Geliebte, Heilige und Hure. Eisen, Stahl – sein vorrangig verwendetes Material kombiniert er mit Holz und anderen Metallen. Dank einer speziell entwickelten Schweiß-Methode fertigt der gelernte Karosseriebauer zunächst einen idealisierten Korpus an, den er in weiterer Folge mittels Oxidation, artifizieller Rostung und manueller Bearbeitung modifiziert: poliert, schweißt, schleift, bürstet, rostet oder lackiert. Basierend auf den Erkenntnissen seiner unterschiedlichen Berufsausbildungen und persönlichen Erfahrungen fusioniert er gekonnt Handwerk und Kunst. Etliche seiner Skulpturen erhalten in der Endfertigung ein Innenleben aus Neon und erfahren dadurch den Nutzen eines Designobjektes alias Lichtinstallation. Das ein Meter sechzig große, 12 Kilogramm schwere Exponat der „Venus von Wernberg" befindet sich im Besitz einer in Wien Neubau befindlichen Privatsammlung.

Abseits des abgeschiedenen Elfenbeinturms, in den sich viele Künstler gerne aus Negation der Realität oder Selbstschutz flüchten, ist das Selbstbildnis des Menschen Helmut Rome: bodenständig, erdig, direkt, ehrlich und authentisch. Eigenschaften, die der 45-Jährige am heimischen Kunstmarkt vermisst. Um sich nicht, gemäß den üblichen Usancen, dem Markt anbiedern oder gar politisch prostituieren zu müssen, geht er auch in puncto Vermarktung seiner Werke andere, unorthodoxe Wege. Bewusst positioniert er seine Objekte, neben der permanenten Präsentation im Wernberger Atelier, als Irritation, als künstlerische Intervention im öffentlichen Raum: Oszillierend zwischen Schmiedehandwerk und Design, angewandter und bildender Kunst – variabel ausgestattet mit modernen Technologien wie LED-Leuchten oder romantischen Kerzen – geben die zu Lichtinstallationen mutierten Skulpturen dem Raum, in dem sie positioniert werden, eine mythische, erotische Aura. Ohne ins Kitschige oder Halbseidene abzugleiten. Im Gegenteil. Die weiblichen Torsi referieren im Sinne einer gewissen Religiosität eine Hymne an die Weiblichkeit. Jenseits des rein Dekorativen und abseits der Zweckmäßigkeit als Lichtquelle mutiert jedes Objekt „durch das Rosten zum Symbol der Vergänglichkeit", erfährt jedes Opus durch das „innere Leuchten" eine transzendental-philosophische Ebene, „als Synonym der Hoffnung, wider die Endlichkeit".

Der sakrale Charakter seiner Arbeiten kommt nicht von ungefähr. Ein Drittel der Woche geht der Künstler, „um geerdet zu bleiben", weiterhin seinem Brotberuf als Restaurator nach. Heilige, Engel, geschnitzt, bemalt, aus Holz, Stein oder Marmor zu bearbeiten schärfen Blick und Fertigkeit für eigene, originäre Werke. Zahlreiche Arbeiten aus Romes Hand finden sich in Kärntner und steirischen Orten und Kirchen wieder. Wobei selbst den Engeln oft subtil eine sinnliche Ausstrahlung innewohnt. Ganz im Sinne der Renaissance, als Engel nicht mehr als kindliche Putti, sondern als juvenile Frauen dargestellt wurden. Unschuldig, jungfräulich, anmutig und rein, dennoch verführerisch bezirzend.

„Die Zeit in der Werkstatt des Großvaters" – seine Profession war Kunstschmied – „zählt zu den prägenden Momenten", reflektiert Rome. Das Schnitzen erlernte er frühzeitig, ebenso den adäquaten, respektvollen Umgang mit natürlichen Materialien. Wie auch die Wertschätzung von Tradition, die er heute, auf seine ganz subjektive Art, verwendet, ehrt und gleichsam diametral konterkariert. Drei Säulen professioneller Kreativität sind bei Helmut Romes Werdegang zu beobachten: natürliche Begabung, frühkindliche, präpubertäre Erfahrung, Begeisterung und Prägung sowie eine fundierte künstlerisch-handwerkliche Ausbildung. Helmut Rome, ein Spätberufener, eine Entdeckung mit hohem Zukunftspotenzial. Er ist ein stiller Grenzgänger, der es vermeiden möchte, zu viele Worte und allzu viel Aufhebens um sein Schaffen zu machen, lieber seine Werke für sich sprechen lässt, deren Kunst und Schönheit „individuell im Auge des Betrachters liegt". Sic est!

№100

Eine Träne im Knopfloch

Er ist eine seltsam schwere Melancholie, eine an Agonie grenzende Wehmut, die dieses zwischen Allerseelengedenken, Karfreitagsdepression und darauf folgender Allerheiligentristesse oszillierende, dieses auf einem schmalen, fragilen Grat, verwunschen entlang des Abgrunds des schönen Scheins dilettierende, teilweise im Dornröschenschlaf befindliche Land umschließt.

Tagtäglich zelebriert man hierorts die Kunst des Scheiterns. Stilvoll beseelt von kontemplativer Ruhe. Von Leichtigkeit allerdings ist man trotzdem Lichtjahre entfernt. Das mediterrane Dolce far niente ist zwar in Wahrheit bei Weitem auch nicht so leichtfüßig wie das Klischee es verklärt, etwas mehr Lebensfreude, Leidenschaft und Empathie ist im Süden dennoch zu verspüren. Wenngleich der Franzosen Savoir vivre auch nicht auf Sandbänken der Gedankenlosigkeit gebaut ist, mit der Tristezza austriakischen Daseins ist es bei Weitem nicht vergleichbar. Am ehesten entspricht die Saudade der Portugiesen der Mentalität der Österreicher. Der wehleidig-sentimentale Fado ist dem traurig-larmoyanten Wehklagen heimischer Klänge nicht unähnlich.

Ist es die Trauer über den Verlust der ehemals imperialen Weltmacht, ist es Schuld und Sühne, die man im Zuge der Historie auf sich geladen hat. Ist es der Verlust an Identität. Oder die Suche nach Identität, nach Eigenschaften und Charakteristik. Eingedenk der genialen Vergangenheit, der hohen Künste, der hehren Ziele, ist die Gegenwart zwar eine zweifellos Gute, dennoch vermeint man öfters, sich aus der Umklammerung historischer Vorbilder befreien zu müssen.

Lethargie und selbstzufriedene Saturiertheit lassen Veränderungen pro bono oft nicht zu. Die Dichotomie von Tradition und Moderne, von Progressivität und Provinzialismus, von Selbstüberschätzung und Minderwertigkeitskomplex, von perspektivenlosem Pragmatismus und subjektiven Visionen, von Selbstüberschätzung und substanzloser Obrigkeitsgläubigkeit, von Respektlosigkeit und beamteter Veränderungsresistenz, von Agonie und Aggression, Gastfreundschaft und Xenophobie, von Schuld und Sühne, Selbstbewusstsein und Inferiorität ist allgegenwärtig. Unhinterfragt werden Dinge als normal hingenommen, Traditionen und Ressentiments von Generation zu Generation überliefert.

Die Mentalität veränderungsresistenter, pragmatisierter Sesselkleber einerseits und proletoid-provinzieller – „Mir san mir" – Weltverweigerer andererseits korreliert perfekt mit der grantelnden Larmoyanz, dass „sich ohnehin nie etwas verändern wird". Im Paradoxon des sich selbst als grotesker Operettenstaat inszenierenden Landes gibt man sich lieber der Illusion eines Lottogewinnes hin, zahlt brav Deppensteuer, und zieht sich weiterhin das bizarre Schauspiel des Musikantenstadl hinein, statt sein Schicksal selbst in die Hand zu nehmen. Im Land des Frühschoppens, bei dem der Restalkohol des Vorabends rechtzeitig aufgefrischt wird, um die Mittelmäßigkeit des persönlichen Daseins zu vergessen, kann man mit Blasmusikkapellenunterstützung am Stammtisch hurtig über alles und jeden lästern; was auch immer einem in den Sinn kommt.

Man selbst ist ja so was von perfekt. Und ja nicht über den Tellerrand hinausblicken, bitte. Die Frittatensuppe könnte sonst einen emotionalen Tsunami erleben, der Schweinsbraten sauer werden und das Bierglas – „Mei Bier is' net deppat" – einem Sturm der Erkenntnis zum Opfer fallen.

Diametral dazu aber gibt es Hoffnung. Menschen, die sich nicht der Dämonie der Gemütlichkeit beugen, die Dinge verwirklichen, Visionen haben. Perspektiven entwickeln. Objektivieren und realisieren. Weltoffen sind, neugierig und interessiert. Empathisch. Der Tradition eingedenk, der Moderne verpflichtet. Naturgemäß sentimental, nachdenklich, sachlich. Die komplexe Geschichte inhalierend, die Zukunft vor Augen. Demokratische Werte schätzend und achtend. Sozial verantwortlich, liberal, offen für Neues und Fremdes, abwägend im internationalen Kontext. Menschen als Individuum achtend. In Recht und Würde gleich. Unabhängig von Herkunft, Alter, Geschlecht und sexueller Orientierung. Ein friedvolles Zusammenleben, basierend auf humanistischen Grundwerten und humanitären Idealen sollte doch angesichts der Zivilisation im 21. Jahrhundert endlich möglich sein.

Was Österreich ausmacht, und vor allem lebens- und liebenswert macht, ist diese hochsensible Melange aus Allem und Nichts, aus Fremdem und Eigenem, diese Fähigkeit das Beste aus jeder Situation herauszuholen. Vorerst zwar meist spaßbefreit, larmoyant, weinerlich, unwirsch und unwillig. Im Endeffekt aber, nach einer Phase des Pragmatismus und des Beharrens, folgt auf eine, selbstverständlich nie zugegebene Nachdenkphase ein Bedenken und Umlenken zum Positiven. Die symbiotische Verbindung – mittels Antizipation, Akzeptanz und Assimilation – des Schönen und Guten zum Wohl aller. Hilfsbereit sein, global verantwortungsbewusst.

Diese Welt ist uns doch nur geliehen – von Generationen, die nach uns kommen. Wir tragen Verantwortung. Ökonomisch, ökologisch und sozial. Emotional und moralisch! Global wie national.

Abschließend ein melancholischer, sentimentaler Wunsch, eine utopische Vision: Möge Liebe, Toleranz und Eintracht statt Zwietracht und Niedertracht dieses Land beherrschen. – Nein, nicht beherrschen, allein dieser Terminus bedeutet vorprogrammiertes Unheil. Lieber: erfüllen.

Transformationen, Fragmente, Leerstellen, Leerräume ergeben poetische Zyklen unbewusster Mythen und dekuvrieren unterbewusste Befindlichkeiten. Gedankenskizzen und Collagen artikulieren nonverbal eine Suche nach Identität, nach subjektiver Wahrnehmung. Sinnieren über das Prinzip der Unschärfe und die Distanz des Erfassens. De facto sind es oft bewusste Aussparungen, bewusst gesetzte Zäsuren, die Raum und Zeit, Sprache und Stille zu poetischen, magischen Momenten fügen. Ein kontemplativer Gestus, experimentell und originär. Konsequent in Konstruktion und Deformation und Rekonstruierung. Auf der Suche nach Wahrhaftigkeit des Seins und Zwischen-Seins. Die Verdichtung scheinbar indifferenter, inkohärenter Linien, Flächen, Striche, Leerräume, Wortfetzen und Buchstaben eröffnet sich im Endeffekt erst in der subjektiven Empfindung jedes Einzelnen.

Sich öffnen, sich verschließen – und wieder öffnen ...

Mit einer Träne im Knopfloch ...

Mein besonders herzlicher Dank gilt ...

... allen voran Sibylle und Kurt Hamtil, Sarah Legler, Sigrun Müller sowie Christoph Habres für ihr immenses Vertrauen, den großzügigen Support und die gewährte, absolute Freiheit ...

... Alexandra Föderl-Schmid, Stefan Gmünder, Gerfried Sperl, sowie Olga Kronsteiner, Lisa Nimmervoll, Renate Graber, Karin Bauer, Petra Stuiber, Stephan Hilpold, Michael Hausenblas, Christof Winder, Andreas Stockinger, Mischa Jäger, Otto Ranftl, Eric Frey, Erhard Stackl, Regine & Gerhard Nestlang, Mario Gündl, Michael Sedivy und Wolfgang Sklenar für ihre Förderung, Ermunterung und Unterstützung ...

... Bella, Kurt, Robert & Christian, Dagmar & Manfred, Billi & Uli, Sabine & Peter, Sabine & Christof, Hanni & Peter, Klaus-Jürgen & Doro, Jürgen W., Wolfgang T., Jürgen & Susanne und vielen anderen für ihre wertvollen und intensiven Freundschaften ...

... meiner Familie, insbesondere meinen wunderbaren Eltern, meinen Schwestern Natascha & Tanja, meinen geliebten und inspirierenden Töchtern Fiona & Chiara und, last but not least, meiner einzigartigen Frau, meiner geliebten Isabel „for patience, love & passion ..."

Gregor Auenhammer, Wien im Juni 2012

Mit freundlicher Unterstützung der
Kulturabteilung der Stadt Wien, Wissenschafts- & Forschungsförderung

Sämtliche Bilder aus dem Archiv des Autors bzw. des Verlags. In einigen Fällen konnten die Inhaber der Rechte nicht ermittelt werden, rechtmäßige Ansprüche werden nach Geltendmachung vom Verlag abgegolten.

Verlagsbüro W. GmbH
info@metroverlag.at

Gesamtherstellung: Theiss Druck, St. Stefan i. L.
Printed in the EU
isbn 978-3-99300-084-4